LETZTER AUFRUF TEGEL!

Julia Csabai · Evelyn Csabai

LETZTER AUFRUF TEGEL!

Geschichten vom
tollsten Flughafen
der Welt

berlin edition im
be.bra verlag

Für Nina

Bibliografische Information der Deutschen Nationalbibliothek
Die Deutsche Nationalbibliothek verzeichnet diese Publikation
in der Deutschen Nationalbibliografie; detaillierte bibliografische
Daten sind im Internet über http://dnb.d-nb.de abrufbar.

© berlin edition im be.bra verlag GmbH
Berlin-Brandenburg, 2015
KulturBrauerei Haus 2
Schönhauser Allee 37, 10435 Berlin
post@bebraverlag.de
Lektorat: Gabriele Dietz, Berlin
Umschlag: hawemannundmosch, Berlin
Satz: typegerecht, Berlin
Schrift: Stempel Garamond 9,5/13 pt
Druck und Bindung: Finidr, Český Těšín
ISBN 978-3-8148-0214-5

www.bebraverlag.de

INHALT

CHECK-IN

 1995 begann die Zeit des Vielfliegens, aber damals ahnte noch niemand etwas davon. Wir waren Studentinnen und immer auf der Suche nach einem lukrativen Nebenjob, um unser Studium zu finanzieren. Diesmal fragte uns jemand, ob wir nicht einige Tage am Flughafen Tegel arbeiten möchten. Der Job war einfach. Im Namen einer Fluggesellschaft mussten wir Äpfel an die Passagiere verteilen und ihnen auf diese Weise nahebringen, dass es auf Inlandflügen an Bord bald nichts mehr zu essen geben würde und die Passagiere sich lediglich im Gate-Bereich mit Kaffee, Keksen und eben Äpfeln versorgen könnten, um den sechzigminütigen Flug irgendwie zu überstehen. Wir sagten zu, obwohl uns ein wenig mulmig war, da wir äußerst ungern die Überbringerinnen schlechter Nachrichten sind.

Überraschenderweise nahmen die Passagiere diesen Schritt der Fluggesellschaft jedoch sehr ruhig hin und freuten sich über den Apfel. Wir schoben also drei Tage lang in Weiß gekleidet einen Wagen mit einem Berg Äpfel durch den Flughafen. Tegel ist ein kreisförmiges Gebäude. Die Gates liegen an diesem Kreis, ähnlich wie die Blumenblätter einer Sonnenblume. Egal in welche Richtung man geht, man dreht sich im Kreis. Bei Runde 700 etwa hörten wir jemanden unseren Namen rufen. Es war ein Freund, der gerade seine Doktorarbeit schrieb und mit einem Nebenjob am Flughafen das nötige Geld dafür verdiente. Wir schilderten ihm, dass wir seit zwei Tagen Passagieren mit einem Lächeln erklärten, dass sie bald in einen sauren Apfel beißen müssten. Prompt bot er uns an Ort und Stelle einen Job an: Wir sollten in seinem Team Passagierumfragen für den Flughafen durchführen.

Hat schon vieles überlebt: Der Flughafen Tegel

Es war die perfekte Tätigkeit für uns. Wir mussten nur zweimal in der Woche arbeiten und hatten genug Geld zum Studieren. Unsere Zeit wurde planbar. Wir lernten viele Menschen kennen, die sich in einer ähnlichen Situation befanden wie wir: Freiberufler, Künstler, Studenten, Doktoranden, Menschen eben, die Geld brauchten, um ihre Ideen und Wünsche realisieren zu können. Für uns war klar, dass wir den Job nur vorübergehend machen würden, denn wir wollten uns nach unserem Studium ganz unserem Lebenstraum widmen. Evelyn als Schauspielerin und Julia als freiberufliche Journalistin und Filmemacherin. Das taten wir auch. Doch was den Flughafenjob betrifft, kam alles anders.

Sicherheitshalber arbeiteten wir weiter und immer weiter in Tegel, weiß man doch im künstlerischen Bereich nie, ob der nächste Auftrag kommt oder die nächste Idee verkauft werden kann. Ein großer Vorteil eines Nebenjobs am Flughafen war es auch, dass wir im Falle eines längeren Projekts problemlos einige Monate aussetzen konnten. Obwohl wir manchmal über Monate nicht in Tegel waren, sind wir immer wieder zurückgekehrt. Und sind bis heute dort – zwanzig Jahre, in denen wir lustige, traurige und einfach interessante Geschichten miterlebt oder gehört haben.

Schon bald wurden wir Teamleiter und koordinierten gemeinsam die Einsätze. Wir besorgten uns einen kleinen rollenden Businesskoffer, in dem alle Arbeitsgeräte und Utensilien für den Einsatz transportiert wurden. Wir wurden am Flughafen zu einer Art blinde Passagiere. Blinde Passagiere, die für die nächsten acht Stunden auf dem Boden blieben. Unsere Nachbarn wunderten sich. Einige fragten, wohin wir so oft reisen würden und wieso wir immer schon am selben Tag zurückkehrten. Wir gaben ihnen Antworten, die uns gerade einfielen. Das machte uns in ihren Augen nur noch mysteriöser.

Der Job wurde jedes zweite Jahr verlängert, und irgendwann waren wir uns sicher, dass es für immer so bleiben würde. Julia schrieb Artikel, drehte Kulturbeiträge fürs Fernsehen und Dokumentar- sowie Spielfilme, Evelyn spielte in Film und Theater. Der Job in Tegel aber war aus unserem Leben nicht mehr wegzudenken. Der Flughafen und die Menschen, die dort arbeiten, die Passagiere, unser immer größer werdendes Team. Die Besucherterrasse, die Ansagen, der Kerosingestank. Die Rollkoffer, das Gedränge, der Cheeseburger-Geruch. Die Penner, die Flaschensammler, die Kaffeeverkäufer. Die Klofrauen, die blonden Damen von der Lufthansa, die brünetten von der Air France. Unsere Tage am Airport wurden unbemerkt eine Sucht. Wir wollten bleiben und waren fest davon überzeugt, dass wir eines Tages von hier zu Grabe getragen würden. Doch dass dieses Schicksal nicht uns, sondern, vor unseren Augen, den Flughafen treffen würde, damit hatten wir nicht gerechnet.

Der Termin stand fest. Nach mehreren Anläufen sollte am 3. Juni 2012 der Großflughafen Berlin BER eröffnet und gleichzeitig Tegel geschlossen werden. Langsam, fast unbemerkt legte sich eine Glocke der Traurigkeit über unseren Flughafen. Zuerst schloss der Supermarkt, wenige Wochen später die Post. Der März war bedrückend, der April fast unerträglich und im Mai hielten alle erschrocken den Atem an: Das sollte es gewesen sein? Dann schlug die Nachricht ein wie eine durch die Sicherheitskontrolle geschmuggelte Bombe. Drei Wochen vor der geplanten Schließung wurde offiziell bekanntgegeben, dass der BER nicht bereit sei, seine Passagiere zu empfangen, geschweige denn auf die Reise zu schicken. Neuer Eröffnungstermin wurde der 17. März 2013, und es gab viele Skeptiker (heute wissen wir, es waren Realisten), die über dieses Datum schmunzelten. Und recht behielten.

Die BER-Blamage versetzte Tegel in Euphorie. Plötzlich kam jeder glücklich zur Arbeit, die Menschen waren freundlich zueinander, Passagiere wie Mitarbeiter tänzelten durch die verstopften Gänge und lächelten einander wohlwollend zu. »Unser Tegelchen« hörten wir sie immer öfter sagen. Diese Galgenfrist führte dazu, dass jeder merkte, wie sehr er Tegel liebte. Und wir entschieden uns, die Galgenfrist dazu zu nutzen, die Seele Tegels und damit seine Geschichten festzuhalten.

Wir sind Schwestern und wir haben vieles gemeinsam gesehen und erlebt. Unser gemeinsames Auftreten ist auch am Flughafen schnell bekannt geworden – »die Zwillinge« werden wir genannt. Oder »die Espresso-Zwillinge«, weil wir immer gleichzeitig Espresso trinken. Für dieses Buch haben wir uns entschieden, ganz zu einer Person zu werden und als gemeinsames »Ich« zu schreiben. Denn es sind nicht nur Julias Geschichten und nicht nur Evelyns Geschichten.

Es sind unsere Geschichten.

Berlin, im August 2015
Julia und Evelyn Csabai

ANGEKOMMEN – ABGEFLOGEN

EINMAL RUND UMS TERMINAL

 Unser Team trifft sich meistens unten im Terminal E, eine separierte Halle im Tiefgeschoss mit den reinen Ankunftsgates 16 bis 18. Daneben befindet sich das Bulky Baggage, dort müssen alle als Sperrgepäck deklarierten Gegenstände aufgegeben werden. In dieser unteren Ebene gibt es eine ruhigere Ecke, die wir als Treffpunkt, als »Büro« und »Garderobe« benutzen. An diesem Ort sitze ich stundenlang, um während unserer Einsatzzeit auf die abgelegten Jacken und Taschen unserer Belegschaft aufzupassen. Hier finden mich meine Kollegen, wenn sie Fragen haben, wenn es technische Fehler gibt, wenn sie unerwartet Leerlauf haben und neu disponiert werden können. Stundenlang sitze ich dort, mitten im Ankunftsgeschehen. Ich muss gestehen, dass ich selbst nach so vielen Jahren keine halbe Stunde bei der Ankunft oder beim Abflug einer Maschine ohne Tränen der Rührung zuschauen kann. Wiedersehen und Abschied sind am Flughafen so präsent, so existenziell, dass man das Gefühl hat, das Leben bestehe aus nichts anderem.

Abflug und Ankunft erlebt man in Tegel direkt und in einträchtiger Nachbarschaft. Während rechts nach einer letzten Umarmung und einem Kuss traurige Gesichter zurückbleiben, strahlen links die Wartenden in erwartungsvoller Sehnsucht, die dem glücklichen Wiedersehen vorausgeht. Abschieds- und Freudentränen im großen Fluss der Reisen und Reisenden. Unweigerlich tauche ich regelmäßig in diesen Fluss ein. Um meinen obligatorischen Rundgang anzutreten. Um zu sehen, ob bei meinen Mitarbeitern alles gut läuft, ob sie Hilfe brauchen, Fragen oder Schwierigkeiten haben. Wie es sich für eine gute Koordinatorin gehört.

Ich bitte eine Interviewerin, die gerade Pause hat, auf unsere Siebensachen aufzupassen, während ich nach oben gehe. »In einer Viertelstunde bin ich wieder da!« Dieser Satz ist eher eine Floskel, jeder von uns ist sich im Klaren darüber, dass man es – wenn Tegel voll ist – niemals schafft, in nur fünfzehn Minuten die Runde zu machen. Und mittlerweile ist Tegel meistens voll.

Ich verlasse unsere Basis. Weit komme ich nicht. Aus dem Gate strömt gerade eine Schar von gelandeten Passagieren. Viele von ihnen bleiben stehen, warten auf weitere, die aus dem Gate treten. Es sammelt sich eine größere Gruppe, bunt zusammengewürfelt, ganz unterschiedliche Menschen, jede Generation ist vertreten. Ihre Kleider sind farbenprächtig und wirken eher wie eine Verkleidung. Innerhalb von Minuten verwandelt sich die Wartehalle in eine fröhliche Bühne. Einige jonglieren mit Bällen, Diabolos oder ihren Hüten. Jemand sitzt plötzlich auf einem Einrad und kreist um seinen Gesprächspartner. Größere Kinder staksen auf Stelzen hin und her. Zwei Füße tauchen jäh vor meinem Gesicht auf. Sie gehören einem Mann, der Distanzen bevorzugt im Handstand bewältigt. Ein Baby übt, auf der Handfläche des Großvaters stehend, das Balancieren. Verzaubert stehe ich inmitten einer Arena. Mit der Maschine aus Oslo ist eine Zirkus-Großfamilie angekommen. Die letzten Monate hat sie in Norwegen verbracht, nun bleiben sie alle eine Weile in Berlin und Umgebung. Die Sippe reist mit dem Flugzeug von Auftrittsort zu Auftrittsort. Die Mehrheit fliegt, nur wenige fahren die Zirkuswagen auf dem Landweg. Die Kinder fliegen immer mit, für die Schulpflichtigen ist eigens ein Lehrer dabei. So sieht Zirkusromantik heute aus.

Mein Blick wandert über das schillernde Ensemble. In Tegel werden Vorurteile umgeworfen und abgegriffene Klischees überraschend bestätigt. Ja, ja, die ganze Welt ist ein Zirkus … und Tegel ist wohl die Manege.

Endlich erreiche ich die Treppe und begebe mich hinauf in die kreisförmige Haupthalle, das Terminal A. Von links naht ein

Die ganze ist Welt ist ein Zirkus ... und Tegel die Manege

Chinese, er hält eine Fahne hoch in die Luft – eine Fahne, auf der »Russland« steht. Er ist ein Reiseleiter, dem hunderte chinesische Reisende gehorsam und still folgen. Bevor mich die riesige Touristengruppe erreicht, ergreife ich die Flucht und entscheide mich, rechtsherum zu gehen. In der Haupthalle herrscht ebenfalls reger Trubel. Bis ich mich durchgeschlängelt habe, werde ich in der Regel mindestens dreimal angesprochen. Wo sind die Toiletten, die Busse, und überhaupt, die Gates? Wo ist die Check-in-Halle, die Apotheke, der Abflugbereich? Man braucht keine Uniform zu tragen, um immer wieder mit Fragen gelöchert zu werden, es reicht ein sichtbarer Flughafenausweis.

Diesmal ist es eine malaysische UN-Abgeordnete, die nach London fliegen möchte, die mich anspricht. Sie sucht den Check-in. Die vornehme, sichtlich kultivierte Frau ist aufgebracht. Sie versteht den Flughafen Tegel nicht. Allein die Tatsache, dass man direkt am Gate einchecken muss, ist für sie unbegreiflich, obwohl sie zweifellos viele Flughäfen dieser Welt kennt. Wahrlich einmalig ist es, dass man in Tegel keinen großen Departure-Bereich hat. Die Abflug- und Ankunftsgates liegen abwechselnd am Gang des Ringes. Jedes Abfluggate hat sein eigenes Check-in, seinen eigenen Zugang und seine eigene Sicherheitskontrolle in Terminal A. Ich erkläre der Dame diese Abläufe. Nachdem sie eingecheckt hat, staunt sie weiter: Sie darf noch nicht ins Gate, die Sicherheitskontrolle ist noch geschlossen. Sie ist extra rechtzeitig hergekommen, weil sie noch ausgiebig shoppen wollte! Ich beruhige sie: Ihr wird genug Zeit bleiben. Nach der Kontrolle tut sich keine überdimensionale Welt der Shoppingmeilen auf, wie sie es vermutet und von anderen Flughäfen kennt. Bedingt durch die Architektur des Flughafens, gibt es hier nur einen kleinen Travel Value Shop. Um den zu durchstöbern, braucht man keine Stunden. Die UN-Delegierte steht verloren da, bis sie von einer Luftsicherheitsassistentin herangewunken wird. Endlich darf sie rein! Erleichtert nickt sie mir zu. Ich sehe, wie sie nach der Sicherheitskontrolle im Gate stehen bleibt und sich erst suchend, dann verdutzt umguckt. Schließlich entdeckt sie den kleinen, aber feinen Shop. Man sieht förmlich, wie ihr der Kinnladen herunterklappt, doch dann breitet sich ein Lächeln auf ihren Gesichtszügen aus. Die Panik ist Zufriedenheit gewichen. Weniger ist eben oft mehr.

Ich entdecke vor dem nächsten Gate eine meiner neuen Mitarbeiterinnen, die gerade ihren allerersten Arbeitseinsatz hinter sich hat. Verstört kommt sie auf mich zu. »Mein Interviewpartner eben war ein sehr netter Mann, höflich und zuvorkommend. Ich habe ihn angesprochen, weil ich mich gefreut habe, mit ihm Spanisch zu sprechen, meine Mutter ist ja Spanierin. Er war Mexikaner. Nach meiner ersten Frage fing er an zu schluchzen. Der Arme war nicht in der Lage, ruhig weiterzusprechen, mit gepresster Eunuchen-Stimme vertraute er mir an, dass er nach Mexiko fliegt, um seine Mutter zu beerdigen.«

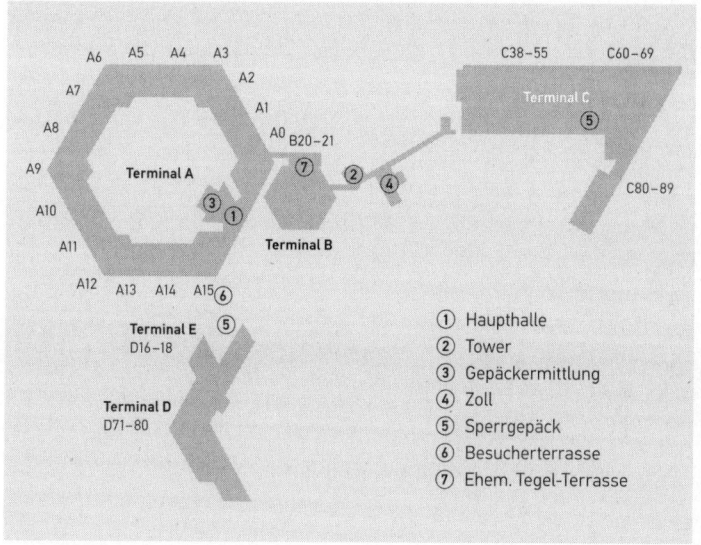

Kurze Wege zum Gate, aber keine Shoppingmeile

Ich erinnere mich an ein Interview in Tegel, das ich auf Bulgarisch geführt habe: Ich freute mich sehr darüber, wieder einmal diese Sprache zu sprechen; meine Mama kam aus Bulgarien. Ich sprach eine der Bulgarinnen an. Sie lebte in Berlin, weil ihr Mann an der Deutschen Oper sang – es gibt viele bulgarische Opernsänger, was womöglich am Einfluss der orthodoxen Kirche in diesem Land liegt, deren Gesänge die Stimme bilden. Während die Frau mit mir sprach, vergoss sie bittere Tränen. Ihr Mann war gestorben. Sie flog nach Sofia, um ihn in seiner Heimat zu beerdigen. Ihr Mann flog unten mit, in der gleichen Maschine, im Sarg.

Während ich meine Mitarbeiterin beruhige und ihr vorschlage, sich als Nächsten einen heiteren Gesprächspartner zu suchen, werden wir auf eine Gesellschaft von etwa fünfzig Menschen aufmerksam, die den Check-in-Bereich überschwemmen.

Ein hochbetagter türkischer Mann wird eingecheckt, die anderen sind Begleitung. Nachdem das Gepäck aufgegeben und sein Platz reserviert ist, stellt sich der Alte vor das Gate. Wortlos bildet sich vor ihm eine Schlange. Einer nach dem anderen, erst die Älteren, dann die Jüngeren und zuletzt die Kinder, treten an ihn heran. Einer nach dem anderen führen sie die rechte Hand des Greises an ihre Lippen und küssen sie. Einige deuten den Handkuss nur an. Manche legen seine Hand auf ihr Auge, andere drücken sie auf ihre Stirn. Geküsst wird von Jüngeren aus Respekt und Achtung gegenüber älteren Personen, so wird den Älteren Ehre erwiesen. Der Handkuss ist in der türkischen Gesellschaft eine alte Tradition, *el öpmek* genannt, die sich bis heute gehalten hat und vor allem an Feiertagen praktiziert wird. An Festtagen bekommen Jugendliche Geld für das Erweisen ihrer Ehrerbietung. Doch bei dieser Familie geht es nicht um Geld. Die Angelegenheit hier ist sehr festlich. Der Abschied scheint endgültig zu sein. Der alte Mann kehrt wahrscheinlich für immer in seine Heimat zurück und wird Berlin nie wiedersehen.

Ich muss los, sehr weit bin ich mit meinem Rundgang noch nicht gekommen. Am nächsten Gate stoße ich auf meinen anderen Neuzugang im Team. Sehr bemüht versucht die junge Dame, einen Mann zum Gespräch zu überreden. Er trägt einen Trainingsanzug, ist jung und auffällig schön, mit den Gesichtszügen eines Models. Doch seine Oberlippe ist wund, aufgesprungen und stark geschwollen. Als ich die beiden anspreche, stellt sich heraus, dass sie Sprachprobleme haben. Er spricht so gut wie kein Englisch, sie kein Russisch. Ich bin in Ungarn groß geworden und hatte acht Jahre lang als Pflichtfach Russisch in der Schule. Auch wenn sich meine Generation damals aus Protest geweigert hat, diese Sprache ernsthaft zu erlernen, ist doch einiges haften geblieben.

Der Mann ist ein ukrainischer Boxer, der nach Berlin geflogen ist, um hier böse verprügelt zu werden. »Aber ich habe fast gewonnen!« Da er seinen Mund kaum bewegen kann, wirkt sein Lächeln

Exotisches ist hier normal

grotesk. Doch seine Augen strahlen. Ich bin von seinem Kampfgeist und seiner Leichtigkeit angetan. Bestimmt ist er einer, von dem wir noch hören werden! Ich stelle mir vor, wie Wladimir Klitschko, noch bevor man seinen Namen kannte, irgendwann genauso dasaß im Gate. Im Trainingsanzug und mit dicker Lippe. Zum Beispiel 1995, als er bei seiner Teilnahme an der Amateurweltmeisterschaft in Berlin aufgrund einer Punktniederlage im Viertelfinale an Luan Krasniqi scheiterte. Nur wenige Monate später konnte er Krasniqi im Finale der Militärweltmeisterschaft im italienischen Ariccia besiegen und gewann Gold. Ich wünsche unserem noch unbekannten Boxhelden Glück und setze meinen Rundgang fort.

Wenige Meter weiter wird mein Blick von einer bunten Familie in wunderbaren Gewändern aus wallenden Stoffen angezogen. Zu ihr gehören ein etwa fünfjähriger bildhübscher Junge und seine wenig ältere, genauso schöne Schwester sowie deren Mutter und Vater.

Oft und gerne rätsele ich, ob die auf den Bänken vor den Gates Sitzenden auf Ankommende warten oder selber Passagiere sind. Ich hätte wetten können, dass diese Familie nach Hause fliegt. Doch wie so oft ist es auch diesmal anders. Ihrer Unterhaltung entnehme ich, dass die Familie in Berlin lebt und ihren Neffen aus Sri Lanka erwartet. Die Mutter zupft wiederholt die Kleider der Kinder zurecht, glättet ihre Haare. Der Neffe, ein sehr dünner, schüchterner, etwa achtzehnjähriger Bursche, kommt an. Die Eltern umarmen ihn überschwänglich, der Neffe erwidert die Begrüßung höflich verhalten. Dann holt er stumm aus seinem Koffer eine Seemannsuniform heraus und hält sie triumphierend hoch. Die Schüchternheit in seinen Gesichtszügen weicht selbstsicherer Vitalität. Stolz plappert er los, erklärt die Bedeutung der Sterne und Abzeichen. Die Familie hört gebannt zu. Das ist sein *moment of fame*.

Man soll Feste bekanntlich auf dem Höhepunkt verlassen, und so gehe ich weiter. Das ist gar nicht einfach, denn ich muss mich durch eine Gruppe ungefähr acht Jahre alter, sehr lebhafter Jungs in blauen Trainingsanzügen manövrieren. Wenn sie nur laut wären! Sie rennen, hopsen, springen herum, und ich habe enorme Schwierigkeiten, in diesem Gewusel vorwärtszukommen. HJK 04 steht auf ihren Trainingsanzügen. Sie sind die Nachwuchskicker des *Helsingin Jalkapalloklubi*, dem die Tabelle anführenden Fußballverein aus der finnischen Hauptstadt. Wahrscheinlich sind die Jungs deshalb so gut, weil sie nie stillstehen, immer in Bewegung sind. Ich versuche mich in ein Fußballspiel hineinzuversetzen, dem imaginären Ball zu folgen. Mit diesem Trick finde ich überraschend schnell aus dem Tumult heraus.

Kaum verlasse ich das Fußballfeld, werde ich schon wieder aufgehalten. Hinter einem Grüppchen von Abholern, die auf eine ankommende Maschine aus Düsseldorf warten, steht eine elegant gekleidete Frau mit einem King Charles Spaniel. Neben ihr geht ein Mann der Reinigungsfirma mit Besen und Wischmopp seiner Arbeit nach. Derweil legt Fiffi sein wertestes Häufchen direkt vor mich

Beliebtes Souvenir aus Deutschland: der WMF-Wok

hin. Fast wäre ich in die noch warme Kacke getreten! Ich bleibe fassungslos vor dem stinkenden Ergebnis seiner Verdauung stehen. Die arme Hundebesitzerin! Wie peinlich ihr die Sache sein muss! Doch die Dame zeigt mit einer lässigen Handbewegung auf den Haufen und sagt zu dem Putzmann: »Sie können es wegmachen!«

Kopfschüttelnd gehe ich einige Schritte weiter. Um die zwanzig Berufsfahrer sitzen auf der Heizung im Gang. Einige kauen ihre Brote, andere trinken Kaffee aus der Thermosflasche. Die meisten spielen Karten. Gleichzeitig schauen sie in meine Richtung hoch und nicken mir zu. Ich erwidere ihren Gruß und nicke zurück. Die Männer sitzen jeden Tag hier und warten auf Abgeordnete aus Köln-Bonn. Seit Jahren kommen sie jeden Morgen zum Flughafen, warten auf ihren Fahrgast, spielen Karten und haben hier, auf der Heizung, eine zweite Familie gefunden. Die Maschine landet, sie packen ihre Habseligkeiten ein. Morgen werden die Karten neu gemischt.

Etwas abseits fällt mir ein anderer Fahrer auf, ein einsamer Mann mit weißen Handschuhen. Kerzengerade wartet er mit professionell versteinerter Mine. Im Hintergrund höre ich aus dem Lautsprecher eine ermahnende Stimme: »Der Fahrer des Pkw mit dem amtlichen Kennzeichen B-S 401 wird gebeten, sofort zu seinem Fahrzeug zu kommen!« Ich würde gern erfahren, wen dieser feiner Chauffeur abholt, und pirsche mich näher heran: *Mr. Moukhtari* steht auf dem Schild, das er unbewegt hochhält. Dem Namen nach stammt der Erwartete vermutlich aus Marokko. Die Durchsage wiederholt sich, mit schärferer Stimme und etlichen Ausrufezeichen. Vom Blitz der Erkenntnis getroffen, rennt der Handschuh-Chauffeur hinaus. Eine Sekunde später tritt aus dem Ankunftsgate eine nordafrikanische Familie. Alle sehen sich suchend um. Nachdem der Mann nervös nach allen Seiten Ausschau gehalten hat, lässt er seine Frau und das Baby stehen und will den Gang nach demjenigen absuchen, der sie abholen sollte. Ich trete an ihn heran. »Mr. Moukhtari?« In diesem Augenblick kommt der Fahrer schon zurück. Er verlangsamt seine Schritte, bleibt kerzengrade vor dem Herrn stehen und hebt sein Schild. Man merkt ihm die Aufregung der letzten Minuten nicht an, er ist jetzt wieder der perfekte Chauffeur. Er geleitet die Familie zu seinem Auto, das er vermutlich gerade vorm Abschleppen gerettet hat.

Zufrieden begebe ich mich zum nächsten Gate und entdecke dort einen weiteren Mitarbeiter. Ich warte, bis er das Interview beendet. Ein älteres Ehepaar bleibt ebenfalls genau hier, dicht neben mir, stehen. Der Mann hat den Kopf einer Bulldogge und einen riesigen Schnurrbart. Ein fetter Dickwanst mit ausgebeulten Hosen und der dazu passenden Safari-Outdoor-Weste für scheinaktive Rentner. Seine Frau ist winzig, nur Haut und Knochen, und wiegt samt Koffer höchstens vierzig Kilo. Es wundert mich wenig, dass ihr offensichtlich irgendwann der Appetit vergangen ist, da ihr

Mann sie pausenlos schikaniert. Wegen jeder Kleinigkeit wird sie angeraunzt. Sie sagt, sie muss auf die Toilette, er segnet das tatsächlich mit einem »In Ordnung!« ab. Ihre Abwesenheit dauert länger als eine ausgedehnte Pinkelpause. Der Mann schaut ständig auf die Uhr und wird sichtlich unruhig; er kann es anscheinend nicht ertragen, die Kontrolle über seine Gattin verloren zu haben. Unruhig springt er hin und her. Minuten später taucht sie wieder auf. Als er sie nur von Weitem sieht, hebt er die Faust und schüttelt sie. Kaum ist seine Frau bei ihm angekommen, schlägt er sich die Faust in die Handfläche. Mein Gefühl sagt, wenn die beiden nicht unter Menschen wären, würde er zuschlagen. Die Frau erträgt alles, ohne eine Miene zu verziehen. Sie ist gar nicht in der Lage, eine Miene zu verziehen, denn von den vielen Gesichtsoperationen und Unmengen von Botox ist ihr jede Mimik abhanden gekommen. Auch eine Möglichkeit, immer cool zu bleiben. Zumindest äußerlich.

Hinter mir auf der Heizung sitzen drei ältere Frauen in sichtlicher Reisevorfreude. Kichernd unterhalten sie sich. Ich schnappe auf, dass sie seit dreißig Jahren jährlich eine kleine Freundinnen-Reise machen. Es wird Zeit für sie, ins Gate zu gehen. »Connie, hast du genug Wasser getrunken?« »Ja.« »Und hast du deinen Blutverdünner genommen?« »Vorhin schon.« »Sind deine Stützstrümpfe eingepackt?« »Im Handgepäck.« Die drei sind gerüstet gegen jegliche Gefahr von Thrombose und bereit, einen langen, weiten Flug anzutreten. Sie verschwinden im Gate nach Düsseldorf.

Einer meiner Mitarbeiter schlängelt sich durch die wartenden Passagiere zu mir durch. Lachend berichtet er, dass er gerade eine nach München fliegende Frau um ein Befragungsgespräch gebeten hat. Sie schaute ihn auf seine Frage hin mit großen Augen an. Also erkundigte er sich, ob sie Englisch spreche. »A little!« »Oh, that's fine, we will manage it.« Er stellte seine ersten Fragen. Ihr Englisch war tatsächlich mehr schlecht als recht, aber sonderlich kompliziert ist so eine Befragung nicht, die beiden konnten sich verständigen und kamen gut voran. Nach der achten Frage stieß eine zweite Frau zu uns. Sie begrüßte meine Interviewpartnerin herzlich und plapperte los – auf Deutsch. Die arme Frau mit dem gebrochenen Englisch errötete, sprang verwirrt auf und stotterte noch im Gehen: »Tut mir leid! Mir ist schlecht, ich muss auf die Toilette, meine Kollegin macht weiter!« Ihr Schwäbisch war perfekt.

Mein Kollege muss ins Nachbargate, ich stapfe weiter den Gang entlang und stolpere fast über einen am Boden schlafenden jungen Mann. Nichts Seltenes. Neulich zum Beispiel schlief eine komplette italienische Schulklasse auf dem Boden: nach Alkohol muffelnd, Arm in Arm, Bein an Bein, Hintern an Hintern, mit unschuldig seligem Lächeln auf den Lippen. Die leisesten Italiener, die ich je gesehen habe. Ständig trifft man in Tegel auf irgendeinen Obdachlosen, der hier oder da schlummert, doch noch nie habe ich einen Schlafenden vor einem Ankunftsgate, mitten im Durcheinander der Wartenden gesehen! Er liegt auf dem Bauch und schläft tief und fest. Ein gut angezogener junger Mann mit angesagten Markenklamotten. Ich überlege, ob er Hilfe braucht. Die Passagiere rieseln langsam aus dem Gate. Da kommt eine junge Frau zu ihm, legt ihre Tasche ab, fängt an ihn sanft zu streicheln und wachzuküssen. Leise flüstert sie ihm zu »Ich bin gelandet.« Lächelnd öffnet er die Augen, sie umarmen sich, stehen auf und gehen. Vermutlich nach Hause, um weiterzuschlafen.

Nicht alle Landungen und Ankünfte sind so sanft. Eine Mutter und ihr kleines Kind stürmen aus dem Gate. Passend zum Kleid der Mutter schimmert das Gesicht des Mädchens purpurrot. Plötzlich wird es gelb, dann grün. Sie rennen zum nächsten Mülleimer. Die Mutter schaut noch schnell auf die Aufschriften – Restmüll – Papier – Kunststoff – und schiebt den kleinen Kopf in letzter Sekunde über den Restmüll. Einen Augenblick später erbricht das Mädchen. Reiseaufregung. Pepe, der Securitas-Mitarbeiter am Ausgang des betroffenen Ankunftsgates, telefoniert schon nach einer Reinigungskraft.

Große und kleine Passagiere

Zeit zu gehen, denke ich. Als ich mich umdrehe, flitzt ein kleiner Junge an mir vorbei und verschwindet durch die sich gerade öffnende Tür im Sicherheitsbereich. Pepe hat wieder den Telefonhörer in der Hand, die Eltern reden verzweifelt auf ihn ein. Sein Blick scheint sie zu beschwichtigen. »Ich darf leider die Kontrollstelle nicht verlassen, aber ich habe gerade Hilfe gerufen. Wenn der Kollege da ist, hole ich den Kleinen sofort zurück.« Zum Glück zeigen die Eltern Verständnis. Der Junge kann ja dort nicht raus, er wird mit einem Schreck davonkommen. Es gibt Eltern, die sich mit Gewalt Zutritt zum Sicherheitsbereich verschaffen, um ihre Kinder zu holen. Pepe sagt: »Wir hatten hier wirklich schon alles. Die komplette Palette.«

Einige Schritte weiter wird es wieder ruhiger, die Menschentrauben vor den Ankunftstüren haben sich aufgelöst, die Abfluggates sind geschlossen. Kurze Atempause. Kinder spielen im Gang mit ihren Fernlenkautos. Ein Geschäftsmann wird von einer vorbestellten Taxifahrerin ein wenig verspätet abgeholt. »Wo waren Sie denn?« Sie ist erstaunt über seine Gereiztheit. »Ich stand im Stau. Habe versucht, Sie anzurufen, aber konnte Sie nicht erreichen!« »Ich saß ja auch im Flieger.« Schweigend verlassen sie den Flughafen.

Wie undankbar. Ich habe schon unzählige Reisende getroffen, die hier angekommen sind und dann festhingen. Die gar nicht abgeholt wurden. Die verzweifelt versucht haben, zu telefonieren und ihre Kontaktperson in Berlin zu erreichen. Die Telefonzellen in Tegel sind oft defekt. Seit ich einen Handyvertrag mit Flatrate habe, leihe ich mein Mobiltelefon tagtäglich den sitzengelassenen Ankömmlingen. Ich tippe die Nummer aber immer persönlich ein. Die Berlin-Gäste können dann gemütlich alle Einzelheiten klären.

Herrlich, wenn der volle Gang nach Stoßzeiten leer wird. Jetzt ein Espresso! Es ist kein Zufall, dass dieser Gedanke sich meiner genau vor der Illy Bar bemächtigt, das hat ohne Zweifel mit Pawlowschen Reaktionen zu tun. Also gut, jede verdient eine kleine Pause. Ich bestelle einen Espresso. Die Bar ist jetzt fast leer, nur eine Frau und ein Mann sitzen nebeneinander an einem Tisch, beide tief in die Beschäftigung mit ihrem Smartphone versunken. Sie sitzen zusammen, doch jeder für sich in seiner eigenen Welt. Dann legt die Frau ihr Smartphone weg, lächelt den Mann an. Ich bin erleichtert, die Welt ist doch nicht verloren, die Menschen können auch noch miteinander! Ich hoffe, dass sie sich endlich unterhalten werden. Aber nein, ohne ein Wort von sich zu geben, richten beide ihre Blicke – immerhin gemeinsam – auf das Smartphone des Mannes.

Jeder findet sein Glück auf andere Art und Weise. Die Bestätigung meiner Erkenntnis läuft gerade an mir vorbei. Ein wohlbeleibtes Mädchen, ihr Po sprengt fast die schwarzen Shorts, ihr Kopf ist mit einem Kranz aus bunten Blüten, einem Schleier und zwei großen Fühlern geschmückt. Quer über ihren Brüsten leuchtet auf einer rosa Schleife die Inschrift: *Bride to be!* Sie flaniert auf und ab

Jetzt ein Espresso!

mit ihrem *Groom to be*, der überglücklich und genauso stolz ist wie sein Schmuckstück.

Gestärkt vom Kaffee, begebe ich mich auf die letzten Meter meines Rundgangs. Passagiere sammeln sich für ihren Abflug, der Flughafen füllt sich wieder. Einige Schritte weiter muss ich erneut ausweichen. Ein eiliger junger Geschäftsmann, der einen Trolley mit pink blinkenden Rädern hinter sich herzieht, erinnert mich daran, dass es Donnerstag ist. Am Abend werden die fleißigen Unternehmensberater nach Berlin zurückkehren, denn Freitag ist ihr Homeoffice-Day. Ich muss an graue Anzüge denken und stehe unvermittelt neben einem winzigen, aber knallroten Teppich. Habe ich irgendein Ereignis verpasst? Goldene Kamera, Berlinale oder Vergleichbares? Nein. Auf dem Teppich sitzt ein grauer Bordeaux-Doggen-Welpe. Ich werde zur quietschenden Zehnjährigen, so süß ist er! Am liebsten würde ich ihn mitnehmen! Zum Glück reguliert sich mein aus den Fugen geratener Hormonhaushalt rasch, weil mir einfällt, dass alle Welpen unerträglich niedlich sind, dieser aber zu einer sechzig Kilo schweren Dogge mit schleimtriefendem Maul heranwachsen wird. Ein schönes Überraschungsgeschenk. Ich lächele der versammelten, mit Sektgläsern wartenden Gruppe zu und denke daran, dass diese Hunde früher nicht auf roten Teppichen an einem Flughafen saßen, sondern zum Kampf gegen Bären und Wölfen eingesetzt wurden.

Es ist bewundernswert, was die Leute sich alles ausdenken, um ihre Wiedersehensfreude nach langer Trennung zu zeigen. Sie bauen Sektbars auf, malen überdimensionale buntfröhliche Plakate, um jemanden willkommen zu heißen. Sie bemalen sogar sich selbst von Kopf bis Fuß, obwohl sie so Gefahr laufen, dass der Ankommende sie nicht wiedererkennt. Meistens sind es Heranwachsende, die in großen Gruppen abgeholt werden. Die stolze Familie und der kreischende Freundeskreis sind da; oft ist die gleiche Gruppe, die den Heimkehrenden vor fast einem Jahr in Tegel verabschiedet hat, wieder angetreten. Zu Beginn des Schuljahres brechen zahlreiche Jugendliche in unbekannte Welten auf. Viele von ihnen in roten T-Shirts mit dem Aufdruck *Youth for Understanding* – eine Schüleraustauschorganisation, die jährlich 1 200 Schülerinnen und Schüler ins Ausland entsendet. Wenn die Jugendlichen abreisen, stehen sie am Anfang neuer Erfahrungen. Sie kehren oft erwachsener, reifer zurück, vielleicht mit einem anderen Blick auf die Welt. Mit Erlebnissen im Gepäck, die nicht sofort ausgepackt werden. Wenn man aufmerksam ist, entdeckt man manchmal abseits der wartenden Clique, irgendwo in der Ecke, einen Jungen oder ein Mädchen, verliebt, zitternd, nicht wissend, ob sie immer noch die Auserwählten sind, die sie beim Abschied vor langer Zeit waren.

Ohne weitere Zwischenfälle passiere ich das letzte Gate 15, mache einen großen Schritt über einige entkräftete Party-Touristen, die an die Wand gelehnt am Boden sitzen, und komme ans Ende

Manchmal sind die Empfangskomitees etwas größer

meines Rundganges. Geschafft. Einmal rum. Als ich die Treppen zu den E-Gates hinabsteige, stolpere ich über eine auf dem Boden liegende Stange. Eine nicht enden wollende Stange. Fast fünf Meter lang! Sie gehört einem hochgewachsenen, sehnigen Mann aus Kuba, begleitet von seiner Freundin mit Toni-Garrn-Qualitäten. Die beiden haben mehrere solche Stangen dabei und wollen sie beim Sperrgepäck aufgeben. Das Fragezeichen muss mir im Gesicht stehen. »Pole vault«, sagt er und hebt seine Zauberstäbe. Stabhochsprung.

Vor dem Kubaner lädt eine Familie bei *Bulky Baggage*, also Sperrgepäck, einen Kinderwagen auf das Kontrollband. Der Knirps, dem der Wagen gehört, ist untröstlich und schreit los. Wie soll sein Leben ohne seinen geliebten Kinderwagen weitergehen?

Etwas weiter sehe ich eine ältere Frau mit ihrem Mann. Er sitzt in seinem elektrischen Rollstuhl, sie schiebt einen leeren Flughafenrollstuhl zum Sperrgepäck. Sie wollen den E-Rolli aufgeben. Die Frau hebt ihren Mann mit großer Anstrengung in den Flughafenrollstuhl. Ich biete meine Hilfe an, aber sie lehnt ab. »Danke, das geht! Das mache ich dauernd.« Ihr Mann lächelt mir zu. Dann gibt sie, wieder ohne Hilfe anzunehmen, den großen elektrischen Rollstuhl auf. Das Paar fliegt in den Urlaub.

Zwei Frauen nähern sich, äußerst wackelig balancieren sie eine lebensgroße Statue zu *Bulky Baggage*. Ich ergreife die Flucht, bevor ich unter der Statue begraben mein Ende finde, und kehre zu unserem Treffpunkt zurück. Wie so oft in Tegel beschleicht mich das Gefühl, dass ich in der kurzen Zeit viel gesehen und so viel Einblick in Schicksale bekommen habe wie sonst in einem Jahr. Man nimmt die Welt hier wie in einem Brennglas wahr. Meine Mitarbeiterin, die für mich die Stellung gehalten hat, fragt, ob alles in Ordnung war.

»Ja, alles normal.«

ROSENKAVALIERE
ABSCHIED UND BEGRÜSSUNG

 An einem Flughafen trifft man viele Verliebte. Verlieb-
te, die auf jemanden warten, sind immer aufgeregt. Die
frisch Verliebten sind meistens bereits zwanzig Minuten vor der Landung da und warten ungeduldig vor
dem Gate. Einer von ihnen hat bestimmt eine rote Rose in der
Hand. Einige nicht mehr so frisch Verliebte kommen dazu, meistens ohne Rose. Wenn sie die Blume in der Hand eines anderen
erblicken, schleicht sich bei dem ein oder anderen das schlechte Gewissen ein. Sie schauen sich um und fragen sich, wo man in Tegel
Blumen kaufen kann.

Viele Jahre lang gab es das Blumengeschäft der Familie Aschenbach in der Haupthalle. Typische Last-Minute-Sträuße standen
auffällig vor dem Laden: für 9,90, für 15,90 und für 19,90 D-Mark.
Immer wurde tunlichst darauf geachtet, dass die Beschenkte keines-
falls durch die Haupthalle kam, damit ihr nicht wie Schuppen von
den Augen fiel: Mein Strauß ist ein Billigangebot.

Rosenkavaliere hatten es leichter, allerdings gab es bei Aschenbach nur sündhaft teure rote Rosen mit langem Stiel und etwas
preiswertere, kürzere, die in Lichtgeschwindigkeit verwelkten.
Hatte das Flugzeug Verspätung, war es ratsam, die lange Rose zu
kaufen, sonst überreichte man der Liebsten bei der Ankunft nur
trauriges Gemüse. Mit der langen Rose konnte man selbstbewusst
durch die Haupthalle am Blumenladen vorbeistolzieren und sich
sehen lassen. Wenn ich nach Blumen gefragt wurde, empfahl ich für
den Fall einer Verspätung immer den Kauf einer langen Rose.

Entweder wurden die Blumen irgendwann zu teuer oder die
verliebten Männer zu knauserig, eines Tages mussten die Blumen

weichen, um, wie sollte es anders sein, dem neuen Statussymbol des Jet-Sets, einem schicken Kofferladen, Platz zu machen. Kofferboutique ersetzte Blumengeschäft. Dass der Kofferladen infolge der angekündigten Schließung des Flughafens auch zumachen musste und heute die Apotheke dort ihren Platz hat, gehört zum stetigen Wandel Tegels.

Nun aber standen die Verliebten vor einem Problem, denn in Tegel gab es keine Blumen mehr zu kaufen. Eine ungewöhnliche Situation an einem Flughafen, aber nicht die erste und auch nicht die letzte ungewöhnliche Situation in Tegel. Seitdem sah ich sie immer häufiger, die Es-gibt-kein-Blumengeschäft-was-mache-ich-jetzt-Kavaliere. Aber ich hatte eine süße Alternative ausfindig gemacht und gab, wann und wo ich konnte, meine Empfehlung weiter: »Es gibt in der Confiserie eine herzförmige Dose mit einer kleinen Praline darin, für nur 3,90.« Die Dose wurde der Renner. Immer häufiger stieß man auf Wartende mit roter Pralinendose.

Ungefähr ein halbes Jahr, nachdem der Blumenladen geschlossen worden war, sah ich plötzlich wieder wartende Kavaliere mit einer Rose. Kleine Rose, kurzer Stiel, eng von bedruckter Plastikfolie umhüllt, die Art von Rose, die den Last-Minute-Kauf schon von weitem in die Menge schrie. Schlimmer als von der Tankstelle. Aber besser als gar nichts. Der Supermarkt im Keller des Airports hatte mitgedacht und sein Sortiment erweitert. Um die dreißig Rosen wurden täglich in einem braunen Aufwascheimer drapiert. Sie waren teuer und hässlich, trotzdem war der Eimer am Abend leer. Doch unterschieden sich die Rosen merklich von denen aus dem ehemaligen Blumenladen: Sie verwelkten nicht. Ich habe einmal eine solche vergessene Rose gefunden und mit nach Hause genommen. Sie blühte und blühte, selbst nach mehreren Wochen sah sie noch aus wie gerade erstanden. Es war fast unheimlich. Aber ich konnte sie mit gutem Gewissen selbst bei mehrstündiger Verspätung einer Maschine den Wartenden nahelegen, sie sogar bei einem Schneesturm, der den Flughafen einen halben Tag lang lahmlegen

Rosen sind in Tegel nicht leicht zu bekommen

konnte, problemlos empfehlen. Selbst während des Vulkanausbruchs, der den gesamten Flugverkehr für mehrere Tage pausieren ließ, fand ich wärmste Worte für die Rose. Sie würde auch nach Tagen noch aussehen wie neu.

Oft versuche ich mir vorzustellen, wie die Frau wohl aussehen wird, die gleich in den Arm genommen werden soll, wie der Mann, der gleich strahlend auf seine Freundin zulaufen wird. Ich liege fast immer daneben.

Der Rastamann schließt eine verklemmte Bankkauffrau in die Arme, ein eins fünfzig großer Mann küsst auf Zehenspitzen die um anderthalb Kopf größere Doppelgängerin von Nadja Auermann. Der gestriegelte Anzugträger umarmt verliebt ein Hippiemädchen samt Gitarre, ein trendiger Bartträger mit eng anliegendem Grobripp-Shirt, Slim Jeans und natürlich Hut sein Spiegelbild, einen trendigen Bartträger mit eng anliegendem Grobripp-Shirt, Slim Jeans und natürlich Hut. Aber ohne Ausnahme freuen sich alle über eine rote Rose, egal ob kurz oder lang, teuer oder billig, mit oder ohne bedruckte Plastikfolie.

Dramatischer wird es, wenn Verliebte sich verabschieden. Die Emotionen sind stärker als beim Wiedersehen. Beim Wiedersehen verschwinden die Paare so schnell sie können vom Flughafen. Sie begrüßen sich innig, und weg sind sie. Abschiede spielen sich voll und ganz vor Ort ab und können routiniert bis hochdramatisch sein.

Es gibt Paare, die es gewohnt sind, sich zu verabschieden. Ihr Kuss ist oft innig, aber kurz, die Gewissheit des baldigen Wiedersehens steckt mit darin. Manche verabschieden sich schon im Auto; der Kuss beginnt, während noch der Kofferraum zugemacht wird. Geschäftsleute oder beruflich Reisende leben damit, dass es immer wieder Tage, manchmal Wochen gibt, in denen sie Mann, Frau und Familie nicht sehen. Schlimmer ist es, wenn lange Trennungen anstehen oder frisch Verliebte ihren Liebsten am Gate zurücklassen müssen.

Es war ein Montagmorgen, als ein herzzerreißender Schrei durch den Flughafen hallte. Er kam vom Check-in nach Frankfurt bei Gate 9. Die Schlange war lang, dort standen viele Passagiere, die in Frankfurt Richtung USA umsteigen wollten. Der Schrei wiederholte sich. Ich dachte zuerst, dass jemand erstochen würde, so viel Schmerz lag darin. Doch dann entdeckte ich einen kleinen, dünnen, rothaarigen Mann, der Woody Allens hässlicher kleiner Bruder hätte sein können. Er warf sich schreiend zu Boden, schlug mit den Fäusten auf die Steinplatten und stöhnte mit verzerrtem Gesicht. Vor ihm stand eine robuste, große Frau, die wie eine hässliche ältere Schwester von Cindy aus Marzahn aussah. »Steh auf, steh auf«, flehte sie ihn auf Englisch mit deutschem Akzent an. Als er aufstand, umarmte sie ihn und sein Gesicht verschwand zwischen ihren gigantischen Brüsten.

Ich war mir nicht sicher, ob der zweite Schrei nicht durch akuten Sauerstoffmangel ausgelöst worden war, denn der arme Mann bekam im Dekolleté der Geliebten garantiert keine Luft. Das schien ihn aber viel weniger zu stören als die Tatsache, dass sie sich weiter und weiter in der Schlange nach vorn bewegten. Er wollte sichtlich nicht abreisen und klammerte sich an den fleischigen Armen der Frau fest. Sie hieß Ursula. Wirklich, Ursula – kleine Bärin. Ich hätte mir für sie keinen besseren Namen vorstellen können, denn genau in diese Bärin hatte sich Woody Allens Bruder, vermutlich an einem der vergangenen fünf Tage verliebt. Beide trugen Schilder, auf denen sie sich outeten als Teilnehmer eines Ärztekongresses, der gerade in Berlin stattgefunden hatte. Auf diesem Kongress musste es zwischen ihnen gefunkt haben. Mit einer Wucht, die nur eine solche Ursula auslösen konnte.

Der Kongress für Infektionskrankheiten und Tropenmedizin hatte am Mittwoch begonnen und am Vorabend geendet. Ich malte mir aus, wie Woody sich während eines Mikrobiologie-Vortrages umgedreht und Ursula erblickt hatte. Beim Immunologie-Empfang funkte es schließlich auch bei ihr, endgültig nähergekommen waren sie sich in der Pause zwischen Infektologie und Venerologie … Beim Abschlussempfang hatten sie mutig zwei Gläser Champagner geleert, und dann war es passiert. Ohne Rücksicht auf die Sicherheitsvorkehrungen für Virologie, die Bibel für Hygiene und das Einmaleins für Immunologie landeten sie gemeinsam im siebten Himmel. Und genau aus diesem drohte jetzt das Flugzeug der Lufthansa ihn auszufliegen.

»Ich will nicht gehen, ich will nicht gehen«, schrie er auf Englisch, ohne Zweifel mit amerikanischem Akzent. Und dann sagte sie etwas, das einen noch lauteren Schrei auslöste: »Aber warum bleibst du nicht noch einige Tage?« Er fiel auf die Knie. »Meine Familie! Ich kann sie nicht verlassen! Doch, ich kann! Nein, ich kann nicht! Wieso hast du nicht letzte Nacht gesagt, dass ich bleiben soll?« Keine Antwort. »Du hättest das letzte Nacht sagen müssen!«

Er machte Anstalten, sich wieder auf den Boden zu werfen, doch diesmal kam ihm Ursula zuvor. Sie fiel mit einem kolossalen Knall auf den Rücken, ihre Augen starrten ins Leere. Es dauerte keine zwei Sekunden, da hatte Dr. Allen überprüft, dass Ursula lediglich einen Schwächeanfall und nicht den Tod erlitten hatte. Jetzt zog sie Woody zu sich hinunter, er verschwand fast zwischen ihren Brüsten, nur seine Beinchen zappelten in der Luft. Doch nun war er der Herr der Situation, er schrie: »I love you! I love you! And now I have to goooooo!«

Dann stand er zügig auf und stellte sich mit seinem Koffer vor die Dame am Check-in-Schalter. Einige Passagiere halfen Ursula wieder auf die Beine. Sie taumelte, orientierte sich und stürmte ihm nach. »Bleib, bleib, my love!« Erneut warfen sich beide auf den Boden, die Schlange formierte sich zu einem kleinen Kreis um sie. Inzwischen bewegte sich kaum noch jemand am Gate 9 vorbei. Passanten wie Mitarbeiter blieben wie angewurzelt stehen. Die Zeit war reif für einen Polizeieinsatz.

Wahrscheinlich hatte eine der Damen am Check-in den Notruf ausgelöst. Vielleicht schon, als der rothaarige Doktor zum ersten Mal zu Boden fiel. Und ziemlich sicher hatten die Beamten vor den Monitoren seitdem alles verfolgt. Man merkte ihnen an, dass sie sich kaum beherrschen konnten, als sie Mr. Immunologie baten, sich schleunigst durch die Sicherheitskontrolle zu begeben, wenn er mitfliegen wolle. Er wollte und bat darum, sich ein letztes Mal verabschieden zu dürfen. Todesmutig barg er noch einmal sehnsüchtig seinen Kopf zwischen Ursulas Brüsten. Während sie seinen Kopf in die Hände nahm, sah ich ihren Ehering kurz aufblitzen. Als er der Check-in-Mitarbeiterin seinen Pass zur Kontrolle reichte, war er wieder er selbst: ein vertrauenerweckender Arzt aus New York, eventuell ein Verwandter von Woody Allen, höflich lächelnd.

Bevor er die Glastür zur Sicherheitskontrolle passierte, drehte er sich noch einmal um. Doch er schaute in fremde Gesichter. Ursula war weg. Sie war schluchzend aus dem Gebäude gestürmt, als er seinen Pass dem Beamten des Bundesgrenzschutz überreichte.

Oft beginnt und endet ein Doppelleben am Flughafen. Nicht immer ist es für Außenstehende erkennbar, was gerade vor sich geht. Wie bei dem Mann und seiner Frau, die händchenhaltend auf den Check-in-Automaten zumarschierten. Eine alltägliche Szene. Sie steckte routiniert ihre Karte hinein, drückte abwesend die Tasten, heraus kam ihr Boardingpass. Beide hielten sich eine ganze Zeit umarmt, küssten sich, lächelten. Er sagte: »Ich hol dich dann morgen ab, Schatz« und »Ich werde dich vermissen«. Dann verschwand sie durch die Sicherheitskontrolle und er ging zurück zum Auto. Sie war noch nicht durch die Kontrolle, da zückte er schon sein Handy und ich hörte folgenden Satz: »Sie ist bis morgen Abend weg. Wir können endlich wieder die ganze Nacht zusammen verbringen. Ich bin um sechs bei dir.«

Der Flughafen hält viele solcher Geschichten bereit. Mal sind es die Frauen, die ihren Partner lächelnd belügen, mal die Männer. Aber zum Glück gibt es sie auch noch: die wahre Liebe.

Zuerst habe ich sie kaum wahrgenommen, den Punk-Jungen und das Mädchen. Sie waren jung, vielleicht grad mal achtzehn. Seine Frisur fiel mir auf, sein schöner Irokese. Nicht zu lang und nicht zu kurz, hart wie ein Brett, und er stand ihm sehr gut. Die beiden hielten Händchen, während sie in der Check-in-Schlange nach London warteten, während sie gemeinsam ihren Koffer auf das Förderband hoben, während sie ihre Boardingkarte entgegennahm, während sie sich immer und immer wieder küssten. Sogar in der Schlange zur Passkontrolle ließen sie einander nicht los. Bis der Polizist an der Passkontrolle sagte: »Junger Mann, Sie dürfen ohne Boardingkarte nicht weiter.«

Er schien aus einem Traum zu erwachen, verwirrt, leicht benommen. Er zerrte das Mädchen zur Seite, griff in seine Jackentasche, zog eine zerfledderte rote Rose heraus und überreichte sie. »Oh, thank you, but they won't let me take this home to New

York.« Sie gab ihm die Rose zurück und bat ihn, sie für sie bis zu ihrer Rückkehr aufzubewahren. In diesem Moment fing er an zu weinen. Er sagte nichts, hielt ihre Hand und weinte, weinte, weinte. Sie löste sich von ihm, ging durch die Sicherheitskontrolle, winkte ihm immer wieder zu. Der Junge winkte mit der Rose zurück. Tränen liefen ihm die Wangen hinunter. Als sie an der anderen Seite der Glastür angekommen war, legten sie ihre Hände an der Scheibe aneinander.

Sie war die Letzte, die in das Flugzeug stieg. Die Dame vom Check-in legte ihr die Hand auf die Schulter, zog sie sanft von der Glasscheibe weg und begleitete sie zum Korridor. Sie war schon außer Sichtweite, als er wieder anfing, ihr mit der Rose nachzuwinken, tränenüberströmt, ohne einen Laut von sich zu geben.

Die Anzeigetafel zeigte an, dass der Flug nach London um 8 Uhr 25 gestartet war. Die Flugzeit nach London beträgt eine Stunde und 54 Minuten, von London nach New York sind es sieben Stunden und 52 Minuten. Ich sah dem Jungen mit dem Irokesen noch eine Zeitlang zu, dann widmete ich mich erneut meiner Arbeit. Als ich gegen Schichtende wieder an dem Gate vorbeikam, war es 17 Uhr. Der Check-in quoll über. Ich wollte gerade einem gigantischen Koffer ausweichen, als ich über den Köpfen eine rote Rose erblickte. Ich traute meinen Augen nicht: Der Junge stand immer noch an der Glasscheibe und winkte seiner Freundin nach. Er war blass, seine Augen glänzten, nur sein Irokese zeigte sich völlig unbeeindruckt immer noch von seiner besten Seite. Ich rechnete nach. In etwa einer Stunde würde ihr Flugzeug zum Landeanflug auf New York ansetzen. Ich kämpfte mich durch die Menschenmenge und reichte ihm ein Taschentuch. »Sie wird in sechzig Minuten in New York landen.« Sein Blick glich dem eines Schlafwandlers, der gerade geweckt worden war. Er ließ die Hand sinken. Er sah mich an, nahm das Taschentuch und lächelte. »Dann können wir in zwei Stunden schon miteinander telefonieren!« Und rannte weg.

WENDE GUT, ALLES GUT
NEUE PERSPEKTIVEN NACH 1989

 Euphorie pur! Ich hatte das Glück, dabei zu sein und aus nächster Nähe mitzuerleben, wie die traurige Geschichte der Teilung eines Landes zu Ende ging. Wie das Unmögliche von einer Vielzahl friedlicher Bürger möglich gemacht wurde: Eine Mauer wurde von Menschen zum Einsturz gebracht! Wir wurden 1989 Teil einer der wenigen friedlichen Revolutionen der Weltgeschichte.

Die Auswirkungen des Mauerfalls haben das Schicksal unzähliger Menschen beeinflusst. Und auch die Zukunft des Flughafens Tegel in vieler Hinsicht von Grund auf verändert.

Die essenziellste Veränderung war, dass Berlin endlich seine Tore für die größte deutsche Fluggesellschaft, die Lufthansa, öffnen durfte. Der Lufthansa war es nach dem Zweiten Weltkrieg nicht gestattet, West-Berlin anzufliegen, nun endlich konnte auch der blaue Kranich in Tegel einziehen. Die meisten Menschen freuten sich darüber, doch es flossen auch bittere Tränen. Lufthansa übernahm die Linienflüge der Pan Am, was für die meisten Pan-Am-Mitarbeiter das Ende ihrer Laufbahn bei der amerikanischen Fluggesellschaft bedeutete. »Nach der Wende, als Lufthansa übernommen hatte, kamen wir fast alle zu B.L.A.S., Berliner Lufthansa Airport Service«, erzählt Jamie Brian, der tief im Innern bis heute einer von Pan Am geblieben ist. »Das Handling-Unternehmen war im Auftrag der Lufthansa für die Abfertigung der Flüge in Tegel zuständig. Ich und einige wenige Kollegen hatten Glück. Wir wurden von der Lufthansa übernommen. Aber für die Mehrzahl unserer Pan-Am-Kollegen im Abfertigungsbereich, die von Airlinern zu Handling-Agenten wurden, war es ein Abstieg: schlechtere Arbeitsbedingungen, weniger Handlungsfreiheit, weniger Kompetenzen. In den ersten Tagen haben wir am Schalter geweint. Erwachsene Flugfahrt-Profis in Uniform, die sonst schwer zu schocken waren, haben geweint wie kleine Kinder.«

Auch Jamies Kollege Dieter erinnert sich ungern an diese Zeit. »Wir hatten Schwierigkeiten mit der Lufthansa, große Schwierigkeiten. Die Lufthansa hat einen Leitsatz geprägt: ›Wir sind hier, um zu dienen!‹ Irgendwie so. Da haben wir und unsere Pan-Am-Kollegen gedacht: Die haben wohl eine Meise! Von wegen, wir sind hier, um zu dienen! Wir waren da, um den Kunden Service zu bieten, logisch, das war immer unser Anliegen. Nicht nur technisch das Handwerk zu beherrschen, sondern auch motiviert zu sein und das Beste zu geben im Umgang mit den Passagieren … ›Wir sind da, um zu helfen!‹ Das war unsere Auffassung. Die Handhabung der Übernahme, also die Frage, wer von der Lufthansa und wer von der B.L.A.S. übernommen wird, wurde ohne jedes Fingerspitzengefühl organisiert. Um die neuen Uniformen abzuholen, mussten wir nach Frankfurt fliegen. In Berlin hatten sie keine.« Jamie schüttelt den Kopf. »Meine Kollegen bei der B.L.A.S., mit denen ich jahrelang zusammengearbeitet hatte, mussten auch nach Frankfurt. Wir bekamen alle die gleichen grauen Jacken, mit Knöpfen, auf denen der Kranich, das Symbol der Lufthansa, abgebildet war. Denjenigen, die bei der B.L.A.S. angestellt wurden, hat man die Kranich-Knöpfe in kurzem Prozess vor Ort vom Jackett abgeschnitten und andere drauf genäht. Es war degradierend und beschämend«, erinnert sich Jamie. Die Aufteilung der Mitarbeiter spiegelte sich in in den Uniformen wider, doch die beiden Firmen, Lufthansa und die heutige GlobeGround Berlin, waren und blieben lange und gute Weggefährten.

Am Flughafen bedienten sich viele der Fluggesellschaften in den darauffolgenden Jahren des Modells des Outsourcings. Bis heute nimmt diese Entwicklung kein Ende. »Es ist jetzt so weit gekommen, dass man kaum noch einen Mitarbeiter am Flughafen findet,

Kranich im Anflug

der direkt bei einer Fluggesellschaft angestellt ist. Der Lufthansa-Ticketschalter mit hauseigenen Fluggesellschaft-Angestellten ist einer der letzten Mohikaner in Tegel. Sonst läuft alles über Zweit- und Drittfirmen«, sagt Jamie und fügt hinzu: »Das Ziel ist: Verträge mit schlechteren Konditionen, schlechtere Bezahlung. Das Ergebnis: schlechter qualifizierte, weniger motivierte Mitarbeiter, schlechter Service. Um es plump auszudrücken: Kasse statt Klasse. Zugegeben, diese Entwicklung findet in allen Bereichen der Arbeitswelt statt, nicht nur am Flughafen. Doch in Tegel fing es nach der Wende an.«

Die meisten Bewohner Berlins haben sich über den Einzug der Lufthansa in Tegel gefreut: Endlich war die Fluggesellschaft dort, wo sie hingehörte. Auch viele, die durch die Veränderungen eine Stelle am Flughafen gefunden hatten, waren glücklich. Für Robin zum Beispiel, der direkt bei Lufthansa in Berlin eine Anstellung bekam, wurde mit dem Fall der Mauer sein persönlicher Traum wahr. Er ist in den langen Jahren seither eine feste Größe am Lufthansa-Ticketschalter in Tegel geworden.

Robin wurde in West-Berlin geboren und ist dort zu Mauerzeiten aufgewachsen. Er hätte nie gedacht, dass er einmal in Berlin – dazu noch in Tegel – bei der Lufthansa arbeiten würde. »Es gab zwar ein Lufthansa-Stadtbüro, auch einen Ticketschalter, aber man hatte keine große Chance, da reinzukommen.« Die Stellen waren besetzt, die Lufthansa brauchte kein neues Personal. Doch nach der Wende wurde plötzlich Personal gesucht. Vor allem bei B.L.A.S. nahm man jeden mit Kusshand, der irgendetwas mit Reisen zu tun hatte, aber auch bei Lufthansa gab es jetzt Arbeitsplätze.

»Ich hatte damals den Vorteil, dass ich vorher im Reisebüro am Flughafen Tegel gearbeitet hatte«, erinnert sich Robin. »Somit kannte ich den Flughafen. Die Bewerbungsgespräche liefen gut, und so konnte ich nach der Ausbildung im Juli 1991 bei der Lufthansa anfangen.« Noch heute denkt er gerührt an die Aufbruchstimmung von damals zurück. »Es war, als ob die ganze DDR zu einer kollektiven Reise aufgebrochen wäre!« Schon im Reisebüro und danach auch bei der Lufthansa am Ticketschalter hat er miterlebt, wie viele Leute aus Ostdeutschland nach Tegel pilgerten, um sich nach Flügen und Reiseangeboten zu erkundigen oder nach Prospekten zu fragen. Allein der Gedanke, reisen zu dürfen, war für sie ein Erlebnis. »Das hat richtig Spaß gemacht! Die Wissbegierde der Leute war natürlich toll! Man hat richtig gesehen, dass sie wirklich glücklich waren, endlich Fragen über eine Reise stellen zu können ohne deshalb verdächtig zu erscheinen.«

»Eines Tages saß ein Kollege, der an Originalität nicht zu überbieten war, neben mir. Er hatte einen Kunden, einen ehemaligen ›Ossi‹, am Schalter. Der hat sich umfassend erkundigt, wie eine Flugreise technisch abläuft. Mein Kollege hat ihm alles ganz geduldig erklärt: Dass man die Tickets kaufen und beim Abflug rechtzeitig am Check-in sein muss, wie das Gepäck aufgegeben wird, wie man dann ins Gate und danach in das Flugzeug kommt. Dann wollte der Kunde wissen, was so ein Ticket kostet, also fragte mein Kollege nach: ›Hm, was wollen Sie denn?‹ Der Kunde antwortete: ›Etwas, das nicht so teuer und nicht so weit ist. Sagen wir – Hamburg!‹« Damals flog die Lufthansa noch nach Hamburg, heute gibt es diese Verbindung nicht mehr.« »Nachdem der Kollege den Preis genannt hatte«, fährt Robin fort, »fragte der Kunde neugierig: ›Und welche Filme gibt es da an Bord nach Hamburg?‹ Daraufhin hat der Kollege ohne mit den Wimpern zu zucken gesagt: ›Da zeigen wir nur den Vorspann.‹ Der Kunde ist sehr zufrieden weggegangen. Er hat natürlich nicht gebucht. Kaum einer von den Leuten damals hat gebucht. Hauptsache, man hatte alle Informationen und kannte sich endlich aus.«

Viele Werte, die man für selbstverständlich hielt, wurden mit dem Fall der Berliner Mauer über Bord geworfen, alle Klischees wurden in Frage gestellt und zerbröselten schließlich. Auch Robin musste lernen, seine eingefahrene West-Berliner Sichtweise zu hinterfragen. »Groß geworden bin ich mit dem Klischee, dass der Westen der Gute und der Osten der Böse ist. Und dann kamen Perestroika und Glasnost. Neue Ideen erreichten uns aus Russland, die uns im Westen umdenken und anders fühlen ließen. Der Mann, der hinter den neuen Gedanken stand, hieß Gorbatschow, und wir bewunderten ihn«, schwärmt Robin.

»Die Lufthansa hatte, kurz nachdem sie in Tegel eingezogen ist, die Idee, dass man nicht nur am Flughafen sondern – als zusätzliches Angebot – auch direkt in zwei Hotels einchecken konnte. Das eine war das Hotel Maritim, damals in der Friedrichstraße, Ecke Unter den Linden. Das andere war das Hotel Kempinski am Ku'damm. Wir hatten im Foyer der beiden Hotels einen richtigen Schalter mit Ticketverkauf und Check-in und sogar einen kleinen Wagen, auf den wir das Gepäck der Gäste luden und von einem Fahrer zum Flughafen bringen ließen. Jeder von uns vom Ticketschalter-Team arbeitete dort jeweils eine Woche lang, immer morgens von 6 bis 14 Uhr. Wir waren etwas einsam in den Hotelhallen, dafür mit allen Kompetenzen ausgestattet. Es herrschte eine besondere Atmosphäre. Eines Tages saß ich im Kempi und plötzlich stand Gorbatschow mit seiner Frau Raissa vor mir. Mir stockte der Atem, es war so surreal! Ich wusste, dass Gorbatschow im Kempinski ein häufiger Gast war und dass er in dieser Zeit des politischen Umbruchs oft nach Berlin kam. Aber nun stand er direkt vor mir.« Robin kann sich auch Jahre danach noch über die Begegnung begeistern. »Es war wie im Traum! Ich dachte wirklich, das kann nicht wahr sein! Wenn mir jemand zwei Jahre vorher gesagt hätte, du wirst bei Lufthansa arbeiten, hätte ich geantwortet, nee, das ist unmöglich. Und wenn jemand gesagt hätte, du wirst in West-Berlin Michail Gorbatschow begegnen, da hätte ich gedacht, er ist verrückt. Vieles hinter dem Eisernen Vorhang war uns fremd. Der Osten war für viele von uns West-Berliner aufgrund der Mauer unerreichbar, seine Politiker sowieso. Zwar kannten wir sie über die Medien, dieses klassifizierte Bild vom Bösen und Guten war so fest in unseren Köpfen verankert, dass ich nie auf die Idee gekommen wäre, ich könnte einmal in West-Berlin Michail Gorbatschow treffen.«

Die Idee des luxuriösen Hotel-Check-ins wurde übrigens nach einem Dreivierteljahr von der Lufthansa wegen Unwirtschaftlichkeit eingestellt. In dieser Zeit übernahm die Lufthansa von der Pan Am die komplette IGS, die Internal German Services, also den innerdeutschen Flugverkehr, und rüstete in Tegel mächtig auf. Auch das Personal wurde aufgestockt, nicht zuletzt weil viele Mitarbeiter der Pan Am den Flughafenjob aus Enttäuschung letztendlich für immer an den Nagel hängten. Doch nicht nur Robin, auch viele andere fanden bei Lufthansa und B.L.A.S. einen neuen Arbeitsplatz. So auch Sabine, eine der Vollblutprofis, die in Tegel für den reibungslosen Ablauf bei Abfertigung und Abflug zuständig sind. Als sie im Oktober 1990 ihren Einstellungstest bei der Lufthansa absolvierte, ging sie wie selbstverständlich davon aus, dass sie auch

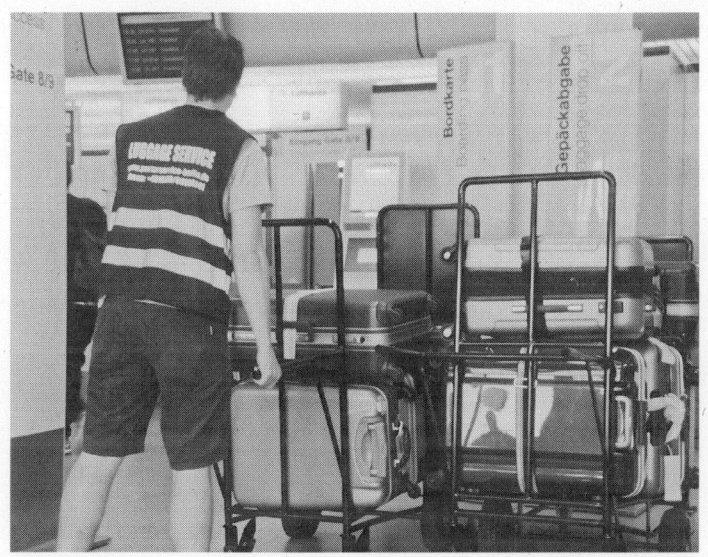

Gepäckservice

bei Lufthansa arbeiten würde. Doch als sie nach drei Wochen ihre Stelle antrat, erfuhr sie, dass sie bei der Abfertigungsgesellschaft Berlin Lufthansa Airport Services anfangen würde. Sie kannte sich damals am Flughafen nicht aus und wusste nichts über die Konditionen bei einer Airline. So freute sie sich auf ihren neuen Job, zumal sie als Studentin sowieso davon ausging, dass der Flughafen in ihrem Leben nur eine Zwischenepisode sein würde. Weit gefehlt: Noch heute arbeitet sie bei GlobeGround Berlin, seit 1999 Nachfolgerfirma der B.L.A.S.

Wenn Sabine an die Zeit nach der Wende zurückdenkt, erinnert sie sich am liebsten an die Stimmung damals. »Es schien, als könnte das Unmögliche möglich gemacht werden.« Dieses Grundgefühl hatte jeder Einzelne. Ein irrationaler Optimismus bereitete sich aus, eine Allet-is-jut-Stimmung. In Tegel war das besonders stark zu spüren, denn hier bekam man Feedback aus der weiten Welt, und die weite Welt lächelte Berlin zu. »Die Lufthansa hat von Standorten überall auf der Welt Kollegen nach Berlin geschickt, damit der Betrieb in Gang kommt und damit sie der Belegschaft in Tegel erst einmal die Arbeitsabläufe nahebringen. Wir hatten Kollegen aus Chicago, aus New York, die hierher entsandt wurden. Auch sie fanden es super in Berlin. Ein Jahr vorher stand die Mauer noch! Das konnte immer noch keiner fassen.«

Manuela von der Securitas arbeitete schon vor der Wende beim Sicherheitsdienst in Tegel. Am 9. November 1989 hatte sie Spätdienst. »Da sind die Emotionen enorm hochgeschwappt. Das war schon ein tolles Ereignis!« Über die Geschehnisse erfuhr sie von der Landespolizei, die damals für die Grenzkontrollen und die Sicherheit im West-Berliner Flugbereich zuständig war. Damals gab es noch nicht in jedem Gate einen Fernseher, sondern nur in den Restaurants. Die Menschen versammelten sich davor und waren sprachlos. Manuela kommen heute noch die Tränen. »Irgendwann hatte es eine Ansage gegeben, und da lagen sich die Leute ungläubig in den Armen. Das war wie ein Lauffeuer, auch die Fluggäste rannten zum Fernseher oder versuchten, schnell nach Hause zu kommen. Das war wie ein Irrenhaus, voller Emotionen! Alle haben verrückt gespielt und sich gefreut.«

Woran zu dem Zeitpunkt keiner gedacht hat war, welche Auswirkungen die Ereignisse für die privaten Sicherheitsdienstleister haben würden. Denn auch in punkto Fluggastkontrolle änderte sich vieles. »Vorher war ja West-Berlin den Alliierten unterstellt. In Tegel waren das die Franzosen, es war die französische Besatzungsmacht, die dem Betreiber diktierte, was und wie zu tun war. Wegen des Status' West-Berlins gab es zu der Zeit auch noch die innerdeutsche Passkontrolle« erklärt Manuela. »Im Zuge des Mauerfalls ist diese Passkontrolle weggefallen. Es war ein Paradies für viele, die beschlossen, sich aus dem Staub zu machen. Zum Beispiel unterhaltspflichtige Väter, die nicht zahlen wollten. Zu Zeiten der

Mauer haben die Handschellen in Tegel schneller geklickt, weil wegen der Passkontrolle alle ihren Ausweis vorzeigen mussten. Nach dem Mauerfall gab es eine Massenflucht zahlungsunwilliger Väter von der früheren Insel West-Berlin.«

Neben dem Wegfall der Passkontrolle war die größte Veränderung, dass das bundesdeutsche Sicherheitssystem übernommen wurde. Die Grenz- und Flugsicherheit wurde von der Landespolizei an die Bundespolizei – damals hieß sie noch Bundesgrenzschutz – abgegeben, die Zuständigkeiten in Tegel wurden neu aufgeteilt. »Das war für uns Kontrollkräfte eine schwierige Zeit, weil es ein massives Kompetenzwirrwarr gab. Keiner wusste genau, wer wofür zuständig ist, das verwirrte auch die Fluggäste.« Heute kann Manuela darüber nur lachen, so absurd erscheint das damalige Kompetenzgerangel. »Die einen sagten: ›Wir sind die richtige Polizei!‹ ›Nein, wir sind die richtige!‹ die anderen. Abläufe, die jahrelang funktioniert hatten, wurden über den Haufen geworfen und neue Verfahrensweisen eingeführt. Es musste sich alles erst wieder einspielen.«

Durch die Öffnung der Grenzen und des Eisernen Vorhangs kamen die alten Strukturen in Bewegung. Es war wie bei einem Domino-Spiel: Ein Stein kippt, eine Mauer fällt und bringt die Lebenswege von Millionen ins Schwanken. »Auch in unserem Team gab es plötzlich viele Mitarbeiter, die durch die Wende ihre in der DDR renommierten Stellen verloren hatten«, erinnert sich Manuela. »Ehemalige Botschafter, Diplomaten fanden einen neuen Lebensinhalt und Broterwerb am Flughafen. Eines Tages bekamen wir wieder einen neuen Kollegen, einen jungen Studenten. Er war hochmotiviert und freute sich sehr, mit uns in Tegel zu arbeiten. Doch an seinem ersten Arbeitstag stand er kreidebleich da und zitterte. Ich nahm ihn beiseite und erkundigte mich nach seinem Problem. Er deutete auf eine Mitarbeiterin, eine freundliche ältere Frau, die wie immer gerade mitgebrachte Süßigkeiten an die Kollegen verteilte. Der Student starrte sie an, als würde er einen Geist sehen: Die liebenswürdige Rentnerin war zu DDR-Zeiten in seinem

Gymnasium die von allen Schülern gefürchtete Mathe-Lehrerin gewesen, dazu noch Direktorin und ein richtiger Drache. Nun wurden beide Kollegen und sollten sich, wie alle im Team, duzen. Nach einer Weile hatte der junge Kollege sich von seinem Schock erholt und freute sich mit den anderen über die Süßigkeiten. Die Ordnung war auf den Kopf gestellt. Aber manchmal tut so ein Kopfstand der Welt ganz gut!«, sagt Manuela und lacht.

Nach dem Fall der Mauer begannen die Planungen für den neuen Großflughafen Berlin-Brandenburg, das allseits bekannte Projekt BER. Tegel sollte nicht mehr erweitert werden. Nach langer Planungszeit folgte 2006 der erste Spatenstich am Großflughafen in Schönefeld. Eröffnungstermine wurden schon öfter genannt und Tegel nur provisorisch geflickt, um vorübergehend den immer weiter wachsenden Flugverkehr bewältigen zu können. Mittlerweile existiert das Thema BER fast genauso lange, wie die Berliner Mauer stand. Langsamkeit kann auch Vorteile haben: Wären die Bauherren der Mauer so produktiv gewesen wie die des BER, hätte es die Mauer nie gegeben.

LOST & FOUND

WAS NICHT ANGEWACHSEN IST,
WIRD LIEGEN GELASSEN

 In dem Moment, in dem die Passagiere am Flughafen ankommen, setzt ihr Hirn aus. Und zwar genau dann, wenn sie das Flugzeug verlassen oder aus dem Taxi, dem Auto oder dem Bus aussteigen. Ihre Wahrnehmung trübt sich, sie sind nicht mehr dieselben Menschen, die sie kurze Zeit vorher noch waren. Es gibt mehrere Theorien darüber, warum das so ist. Manche führen dieses Phänomen auf den Flüssigkeitsmangel nach einem Flug zurück, andere auf den Stress, den Passagiere vor oder nach einer Reise empfinden. Als Gründe werden auch Zeitdruck, emotionale Belastungen oder die dauerhafte Ablenkung durch den Geräuschpegel am Flughafen – die vielen Menschen, die Durchsagen, das ständige Telefonieren – angeführt. Dieses Phänomen kennen alle Mitarbeiter in Tegel: die Servicekräfte in den Restaurants, die Putzfrauen, das Check-in-Personal an den Schaltern, die Sicherheitsbeamten, die Mitarbeiter am Ticketing-Counter und vor allem die Mitarbeiter von Lost & Found. Denn nirgendwo wird so viel verloren oder liegen gelassen wie am Flughafen.

Der Klassiker in Tegel ist das Verlassen des Ankunft-Gates ohne den Koffer. An fast allen Flughäfen der Welt muss man einige Minuten laufen, bis man bei der Gepäckausgabe angekommen ist. Das sind die Passagiere gewohnt. Wer in Tegel landet, verlässt das Flugzeug und ist bereits nach einigen Sekunden am Gepäckband. Da aber keiner das Gepäckband nach nur wenigen Metern erwartet, ignorieren es viele Passagiere einfach, blenden es aus, sehen es nicht einmal. Den Blick starr auf das Schild mit der Aufschrift »Ausgang« geheftet, müsste dabei eigentlich auch auf das Schild »Haben Sie an

Ihr Gepäck gedacht?« ins Auge fallen, doch sie gehen wie ferngesteuert weiter durch die Ausgangstür – und schon befinden sie sich im öffentlichen Bereich. Ohne ihr Gepäck.

Wenn man viel Zeit am Flughafen verbringt, erkennt man diese Fluggäste an ihren plötzlich hektischen Bewegungen, die mit einer 180-Grad-Pirouette in Richtung Ausgangstür enden. Ist der Aha-Effekt vorüber, wollen alle schnell zurück zum Gepäckband und merken dann: Der Flieger ist zwar angekommen, aber der Zug abgefahren. Die Tür ist zu und das Gepäckband rückt plötzlich in unerreichbare Nähe. Denn Ausgang heißt nun einmal Ausgang.

Vor jedem Ankunft-Gate sitzt ein Luftsicherheitsassistent. Fast könnte man meinen, er sei eigens dafür da, in solchen Fällen angebrüllt zu werden. Und das wird er auch regelmäßig, mehrmals am Tag. Denn genau dieser Vorfall ereignet sich täglich bis zu fünfzig Mal. »Jetzt machen Sie die Tür auf, ich muss da rein! Wieso können Sie die Tür nicht aufmachen? Das sind doch nur zwei Meter, ich kann meinen Koffer von hier aus sehen! Ich will ihn jetzt holen!«

Doch so einfach geht das nicht, denn das Betreten des Sicherheitsbereichs ist nicht mehr möglich. Was die Sache erschwert: Es gibt ein ungeschriebenes Gesetz, dass genau in solchen Situationen der Mann mit den Gepäckwagen vorbeikommt. Er schiebt eine lange Kette Gepäckwagen vor sich her, nickt in Richtung des Sicherheitsbeamten und signalisiert ihm damit, dass er jetzt möglichst ohne überflüssiges Bremsmanöver ins Gate möchte. Daraufhin öffnet der Sicherheitsbeamte für den gefühlten Bruchteil einer Sekunde die Tür und die Gepäckwagen verschwinden im Sicherheitsbereich. Dieser kurze Moment reicht aber aus, dass der Passagier seinen Koffer auf dem Gepäckband einsam seine Runden ziehen sieht und gleichzeitig den Beweis dafür bekommt, dass der Sicherheitsmitarbeiter sehr wohl in der Lage ist, ohne Probleme die Tür zu öffnen. Jetzt kann der Passagier seine Wut nicht mehr kontrollieren. Einige Betroffene laufen rot an, andere brechen in Tränen aus oder fangen erneut an, Befehle zu erteilen: »Dann gehen Sie doch rein und ho-

»Jetzt machen Sie die Tür auf, ich muss da rein!«

len Sie mir meinen Koffer! Jetzt bewegen Sie sich!« Bis zu diesem Moment ist das Wort »bitte« noch kein einziges Mal gefallen. Nicht dass es etwas an der Lage ändern würde, aber am Seelenzustand der Mitarbeiter bestimmt.

Vor dem 11. September 2001 wäre das alles kein Problem gewesen. Der Sicherheitsbeamte hätte schnell ins Gate springen und das liegen gebliebene Gepäck holen dürfen. Und falls er gerade Zeit dazu gehabt hätte, hätte er das sicher auch getan. Doch die Sicherheitsbestimmungen sind seit 2001 drastisch verschärft worden, und jetzt winkt jedem nicht abgeholten Gepäckstück das gleiche Schicksal: Es wird an den Gates eingesammelt und zum Zoll gebracht, und der Zoll kontrolliert es, bevor es seinem Besitzer ausgehändigt werden kann. Wenn man Glück hat, erhält man seinen Koffer innerhalb einer knappen Stunde. Wenn aber viel los ist, dauert es länger, denn ein auf dem Gepäckband liegen gebliebener Koffer hat für den Ablauf am Flughafen keine Priorität. Wichtig ist, dass die Flugzeuge rechtzeitig be- und entladen werden und planmäßig wieder starten können. Wer den Koffer vergisst, muss Geduld aufbringen. Das ist der Preis.

Auch sonst werden am Flughafen überall Sachen liegen gelassen. Die Mitarbeiter in den Restaurants und Cafés finden jeden Tag Handys, Kreditkarten, Bücher, Fotoapparate, Smartphones, Pods und Pads, Laptops, Jacken, Mäntel, Jacketts, Schals, Mützen, Handschuhe, Portemonnaies, Brillen, sogar Pässe.

Auch auf den Toiletten wird viel vergessen. Einmal habe ich eine Tasche gefunden, die sich am Haken an der Innenseite der Tür versteckt hatte. Ich wollte sie zum Fundbüro bringen, aber als ich hineinschaute, sah ich eine Bordkarte nach Rom, die auf eine Mrs. Rossi ausgestellt war. Die Sache war also dringend. Ich wollte keine Zeit verlieren, schaute auf den Monitor und sah, dass der nächste Flug nach Rom in dreißig Minuten starten sollte. Beim Gate erfuhr ich, dass Mrs. Rossi bereits eingecheckt war. Ich entschied mich zu warten, denn ich wollte der Dame ihre Tasche persönlich übergeben. Irgendwie fühlte ich mich verantwortlich und wollte sichergehen, dass sie ihre Tasche bekam. Wir ließen sie ausrufen. Einige Minuten später erschien in aller Seelenruhe Mrs. Rossi. Sie hatte das Verschwinden ihrer Tasche noch nicht einmal bemerkt! »Ah, meine Tasche«, sagte sie und nahm das gute Stück entgegen, als hätte sie gerade einen ganz normalen Taschentrageservice des Flughafenpersonals in Anspruch genommen. Sie hat nicht einmal nachgesehen, ob alles drin war. Das tat sie erst, als ich sie darum bat. »Okay, okay« sagte sie und begab sich ungerührt zur Sicherheitskontrolle.

»Wir finden sehr oft etwas«, erzählt mir Renate, eine der zahlreichen Reinigungsfrauen, die in Tegel arbeiten. Bei einem Besuch im Frühstücksraum des Putzpersonals erfahre ich von den Kolleginnen mehr. Sie bieten mir türkischen Tee an. Wir sprechen über

In den Cafés bleibt vieles liegen: Handys, Kreditkarten, Pässe ...

die Arbeit, den Flughafen, und als ich nachfrage, was sie alles hier so gefunden haben, können die Frauen kaum aufhören zu erzählen.

»Also, ick war hier vorne bei Gate 3 auf Position. Ick mach det Herrenklo, wollte dit machen, komm rein und da liegt eine Waffe auf dem Boden. So eine Dienstwaffe, von der Polizei. Er hat sie abgelegt, damit es bequemer ist. Wenn man die Hosen runterzieht, dann stört eine Waffe doch, oder?«

»Ich hab heute ein Schlüsselbund mit einem Mercedesschlüssel gefunden. Und eine Brieftasche«, berichtet Damla. »Bargeld, wir finden viel Bargeld«, ergänzt sie noch.

»Das meiste Bargeld habe ich gefunden«, verkündet Gülcan stolz, »in einer Plastiktüte in der Telefonzelle unten bei der Ankunft. Da habe ich gleich meine Vorarbeiterin angerufen und sie dazu geholt, denn das war sehr viel Geld. Ich wollte nicht alleine verantwortlich sein. Das waren fünftausend Euro in Fünfhunderteuroscheinen. In der Tüte waren auch Papiere und ein Diplom. Ich habe reingeguckt, um herauszufinden, wem das gehört. Und neben diesem Diplom lagen die fünftausend Euro. Ich habe noch nie in meinem Leben so viel Geld gesehen. Wir sind gemeinsam zum Fundbüro und haben das Geld dort vor Zeugen gleich zwei Mal gezählt. Kurz darauf kamen zwei Männer, ich glaube, aus Aserbaidschan. Der eine konnte kein Deutsch, aber der andere hat übersetzt. Sie sagten ihre Namen und dass der eine die Papiere verloren hätte. Wir wollten wissen, ob das Geld wirklich ihm gehörte, also haben wir ihn gefragt, wie viel drin wäre. Und er antwortete, da waren fünftausend drin und ein Diplom. Ich habe gesagt, was für ein Glück er doch hat, dass ich die Tüte entdeckt hätte. Denn wenn es jemand anderes gefunden hätte, wäre das Geld weg gewesen. Da hat er mir eine Belohnung gegeben.«

»Ick habe vor sechs Wochen im Gate vom Peking-Flug – bei der ›Peking-Ente‹ – eine große schwarze Tasche gefunden«, wirft Effi ein. »Das Flugzeug war schon weg. Ick denke: Müll, gehe hin und gucke. Da waren drei Laptops drin und zehn Handys! Zufälligerweise kam gerade die Polizei, ick sag: ›Guckt mal, was hier steht!‹ Sie haben gleich alles mitgenommen.« Nach kurzer Pause fährt sie fort: »Was mich besonders ärgert: Wenn ick irgendwo saubermache, dann halten die Leute da sofort ihre Tasche fester. Ich meine, man setzt doch nicht den Flughafenausweis oder die Arbeit aufs Spiel. Aber viele Menschen denken, wir würden klauen. Det finde ick irgendwie traurig.«

»Ich habe auch einen Laptop gefunden, und komischerweise gehörte der einem Boss von der Lufthansa. Mein Chef hat im Laptop nachgeschaut, erfuhr so seinen Namen und hat dann eine E-Mail geschrieben: ›Wir haben Ihren Laptop.‹ Der Mann hatte schon überall gesucht. Er hat uns gebeten, ihn bei Lufthansa abzugeben, er würde ihn nächste Woche holen. Er hat uns später eine schöne Dankeskarte mit fünfzig Euro geschickt.«

Kaum hat Anastasia ihren Satz beendet, erzählt Leyla schon weiter. »Nicht alle geben eine Belohnung. Wir hatten eine Kollegin, die hat eine Herrengeldbörse gefunden. Der Mann war schon im Flieger, doch zum Glück war die Tür noch nicht zu. Dann ist die Kollegin in den Flieger reingegangen und hat gefragt: ›Wer vermisst ein Portemonnaie?‹ Einer rief: ›Ich!‹ ›Wie sieht das aus, was haben Sie drin?‹ Es war viel Geld drin, über tausend Euro. Am Ende wollte er ihr zwei Euro geben! Da hat sie gesagt: ›Behalten sie das‹ und ist gegangen.«

Bei speziellen Funden oder größeren Geldbeträgen wird die Landespolizei hinzugezogen. Als eine Mitarbeiterin von Lost & Found eine Geldbörse mit zehntausend Euro gefunden hatte, ging sie sofort zur Polizei. »Es war echtes Geld, aber es muss aus zwielichtigen Geschäften gestammt haben, denn es kam niemand, um es abzuholen. Wir haben uns im Kollegenkreis mal darüber unterhalten, und manche sagen, vielleicht war das für die Geldwäsche vorgesehen. Also, wir erleben schon manchmal kuriose Sachen hier, die uns dann keine Ruhe lassen. Wir hatten es schon mehrmals, dass eine große Summe Geld in einem Portemonnaie ohne Hinweis auf den Besitzer gefunden wurde, das nie einer abgeholt hat.«

»Der skurrilste Fund?« Conny, die seit fünfundzwanzig Jahren bei Lost & Found arbeitet, überlegt. »Ein Herr mit einem Holzbein hatte den Rollstuhlfahrerdienst in Anspruch genommen. Er wurde nach der Landung mit dem Rollstuhl aus der Kabine abgeholt. Da es ein Langstreckenflug war, hat er es sich wahrscheinlich bequem gemacht und sein Holzbein in den Fächern über sich verstaut. Und dort blieb es auch. Vermisst hat er es erst, als der Fahrdienst ihn ins Taxi setzen wollte. Da fiel ihm plötzlich ein: mein Bein! Und so landete er bei uns und musste im Rollstuhl warten, bis wir ihm sein Holzbein brachten.«

Auch ich habe schon einmal erlebt, wie jemand etwas im Flugzeug vergessen hat. Ich stand nach einem sehr angenehmen Flug aus

London in Tegel am Gepäckband und wartete auf meinen Koffer. Neben mir drängelte sich eine junge Frau mit einer großen Handtasche vor und hielt nervös Ausschau nach ihrem Gepäck, obwohl sich das Band noch gar nicht in Bewegung gesetzt hatte. Sie starrte auf das leere Band und stand fast Schulter an Schulter neben mir. Nur wenige Sekunden später zuckte sie zusammen und fing an zu schreien. Direkt in mein Ohr. »O Gott, o Gott! Ich habe es im Flugzeug vergessen!« Sie drehte sich um, rannte los und stieß jeden um, der die Dreistigkeit hatte, im Weg zu stehen. Kaum hatte sie die zum Flugzeug führende Fluggastbrücke erreicht, schrie ihr ein Mitarbeiter hinterher: »Halt! Bleiben Sie stehen! Sie dürfen da nicht rein!« Auch der Kollege von der Bundespolizei aus der Passkontrolle rannte der Frau hinterher und schrie: »Stehen bleiben! Stehen bleiben!« Die Frau blieb stehen und schluchzte: »Aber mein Baby, mein Baby! Ich habe mein Baby im Flugzeug vergessen!«

BLUMEN AUS AMSTERDAM
STAMMKUNDEN UND VIELFLIEGER

 Fluggäste sind eine Schar von bunten Vögeln, und am Flughafen sieht man alle möglichen Vogelarten. Es gibt aber eine Art von Kunden, die für jedes Unternehmen besonders wichtig sind, denn sie bringen hohen Umsatz und Gewinn: die Stammkunden. Auch Fluggesellschaften versuchen, fliegende Kunden an sich zu binden, mit Rabatten oder Vielfliegerprogrammen, die diverse Vorteile bieten. Früher haben bei der Kundenbindung auch die Airline-Mitarbeiter eine wichtige Rolle gespielt. Früher.

Denn es gab einmal eine Zeit, in der das Internet noch nicht existierte. Es gab eine Zeit, in der persönliche Bindungen für Kunden wie für die Airline noch wichtig waren. Eine Zeit, in der die Kunden am Flughafen persönlich ihre Tickets gekauft haben, in der sich Airline-Mitarbeiter und Kunden kannten. Es gab einmal eine Zeit, in der ein persönlicher Kontakt Kunden wie Mitarbeitern mehr bedeutete als Rabatte oder niedrige Preise. Es war die Zeit, in der die Mitarbeiter am Ticketschalter das Aushängeschild der Airline waren. Und auch deren großes Kapital, denn sie identifizierten sich mit der Fluggesellschaft und taten alles dafür, dass der Kunde und nicht der Preis König war. Ältere Menschen erinnern sich noch an diese Zeit, aber auch jüngere. Denn es ist erst zwanzig Jahre her, dass die Zahl der kommerziellen Nutzer des Internets erstmals die der wissenschaftlichen Nutzer überstieg. Damals gab es rund drei Millionen Internet-Rechner. Weltweit. Heute hat sich diese Zahl allein in Europa verhundertfacht: Um die 87 Prozent der Haushalte in Deutschland haben einen Computer mit Internetzugang.

Fotos erinnern an die guten alten Zeiten

Eigentlich fing alles mit easyJet an. Mit ihrem sogenannten »no frills concept«, was bedeutet: ganz ohne Schnickschnack. Die bei einer traditionellen Fluggesellschaft üblichen Kosten werden damit niedrig gehalten, und dazu trägt auch der Direktverkauf der Tickets im Internet bei und seit 2009 zusätzlich die Möglichkeit, online einzuchecken. Ein Passagier, der fliegen will, kommt jetzt ganz ohne Kontakt zu einem Airline-Mitarbeiter aus. Das Bodenpersonal am Ticketschalter wurde (fast) überflüssig. Das Know-how der Kollegen, ihr Wissen, ihr Können auch. Heute stellen die Passagiere ihre Routen im Internet selbst zusammen oder überlassen diese Arbeit den Suchmaschinen der Reiseportale.

Doch es gibt immer noch Reisende, hauptsächlich ältere Menschen, die nicht dazu bereit sind, ihren Flugschein über das Internet oder über ein Call-Center zu buchen. Sie bestehen weiterhin darauf, ihr Ticket auf die traditionelle Art am Flughafen zu kaufen, und zwar bei einem ihren bekannten Mitarbeiter der jeweiligen Airline, der sie seit Jahren betreut und dem sie vertrauen. Um ganz auf Nummer sicher zu gehen, rufen sie oft sogar am Schalter an und fragen: »Ist Frau Schuster heute im Dienst?«

Es war die Zeit, als am Ticketschalter der KLM noch KLM-Mitarbeiter gearbeitet haben. Eine dieser Mitarbeiterinnen war die von den Stammkunden oft verlangte Frau Schuster. Zum Beispiel von dem fürsorglichen Herrn Altholz, der jedes Jahr mit seiner Mutter in die Karibik nach Aruba flog und nur bei ihr buchen wollte. Oder von der feschen Frau Soldau, die dreimal im Jahr mit ihren Papageien nach Rio de Janeiro flog. Oder von der gebrechlichen Frau Mangold, einer älteren Dame, die zweimal im Jahr zu ihrer Tochter nach Kanada reiste. Immer mit der KLM, und das auch wegen Frau Schuster. »Frau Schuster kümmert sich um alles. Als diese komischen elektronischen Tickets kamen, auf denen man nicht mehr alles sehen kann, schrieb sie mir immer die Uhrzeiten auf, damit ich es auf Papier hatte und meiner Tochter die Ankunftszeit durchgeben konnte.« Auch Herr Bartochowski aus Warschau buchte seine Reisen nach Bonaire immer bei Frau Schuster. Er flog ziemlich oft, denn er hatte ein Haus dort, und er traute einzig und allein Frau Schuster zu, die Buchung durchzuführen.

Die Holländerin Tineke de Jaug arbeitete ebenfalls von Anfang an für die KLM. Zuerst in Amsterdam, dann kam sie mit nach Tegel. Sie ist eine stolze KLMerin – gewesen. Jetzt ist sie nur noch enttäuscht. »Uns allen wurde gekündigt. Wir wurden ausgetauscht gegen billigere Arbeitskräfte. Unsere jahrelange Erfahrung, unser Know-how wurde einfach weggeworfen.«

Angelika Schuster und Tineke de Jaug sind nur die Erinnerungen an ihre Stammkunden geblieben. Oft treffen sich die Kolleginnen am Flughafen, trinken einen Kaffee und reden über die alten Zeiten.

»Tineke, kannst du dich noch an den Afrikaner erinnern, der nur linke Schuhe im Koffer hatte? Ja, wirklich nur linke Schuhe!

Immer ein Schuh von jedem Paar. Einen ganzen Koffer voll! Das waren wahrscheinlich Warenmuster.«

»Ja! Oder der Passagier, der jeden Monat hundert bis zweihundert Handys im Koffer hatte? Klar, damit hat er dann in Afrika gehandelt.«

»Und weißt du noch, Passagier Dolerenz? Der immer nach Delhi geflogen ist? Der regelmäßig auf der Langstrecke krank wurde? Seinetwegen musste die Maschine zweimal zwischenlanden.«

»Und dann hatten wir noch unseren Opernsänger ...«

»Ja, der in Amsterdam und an der Komischen Oper auftrat. Bariton. Wir haben ihm oft geholfen, weil er immer spontan fliegen musste. Als Dankeschön hat er uns Karten für die Oper geschenkt.«

»Und die Truppe vom Cirque de Soleil? Kannst du dich an die erinnern? Der Manager kam zu uns, weil ihr gesamtes Gepäck verloren gegangen war; ein einziges Troubleshooting. Aber wir konnten helfen. Die haben uns auch Karten geschenkt.«

»Ja, beim Cirque de Soleil waren wir zusammen.«

»Die portugiesischen Gastarbeiter sind auch regelmäßig mit uns geflogen.«

»Aber nur am Anfang.«

»Die mussten gar nichts mehr sagen, wir wussten schon Bescheid: Über Amsterdam nach Lissabon. Oder nach Porto.«

»Die meisten haben wir nach einer Weile schon gekannt und wussten, ob Lissabon oder Porto.«

»Die sprachen oft nur Portugiesisch. Wir haben dann immer aufgeschrieben, für welches Datum wir die Buchung gemacht haben, und sie sagten okay. Und dass sie erst in einigen Tagen Geld vom Chef kriegen. Wir haben die Buchung für sie für drei, vier, fünf Tage gehalten, denn wir wussten, dass sie wiederkommen und bezahlen würden. Wenn es für sie eben wieder Geld gab.«

»Und wir hatten die behinderten Kinder, die zur Delfintherapie nach Curacao geflogen sind. Curacao ist berühmt dafür, dass behinderte oder autistische Kinder dort diese Therapie machen können.«

»Dank Ihrer Hilfe sind wir sehr gut angekommen.«

»Das waren Reisen, die aufwändig organisiert werden mussten, und wir haben den Familien dabei geholfen. Da gab es dann Postkarten und Dankschreiben. Ich habe diese Karten bis heute aufgehoben. Auf einer steht: Meine Schwester hat das erste Mal in ihrem Leben gelacht! Danke!«

»Einmal kam eine Familie und suchte nach mir. Sie hatten einen Zettel in der Hand mit meinem Namen. Jemand in einem Frankfurter Reisebüro hatte ihnen gesagt: ›Wenden Sie sich an Frau de Jaug, sie wird Ihnen helfen.‹ Aus Curacao kamen viele Karten.«

»Aber unsere Lieblinge waren die Blumenhändler!«

»Ja, aus Holland kommen ja fast alle Blumen, die in Berlin verkauft werden. Die Blumenhändler flogen regelmäßig und haben sehr viel Geld bei KLM gelassen.«

»Die flogen dreimal die Woche nach Aalsmeer zur Blumen-auktion und hatten mehrere Filialen in Berlin. Natürlich wollten sie immer einen Sondertarif haben. Aber wenn man es auf das Jahr hochrechnet, waren das unsere Top-Kunden.«

»Oder der andere Blumenhändler, der dieses Spezialgeschäft für Rosen auf dem Ku'damm hatte. Er flog immer übers Wochenende nach Hause. Jeden Samstag.«

»Sonderpreise gab es sowieso, aber bei den Blumenhändlern waren wir besonders bemüht, einen guten Tarif zu finden. Für die haben wir Dinge möglich gemacht, die man für andere Passagiere niemals gemacht hätte. Aber es waren natürlich sehr gute Kunden.«

»Und samstags kriegten wir dann einen riesigen Rosenstrauß. Die Blumen wären sonst wahrscheinlich im Müll gelandet, weil sie nicht mehr bis zur nächsten Woche gehalten hätten.«

»Langstielige Rosen, einen Meter lange Rosen! Ich habe mir extra eine passende Vase gekauft.«

»Ich habe mir was gekauft, um die Dornen von den Rosen abzunehmen.«

»Dann wurde irgendwann die zusätzliche Gebühr bei den Um-buchungen eingeführt. Und auch noch eine Flughafengebühr.«

»Da sagten die Blumenhändler: ›Ja gut, wenn du mir nicht mehr helfen kannst und es hier sogar mehr kostet, dann kaufe ich meine Tickets über das Internet. Das war 2005, nachdem die KLM und die Air France fusioniert hatten. Ab da ging es bergab.«

Die täglich fliegende Qatar Airways gilt in Berlin Tegel als eine der exotischen Fluggesellschaften. Eine Schlüsselperson der Airline in Tegel ist Mai. Sie hat bereits für Pan Am am Flughafen gearbeitet, dann für Delta und jetzt für Qatar.

»Doha ist ein großes Drehkreuz. Eigentlich besteht Katar nur aus einigen Hochhäusern und der Airline«, lacht Mai. »Unser Publikum ist sehr gemischt. Direkt nach Katar fliegen nur wenige Deutsche, die dort arbeiten. Die meisten Europäer steigen in Doha um und fliegen weiter. Auf die Malediven. Nach Goa, nach Sri Lan-

Wohin geht die Reise?

ka, nach Australien. Und viele Inder und Pakistani, die in Deutschland leben, fliegen mit uns in ihre Heimat. Die Airline wird gerne genutzt, weil wir für sie spezielle Tarife haben, die es ihnen ermöglichen, deutlich mehr Freigepäck mitzunehmen. Gerade Menschen auf Heimatflügen nehmen aus Deutschland besonders viel für ihre Familien mit. Auch viele polnische Seeleute, die irgendwo in Hongkong an Bord ihrer Schiffe gehen, buchen bei uns. Und natürlich haben wir zahlreiche arabische Fluggäste.«

Aus dem arabischen Raum fliegen die Menschen am häufigsten wegen einer anstehenden Operation nach Deutschland. »In letzter Zeit kommt es häufig vor, dass Kranke auf einem Stretcher, also einer Liege, transportiert werden müssen«, erzählt Mai. »Das ist eine sehr kostspielige Angelegenheit, denn um die Liege in der Kabine zu installieren, muss man die Kapazitäten von drei Sitzreihen kalkulieren. Wenn man zusätzlich die Familie und die Kranken-schwester dabei hat, bucht man auf der anderen Seite weitere drei Reihen. Also muss man ein Ticket für den Passagier, ein Ticket für die Begleitperson und noch vier Businesstickets – obwohl es nicht der Business-Class-Bereich ist – für die anderen Sitze kaufen, denn es muss immer entweder ein Arzt oder eine Krankenschwester mit-fliegen. Jede Airline verfügt über solche Liegen. Die Stühle werden umgeklappt, darauf wird dann eine Liege festgemacht und der Be-reich mit einem Vorhang abgetrennt. Und natürlich zahlt man auch für den Service: Der Passagier wird in der Regel von der Ambulanz abgeholt, die direkt neben der Maschine auf dem Vorfeld wartet. Nach der Landung wird der Passagier mit einem Highlifter herun-tergefahren. Das sind diese Fahrzeuge, die wie eine Ziehharmonika aussehen. Die Genehmigungen für diese Transporte holt meistens die Botschaft von Katar ein. Die Patienten werden vom Flughafen direkt ins Krankenhaus gefahren.«

Krankentransporte müssen immer von der Airline genehmigt werden. Dazu wird die Flugtauglichkeit des Patienten von einem Arzt der Fluggesellschaft überprüft und bestätigt. Damit will die Airline eine teure Zwischenlandung vermeiden für den Fall, dass der Patient auf dem Flug verstirbt. Und natürlich muss geklärt sein, ob die Krankheit des Passagiers ansteckend ist. In diesem Fall dürf-te der Patient nicht mitfliegen.

Mai weiß aus Erfahrung: »Arabische Fluggäste sind viel ver-wöhnter als europäische. Wir haben viele Stammgäste, die wegen des guten Services mit uns fliegen. Wir achten wirklich auf alles. Viele arabische Männer möchten zum Beispiel nicht, dass ihre al-lein fliegende Frau oder Tochter neben einem Mann sitzt. Da muss man wirklich gut aufpassen, sonst gibt es richtig Ärger. Wir haben Frauenreihen und Männerreihen. Wenn ein Mann seine Frau zum Flughafen bringt und die Frau allein fliegt, muss man dem Mann wirklich hoch und heilig, mit Brief und Siegel versprechen, dass die Frau in einer Frauenreihe sitzt. Was den Dienstleistungssektor be-

Die Tegel-Terrasse: Früher aßen hier Japaner Weißwurst

trifft, sind die arabischen Fluggesellschaften top. Sie tun wirklich alles für ihre Passagiere.«

Nicht nur die Airlines und ihre Mitarbeiter, auch der Flughafen selbst zieht Stammgäste an. Am beliebtesten war die mittlerweile leider geschlossene Tegel-Terrasse im zweiten Stock. Der direkte Blick auf die Flugzeuge und die Start- und Landebahn machten diesen Ort bei Touristen wie auch Berlinern populär. Horst, ein langjähriger Mitarbeiter des Restaurants der Terrasse, kannte seine Stammgäste. »Japaner kamen in Scharen und aßen hier Weißwurst und Brezeln. Auch die Kohlrouladen waren sehr beliebt. An den Wochenenden kamen immer wieder Berliner Familien. Unsere Lieblingsstammgäste waren aber die ›Wilmersdorfer Witwen‹. Das war eine Gruppe älterer Damen, die uns jeden Sonntag zu Kaffee und Kuchen besucht haben. Sie vergossen oft Tränen darüber, dass der Flughafen eines Tages schließen wird. Sie sagten, das tue ihnen im Herzen weh.«

Das teuerste Restaurant am Flughafen Tegel hat ebenfalls einen stets wiederkehrenden Stammgast. Besser gesagt, zwei Stammgäste in einer Person. Der Herr aus Berlin kommt immer sonntags. In einer Woche bestellt er ein stilles Wasser und Ofenkartoffeln, in der anderen Bitter Lemon und Lachsfilet. Wenn aber der Kellner ihn fragt: »Heute wieder Wasser und Ofenkartoffeln?«, dann tut er überrascht, als hätte er dieses Gericht noch nie hier gegessen, und bestellt dann den Lachs und ein Bitter Lemon. Fragt man ihn hingegen, ob es heute wieder Bitter Lemon und Lachsfilet sein darf, ordert er die Kartoffeln. Lässt man ihn jedoch in Ruhe, bestellt er genau nach seinem Muster, in der einen Woche die Kartoffeln, in der anderen den Lachs.

Auch das Café in der Haupthalle hat seine Stammkundschaft, erzählt uns die Geschäftsführerin Susanne. »Das sind meistens Geschäftsleute, die fast jeden Tag kommen. Erstaunlich ist es, dass sie immer wieder das Gleiche trinken oder essen. Es gibt einen Herrn, der ist in der Medienbranche tätig, der kommt mehrmals in der Woche. Aber egal ob Sommer oder Winter, ob Mittag oder Abend, er bestellt immer ein großes Weizenbier und eine Quiche mit Salat. Und das schon seit Jahren.«

Und dann gibt es in Tegel noch die Shopper. Die Sonntags-Shopper. Sie grasen eins nach dem anderen die wenige Geschäfte am Flughafen ab. Auch zwei ältere Schwestern, die immer zuerst ein Käffchen trinken und dann eine Runde einkaufen gehen. Ihre Lieblingsstation ist der Koffershop in der Haupthalle. Zweimal im Jahr kaufen sie sich hier eine neue Handtasche, immer von der gleichen Marke.

»Obwohl es immer andere Menschen sind, unsere beste Stammkundschaft haben wir unter den chinesischen und japanischen Touristen«, verrät die Verkäuferin. Sie haben sich auf den Kauf von Markenkoffern spezialisiert, die hier am teuren Flughafen Tegel immer noch preiswerter für sie sind als in ihrer Heimat. »Sie bekommen ja auch bei Ausfuhr die Mehrwertsteuer zurück. Viele zahlen mit ihren letzten Euros und den Rest dann mit der Karte.« Auch Geschäftsleute aus Deutschland kommen regelmäßig. »Viele kennt man schon mit Namen. Neulich sagte meine Kollegin: ›Stell dir vor, wir müssen schließen. Was wird denn dann mit diesen Kunden? Sie kaufen seit Jahren bei uns ein.‹«

Die Verkäuferin von Esprit amüsiert sich über bestimmte Stammkunden. »Ganz typisch ist es, dass die Leute nicht wissen, welche Kleidergröße sie haben. Sie sagen dann: ›Ich nehme an, etwa so wie Ihre und Ihre‹ und zeigen dabei auf mich und meine Kollegin. Ich trage Kleidergröße 34. Sie ist zwei Köpfe größer und trägt 40. Schon ein Unterscheid. Neulich hatte ich einen Mann, der ewig herumtelefonierte und seine Frau gefragt hat: ›Hey Schatz, ich kaufe mir eine neue Hose, aber was ist meine Größe, kannst du zu Hause nachgucken? In der Hose, die ich gerade anhabe, steht es nicht drin.‹ Die meisten kaufen eigentlich eher einen Tick zu klein; es scheint, dass sich die Hoffnung immer durchsetzt: Vielleicht bin ich heute trotzdem XS? Vor allem Frauen kaufen oft die kleinere Nummer, nach dem Motto: Ich bin doch keine 42, ich bin doch nicht eine Zu-dick-für-diese-Welt-Frau!« Ob sich Männer auch zu dick fühlen? »Die sind eher sarkastisch.« Die Verkäuferin lacht. »Sie sagen zum Beispiel: ›Leider muss ich inzwischen den hier mit mir herumtragen‹ und zeigen auf ihren Bauch. Aber es scheint sie nicht groß zu stören, dass sie dick sind.«

Die Müdigkeit treibt die Stammkunden der Espressobar regelmäßig an den Stand. Zu den extremsten Kaffeeanbetern gehört, besonders bei den Frühschichten, ein Geschwisterpaar. Ihr häufiges Erscheinen und ihre immer gleiche Bestellung – »Wir hätten gerne zwei Espressi, einmal mit, einmal ohne Zucker« – hat ihnen den Spitznamen »Espresso-Zwillinge« beschert, und mittlerweile setzen die Mitarbeiter die zwei Espressi schon auf, wenn sie die beiden kommen sehen.

Eine wichtige Gruppe der Flughafenstammkunden sind die Mitarbeiter selbst. Viele Geschäfte haben das Kaufpotenzial der rund siebentausend Mitarbeiter erkannt und locken sie mit Dauerrabatten. Im Erdgeschoss gibt es einen flughafeneigenen Mitarbeitershop, der ein Teil des Travel-Value-Sortiments günstig anbietet. In den anderen Geschäften und Restaurants zahlen die Mitarbeiter in der Regel zehn Prozent weniger. Das ist auch nötig, denn kein Flughafenangestellter kann sich einen Milchkaffee für vier Euro leisten und auch kein belegtes Brötchen für 4,80. Bei den Kleidern ist es anders. Hier gibt es den Mitarbeiterrabatt sogar oft auf bereits reduzierte Artikel. So kann es zu Schlussverkaufszeiten vorkommen, dass man nach einem Arbeitstag die gesamte Putzfrauenkolonne aus einem der Kleidergeschäfte kommen sieht – mit voll gepackten Einkaufstüten.

GLANZ UND GLORIA
PAN AM BERLIN

 Alle, die diese Zeiten erlebt haben und ihre Erinnerungen aufleben lassen, verändern sich schlagartig, wenn sie davon berichten. Sie lächeln, die Augen funkeln und leuchten. Die Menschen erwecken den Anschein, als hätten sie an einer paradiesischen Vision teilgehabt. Dieses Ideal hieß Pan Am. Kein Zukunftstraum, sondern reale Vergangenheit. Glatt polierte, glänzende Vergangenheit. Wann auch immer man jemanden spricht, der bei Pan Am gearbeitet hat, werden einem ähnlich schwelgende, begeisterte Schilderungen dieser Epoche präsentiert.

»Wie es bei Pan Am war, könnt ihr euch nicht im Entferntesten vorstellen!« – »Es war ein Traum, ich bin dankbar, dabei gewesen zu sein!« – »Es war ein total tolles Lebensgefühl!«

Egal ob Frau oder Mann, egal in welchem Arbeitsbereich, alle sind sich einig, dass es ein glorreiches Zeitalter in der Geschichte des Fliegens war. Da kannte jeder jeden, auch die Stärken und Schwächen der anderen. Man half sich gegenseitig. Es war ein gutes kollegiales Verhältnis. Mehr sogar, Pan Am war eine Familie. Nicht nur die Passagiere genossen den Service und die Annehmlichkeiten, die Mitarbeiter genossen ihre Arbeit. Und jeder kann bestätigen: Sie haben auch richtig rangeklotzt. Weil sie leidenschaftlich arbeiteten.

Es war eine besondere Zeit. Die Stadt war geteilt, West-Berlin hatte ein einmaliges, aufregendes Flair. Pan-Am-Piloten waren verrückt danach, hier stationiert zu werden.

Und alle, die dabei waren, als von Tegel aus der letzte Pan-Am-Flieger startete, berichten über die Traurigkeit dieses Moments. Jeder ahnte, dass eine Ära zu Ende ging. Die Kollegen bei Pan Am haben geheult. Mit der letzten Pan-Am-Maschine flog das Symbol der Sternstunde des Fliegens aus Tegel davon.

Meine Freundin Mai hatte das Glück, die letzten drei Jahre zu der großen Familie zu gehören. »Es war ein Lebensgefühl, das mich bis heute geprägt hat. Auch wenn man das im Nachhinein vielleicht etwas glorifiziert … Aber die, die damals dort gearbeitet haben und nicht wieder nach einigen Wochen gegangen sind, weil sie gemerkt haben, dass es nicht das Richtige für sie ist, die geblieben sind, die waren infiziert. Viele haben sich am Flughafen eingerichtet und waren untauglich, jemals irgendetwas anderes in ihrem Leben zu machen. Davon gibt es etliche, ich selbst gehöre auch dazu! Ich kann nirgendwo anders als am Flughafen arbeiten. Ich kann mir nichts anderes vorstellen!«

Mai habe ich das erste Mal in ihrer Qatar-Airways-Uniform gesehen, mit einer Pillbox auf dem Kopf. Sie sah umwerfend aus! Als ob diese Uniform einzig für sie entworfen worden wäre. Obwohl ich sie nicht kannte, verspürte ich den Drang, zu ihr zu gehen und ihr ein Kompliment zu machen. Etwas überrascht und belustigt lachte sie auf. »Ja richtig, nicht jeder kann so einen Hut gut tragen, man muss schon ein bisschen ein Hutgesicht haben!« Ihre Ehrlichkeit war sehr sympathisch. Zumal sie recht hatte, nicht jeder kann eine Pillbox tragen, schon gar nicht heute. Diese Hutform erinnert an vergangene Zeiten. Und an Pan Am. Man kennt sie spätestens seit dem Film »Catch Me If You Can«.

Ich fand heraus, dass Mai ihre Laufbahn am Flughafen Tegel 1987 bei der Pan Am begonnen hatte. »Allerdings trugen wir am Boden nie eine Pillbox, das war schon in den Fünfzigern so. Auf mein Hütchen musste ich noch etwas warten.« Ich bat sie, mir alles über diese Zeit zu erzählen. Wir verabredeten uns nach Feierabend auf einen Kaffee, und sie sprudelte los.

»Es war eine Mentalität, die immer mehr dahinschwindet. Das hat auch damit zu tun, dass direkte Airline-Jobs im Aussterben sind. Die Airliner sind schon etwas Besonderes, noch immer. Die sind zwar auch ein wenig verrückt, aber sie sind noch anders. Zumindest die, die diese alten Zeiten noch miterlebt haben. Die für ihre Firma gearbeitet und gelebt haben ... Wir hätten damals alles für unsere Firma getan. Gut, wir sind in der Regel auch alle einer Gehirnwäsche unterzogen worden. Eine Airline versucht immer, das Personal auf die Firma einzuschwören. Man wird total eingebunden. Damals hätte das jeder liebend gerne mitgemacht. Am Flughafen und dann noch für Pan Am zu arbeiten war angesehen und angesagt.

Wir haben viel gegeben und viel bekommen. Die Bedingungen waren sagenhaft. Wir haben genauso viele Tage gearbeitet, wie wir frei hatten. Wir hatten super Verträge. Das Grundgehalt war mäßig, aber durch die Früh- und Feiertagszulagen, die wir damals noch unversteuert erhielten, haben wir gut verdient. Als die Mauer noch stand, hatten wir obendrein die Berlinzulage. Das waren zusätzlich acht Prozent des Bruttogehalts, ebenso unversteuert. Im Prinzip haben wir fast brutto gleich netto gehabt, und damit ließ es sich gut leben.

Und, halt dich fest: Wir sind fast *for nothing* geflogen! Innerhalb Deutschlands bezahlten wir zehn Mark, zwanzig Mark innerhalb Europas. Für vierzig Mark konnten wir in der Welt herumfliegen. Das haben wir natürlich ausgenutzt.« Mai lacht. »Wir hatten Tickets, die haben wir uns selber ausgeschrieben. Echt genial! Wir hatten immer einen Block mit Tickets aus dünnem Papier in der Tasche. Wir besaßen eine Travel Card, die gleichzeitig unser ID Card war. Die wurde mit so einem Ritsch-Ratsch-Gerät abgelesen, so hatte man unsere Daten. Und dann haben wir unsere Stifte genommen und haben die Destination draufgeschrieben ... Das ist kein Scherz!

Ich habe gesagt, ich fliege heute, ah wohin? Ja, Barbados! Und dann habe ich mein Ticket ausgestellt: Tegel – JFK New York oder Miami und am Ende BGI für Bridgetown Barbados. Dann bin ich losgeflogen. Die einzige Schwierigkeit bestand darin, dass wir ohne Reservierung geflogen sind, auf Stand-by-Basis. Dadurch wurde die Reise noch einen Hauch abenteuerlicher. Manchmal sind mehrere Leute auf die Idee gekommen, die gleiche Route zu fliegen. Für den Fall, dass eine Maschine voll war und ich nicht mitgenommen werden konnte, musste ich immer Blanco-Flugscheine dabeihaben. Damit konnte ich mir auf dem Weg neue Verbindungen und Tickets ausstellen.

Unser Pan-Am-Netzwerk funktionierte perfekt. Wir hatten immer die Tasche vollgestopft mit irgendwelchen Adressen, die wir von Kollegen bekommen hatten, von irgendwelchen Freunden in der Welt. Meistens Deutsche, Spanier oder Briten, die sich im Ausland niedergelassen hatten und Cabanas, ein Hotel, ein Guesthouse hatten oder nur ein Zimmer vermieteten. Mit diesen Adressen und unseren leeren Ticketblocks sind wir dann einfach aufgebrochen. Immer ins Blaue! Damals war die Visa-Situation noch nicht so schlimm. Heute gibt es so viele Länder auf der Welt, wie Sri Lanka oder Dubai, wohin man ohne einen bestätigten Rückflug nicht mal einreisen darf. Damals war alles noch viel unkomplizierter.

Wenn wir wollten, durften wir auch First Class fliegen, ohne Witz! Kein Business, sondern First Class, für nur 75 Dollar pro Flugstrecke.

Hatten wir drei Tage frei, schauten wir uns Kopenhagen, Stockholm oder Zürich an, irgendetwas in der Nähe. Hatten wir fünf Tage frei, sind wir mal eben schnell nach Rio geflogen. Miami war unsere absolute Rennstrecke, weil der große *Hub*, das Drehkreuz von Pan Am dort war. Miami war die Anlaufstelle in die Karibik, nach Süd- oder Mittelamerika. Meine Kolleginnen hatten ihren Friseur in New York, ihren Kosmetiker in Sao Paulo und ihren Freund in der Karibik! Das war wirklich toll! Ich habe es nur drei Jahre erlebt, aber diese drei Jahre haben mich mehr als alles andere geprägt. Bis heute bin ich dankbar dafür. Ich habe so viel von der Welt gesehen!«

Nicht nur die fantastische Möglichkeit, sich die Welt in die Handtasche zu stecken, sorgte dafür, dass es – im Nachhinein betrachtet – ein Luxus war, für Pan Am zu arbeiten. Man war auch privat involviert. Mai lernte, wie so viele andere, ihren Mann am Flughafen kennen. Er arbeitete auf der Rampe. Natürlich war er bei Pan Am. Die Airline hatte nicht nur eigenes Abfertigungspersonal, sondern auch eigenes Personal unten auf der Rampe. Und sie haben genauso viel verdient wie alle anderen auch. Damals kannte man sämtliche Kollegen noch mit Namen – heute kennt man die Leute, die auf der Rampe arbeiten, in der Regel gar nicht. Früher wusste man genau, wer gerade die Koffer verlädt.

Man traf sich immer wieder auf Partys. Es war einfach mehr als ein Job, es war ein Lebensgefühl. Der ganze Freundeskreis war irgendwie Pan Am, also war man auch privat viel zusammen. Man frühstückte zusammen, man traf sich und man schmiedete gemeinsame Reisepläne. Es war eine ganz andere Art zu arbeiten. Viele Freundschaften aus dieser Zeit sind zu lebenslänglichen Bindungen geworden.

Die große Pan-Am-Familie trifft sich noch immer regelmäßig zweimal im Jahr. Nicht nur die Tegel-Belegschaft, sondern auch die Piloten und Flugbegleiterinnen. Die schönen Erinnerungen werden zweimal im Jahr wieder kurz lebendig.

Auf einem dieser Pan-Am-Treffen habe ich Jamie Brian kennengelernt, ein Urgestein der Fluggeschichte Berlins. 1969 fing er an, für Pan Am zu arbeiten, und wechselte nach der Eröffnung des neuen Flughafens 1974 nach Tegel. Erst war er Check-in-Agent, wurde dann Supervisor und sorgte nach der Wende als Trainer für gutes neues Personal. Weltweit trifft man an den Flughäfen Check-in-Mitarbeiter, die von ihm ausgebildet wurden. Das ganze Pan-Am-Treffen verbrachte ich in seiner Nähe. Er hat erzählt und erzählt, und ich wurde nicht müde, ihm zuzuhören.

Pan Am nahm nach dem Zweiten Weltkrieg in Deutschland eine besondere Stellung ein. Berlin unterlag dem Viermächte-Status. In West-Berlin waren es in erster Linie die drei großen Fluggesellschaften der Alliierten, Pan Am, British Airways und Air France, die den Flugverkehr abwickelten. In den ersten Jahren wurde das sogenannte IGS, das »Innergerman System«, aufgeteilt. Pan Am flog südlich, British Airways flog nach Norden und Air France hatte Köln. Air France war die kleinste der drei Airlines, dann kam British Airways, Pan Am war die größte. Irgendwann flog Pan Am von Berlin aus alle großen deutschen Flughäfen an und Pan Am Express, der Regional-Carrier, übernahm die kleineren wie Hannover, Kiel, Saarbrücken oder Bremen. Dann kamen mit der Zeit auch internationale Verbindungen hinzu, über Hamburg nach London, Kopenhagen, oder über Stuttgart nach Zürich. Pan Am setzte als erste Fluggesellschaft die Jumbojets ein, in Berlin konnte die Boeing 747 zum ersten Mal 1970 in Tempelhof bewundert werden. Pan Am war auch die erste, die nonstop von Tegel nach New York geflogen ist.

Pan Am flog damals auch eine Postmaschine. Das war der einzige Flieger, der nachts starten und landen durfte, mit all den Meldungen, Grüßen und Umarmungen von der Insel West-Berlin in das deutsche Bundesgebiet. Er flog nach Frankfurt und dann tatsächlich postwendend zurück nach Berlin. Wenn die Postmaschinen in Frankfurt beladen wurden, sah man anhand der Lackierung schon von Weitem, welches der Flugzeuge Nachrichten nach Berlin brachte.

»Einmal bin ich mit meiner Tochter in Frankfurt gestrandet«, fällt Jamie ein. »Alle Flüge nach Berlin waren rappelvoll, keiner konnte uns mitnehmen. Letztendlich erbarmte sich einer doch … Ich landete mit meiner Tochter mitten in der Nacht in der Postmaschine! Wir sind gegen zwei Uhr in Tegel angekommen. Der Flughafen war zu und menschenleer. Die Polizei war sicherlich da, aber getroffen haben wir niemanden. Ich blieb in der Haupthalle stehen und saugte diesen seltenen Augenblick mit allen Sinnen auf. Es gab eine einzige Tür, die immer offen stand, aber nur von innen zu öffnen war. Dort haben wir uns schnell aus dem Gebäude gestohlen und Tegel seiner kurzen und wohlverdienten Nachtruhe überlassen.«

1964 flog Pan Am erstmals direkt von New York nach Berlin

Von Jamie Brian erfuhr ich, dass sich das Szenario um den Umzug des Flughafens schon einmal ganz ähnlich abgespielt hat. Heute will niemand Tegel verlassen und nach Schönefeld ziehen. 2008 wollte niemand von Tempelhof nach Tegel wechseln. Alle fanden die Umstellung furchtbar. In Tempelhof war alles geordnet, die Flieger standen immer schön in einer Reihe, erst Köln, dann Düsseldorf und dann die anderen. Nachdem die Passagiere abgefertigt worden waren, ging eine Stewardess bis zum Flugzeug vor und die Passagiere folgten ihr. In Tegel gab es plötzlich einzelne Gates mit Brücken zum Flieger. Auch abgefertigt wurde jeweils an den einzelnen Gates, wie heute noch. Man hat sich mit den neuen Abläufen am Anfang recht schwer getan.

Auch damals waren wegen des Umzugs Arbeitsplätze gefährdet, wenn auch nicht in dem Ausmaß wie heute. Es gab in Tempelhof drei Pan-Am-Busfahrer, die Passagiere, die ihre Maschine nicht zu Fuß erreichen konnten, befördert haben. Mit dem Umzug nach Tegel gab es keinen Bedarf mehr an Bussen, die Flugzeuge rollten direkt ans Gate und waren auch für Gäste mit Behinderung oder mit kleinen Kindern gut erreichbar. Die Kollegen von Pan Am standen vor der Frage, was mit den drei Busfahrern geschehen sollte. Denn eins war klar: Die Kollegen musste man retten! Man hätte sie problemlos zu den Kofferladern schicken können, doch die Männer waren den Kundenkontakt gewöhnt und hätten die neue Arbeit körperlich nicht bewältigt. Sie sprachen aber nur wenige Brocken Englisch und konnten nicht abfertigen. Zusammen mit der Gewerkschaft hat sich das Abfertigungs-Team für sie stark gemacht. Sie wurden von den Check-in-Kollegen praktisch über Nacht umgeschult und einer von ihnen in jeder Schicht eingeteilt. Die sprachlichen Mängel haben die drei mit besonderem Eifer aufwiegen können. Sie wurden die hilfreichsten, kollegialsten Mitarbeiter. Bei Pan Am kannte man die Schwächen und Stärken der einzelnen Kollegen und hat bei der Einteilung der Schichten darauf Rücksicht genommen. Obwohl beim Check-in jeder am liebsten internationale Flieger abfertigte, waren die drei ehemaligen Busfahrer sehr glücklich mit Hannover oder Nürnberg.

Bei dem Pan-Am-Treffen beschlich mich das Gefühl, dass diesen Menschen damals die Welt gehört hat. Erst recht in Amerika! Dort bekam man mit der Pan-Am-Karte noch überall Rabatte. Fast in jedem Hotel gab es einen Preisnachlass, aber auch bei Disneyworld.

»Damals gab es noch feste Schichten«, erzählt mir Mai. »Heute wird das Personal nach Peak-Zeiten eingeteilt, den Spitzenzeiten mit der höchsten Belastung. Damals arbeiteten wir immer gleich, nicht nur dann, wenn es nötig war. Schichtbeginn war immer morgens um fünf, im Spätdienst um 13 Uhr. Egal, ob da morgens irgendetwas geflogen ist oder nicht. Wenn heute keine Maschine fliegt, ist auch kein Personal mehr da. Man wird möglichst kostengünstig und arbeitsintensiv eingeteilt, es gibt eigentlich keine festen Schichtzeiten mehr.

Besonders schön waren die Sonntage. Wir sind morgens um fünf angetreten, aber die Abfertigung für die ersten Flieger begann erst gegen 7 Uhr 30. Wir saßen morgens zwei Stunden im Ankunfts- oder im Abflugbereich. Damals gab es diese Gate-Bags, das waren die Pan-Am-Frühstücksbeutel. Und im Gate standen Kaffeemaschinen. Wir haben uns auf die Beförderungsbänder oder auf die Stühle gesetzt und erst mal nett gefrühstückt. Was für eine schöne Zeit wir hatten!«

Man hatte mehr Freiheiten und es herrschte eine gute Atmosphäre. Das hat die Mitarbeiter motiviert, viel und gut zu arbeiten, immer im Dienste der Fluggäste und der Firma zu handeln, oft auch über sich hinauszuwachsen. Allerdings hatten die Kollegen dafür auch die nötigen Kompetenzen. Am Check-in-Schalter konnten sie zum Beispiel entscheiden, ob der Passagier Business Class flog oder nicht. Die Check-in-Agenten verfügten damals über Fünf-Dollar-Freigetränk-Gutscheine auf Transatlantik-Flügen, die sie nach eigenem Ermessen verteilen durften. Die Kriterien waren: Es sollte im Interesse des Passagiers und im Interesse der Firma sein. Wenn jemand sich beschwerte, weil sein Flug am Vortag drei Stunden Verspätung hatte, konnte man so einen Gutschein als kleine Entschädigung einsetzen.

Auch Jamie Brian hat damals viel mehr bewegen können, als heute möglich ist. Sogar Flugzeuge. Es kam auch in den goldenen Pan-Am-Zeiten vor, dass ein Flieger nicht starten konnte. Unangenehm wurde es, wenn die defekte Maschine der Frankfurt-Flieger war, mit dem eine ganze Reihe Anschlussflüge erreicht werden sollten. Der Zufall wollte es, dass etwa zur gleichen Zeit eine Maschine nach Nürnberg flog, mit nur wenigen gebuchten Passagieren. In so einem Fall nutzte Jamie seine guten Kontakte bei den Dispatcher-Kollegen. Sie waren Amerikaner und er hatte einen guten Ruf bei ihnen. Er rief dort an. »Frank, wir brauchen einen Flieger nach

Frankfurt! Unbedingt!« Und was war die Lösung? Sie nahmen den Nürnberg Flieger, zogen ihn zum Frankfurt Gate 9 hinüber, parkten ihn dort und erzählten den Nürnbergern, ihre Maschine hätte einen Defekt. Das Flugzeug nach Frankfurt ging pünktlich raus und alle haben ihre Anschlüsse erreicht. Nur die Fluggäste nach Nürnberg mussten in den sauren Apfel beißen.

Wenn Jamie kein Flugzeug bewegen konnte, weil nicht genügend Mechaniker zur Verfügung standen, drehte er den Spieß um. Schaut man im Innenring der Haupthalle nach oben, entdeckt man über den Gates einen weiteren Ring. Heute findet man dort teilweise eine Lounge-Erweiterung oder die Ausdehnung der Gates 0 und 1. Früher war es ein durchgehender Gang, der sogenannte Transitgang, eben gedacht für Transitpassagiere, der aber nie benutzt wurde. Jamie Brian war einer der wenigen, die von diesem Gang oben überhaupt wussten.

Wenn also eine Maschine an der Position 9 mit hundert Passagieren nicht starten konnte und an der Position 11 ein Flieger stand, den man nicht brauchte, und man die Flugzeuge nicht bewegen konnte, hätten alle hundert Fluggäste wieder aus dem Gate heraus gemusst, um zu Gate 11 zu gelangen, und dort am Gate 11 erneut durch alle Kontrollen gehen müssen. Das ist – und war auch damals – der normale Ablauf. Jamie besaß einen Schlüssel für den oberen Gang, aber um den zu benutzen, bedurfte es der Zustimmung der BFG, der Berliner Flughafen Gesellschaft, Betreiber des Flughafens Tegel. Jamie hat enorme Überzeugungsarbeit geleistet und konnte einige Male durchsetzen, dass die Benutzung des Transitganges genehmigt wurde. Oben wurden die Lichter eingeschaltet, er öffnete die Türen, und los ging es. Die Passagiere folgten ihm wie einem Pfadfinderführer. Treppe hoch, durch den Gang, Treppe wieder runter, und schon waren sie in ihrem Flieger. Ohne lästige Zweitkontrollen. Darauf ist Jamie Brian noch heute stolz.

Auch auf eine andere Begebenheit, für die er im Nachhinein ausgiebig gescholten wurde. Pan Am hatte damals einen Charter-

Treppe hoch, durch den Gang, Treppe wieder runter ...

flug in die Türkei, der Freitagabends abflog und Montagmorgens wieder zurück. Da am Wochenende die meisten Maschinen in Tegel nur herumstanden, konnte man sie gut für Flüge nach Antalya und Izmir nutzen. Der Bedarf stieg an. Diese Verbindungen waren am Anfang reine Gastarbeiterflüge und keine Touristenflüge wie heute. An Freitagabenden verwandelte sich Tegel in eine türkische Großstadt. Für jeden Gast, der flog, waren zehn da, die ihn verabschiedeten.

Natürlich kannte man jeden. Die regelmäßig ihre Heimat besuchenden Fluggäste wie auch deren Reiseleiter, die alles Organisatorische für die nicht Deutsch sprechenden Arbeiter übernahmen und für einen reibungslosen Ablauf dieser Flüge unverzichtbar waren. Diese Reiseleiter waren besonders aufmerksam. War der Flieger weg, haben sie dem Pan-Am-Team einen ausgegeben oder einen

Fünfziger für die Kaffeekasse in die Hand gedrückt. Weil sie sich so gut aufgehoben fühlten.

An einem Freitagabend war Jamie Brian, wie so oft, wenn er Spätdienst hatte, der Supervisor bei diesen Charterflügen. Der Reiseleiter kam zu ihm und sagte: »Jamie, wir haben ein Problem. Es gibt hier einen Gast, dessen Vater im Sterben liegt. Und der will nach Hause.« »Wo ist er?«, fragte Jamie. Der Mann war schon auf dem Flughafengelände, draußen in einem Krankenwagen. Es gab natürlich die Möglichkeit, Kranke zu transportieren, aber ein kranker Passagier muss vor dem Flug zum Arzt. Wenn der Arzt die Reise befürwortet, wird eine Bahre im Flieger eingebaut. Eine solche Reise muss offiziell mit der ärztlichen Empfehlung angemeldet werden.

Jamie lehnte deshalb erst einmal ab. Der junge Mann brach zusammen und flehte ihn an, seinen Vater zu Hause sterben zu lassen. Er schwor, dass die Familie ihn an Bord bringen und sich während des Fluges um ihn kümmern würde. »Bitte, helfen Sie uns – wir tun auch alles, was Sie verlangen!« Es gibt einen Punkt, an dem auch die härtesten Flughafenprofis weich werden. Bei Jamie war dieser Punkt erreicht. Er ging an Bord und sprach mit den Stewardessen und mit dem Captain. Man kannte sich. »Die Kollegen waren wirklich in Ordnung. Sie gaben ihr Okay. Der alte Mann wurde in den Flieger gebracht, er lag wie bewusstlos da. Ich fragte den Sohn, ob er den Flug überstehen würde. ›Ja, er ist nur vollgepumpt mit Morphium, er wird es schaffen.‹ Also brachte man den Sterbenden in den Airbus, in Decken eingehüllt, und die Familie saß um ihn herum. Die Maschine hob ab.«

Montagmorgen hatte Jamie Frühdienst. Er pfiff fröhlich vor sich hin, als ihm der Captain aus der Maschine in die Türkei entgegenkam, ganz nah vor ihm stehen blieb und zischte: »Jamie Brian, don't ever do that to me again!« Er erfuhr, dass der alte Mann noch im Flugzeug gestorben war. Normalerweise hätte der Pilot sofort die nächste Stadt anfliegen müssen, er war aber irgendwo über Rumänien. Zu Zeiten des Eisernen Vorhanges hat er sich nicht getraut, im Osten zwischenzulanden, und ist weitergeflogen. Die Besatzung hat einfach so getan, als ob der Passagier noch lebte. Angekommen in Istanbul, ist vermutlich sehr, sehr viel Bakschisch geflossen, damit aus dem Zwischenfall keine Staatsaffäre wurde und Pan Am keine Schwierigkeiten wegen Nichteinhaltung der Flugregeln bekam.

Doch der Vorfall hatte ein Nachspiel: Es gab einen Beschwerdebrief, und zwar von einem deutschen Ehepaar, das zu den ersten Touristen gehörte, die mit der Freitagsmaschine in die Türkei reisten. Nachdem die Crew festgestellt hat, dass der alte Mann tot war, hatte sie die Lichter im Flieger gedimmt. Einige Fluggäste wurden aufmerksam und erfuhren, dass jemand an Bord gestorben war. Es sickerte durch, dass man den Passagier schon krank in das Flugzeug gebracht hatte. Und diese Feriengäste haben sich darüber empört, wie die Pan Am es sich erlauben könnte, schwer kranke Passagiere zu befördern. Jamie wurde von der Chefetage gerügt. Er erzählt diese Geschichte immer wieder bei Schulungen. »Auch wenn ich es nicht hätte tun dürfen, ich würde es noch mal machen. Die Familie war glücklich, dass wir den Mann mitgenommen haben. Es war eine Ehrensache.«

In seinen langen Jahren in Tegel hat Jamie Brian vielen Passagieren aus der Klemme geholfen. So auch einem jungen Mann, der nach London wollte und seinen Flug verpasst hatte. Die Verbindung am Morgen war Berlin – Hamburg – London. Der Mann hatte seinen Flieger nach Hamburg verpasst. Er war Student und hatte einen Termin an der Uni in London, um sich dort für einen Studienplatz zu bewerben. Schon damals gab es Sondertarife, die man nicht ohne weiteres umbuchen konnte. »Ich kannte meine Kollegen beim Verkauf, ich war bekannt wie ein bunter Hund. Ich wusste, wenn ich ihn einfach so hinschicke, dann muss er bezahlen. Der hatte kein Geld, aber er hatte diesen wichtigen Termin, wichtig für sein ganzes Leben. Ich hatte natürlich den Flugplan im

Kopf, und es gab eine Möglichkeit, ihn nach London zu fliegen. Ich schickte ihn mit der nächsten Maschine nach Frankfurt, von dort aus würde er mit der Verbindung nach London noch rechtzeitig ankommen.« In Tegel nahm Jamie ihn persönlich zur Maschine mit, auf den Anschlussflugschein schrieb er seinen Namen. So konnte er sicher sein, dass die Kollegen in Frankfurt den Mann auch mitnahmen. Der Student ist heute ein angesehener und bedeutender Wirtschaftswissenschaftler.

Jamie Brian war froh, wenn er ab und zu das Schicksal seiner Fluggäste zum Besseren wenden konnte. Er fühlte sich bei seiner Arbeit so wohl, dass er, wie unzählige andere Pan-Am-Mitarbeiter auch, etwas davon weitergeben wollte. Manchmal wurde er dafür sogar belohnt.

Es war an einem Freitagabend im November, Tegel war ab Mittag überfüllt. Die Internationale Tourismus Börse war in vollem Gange und Interessierte aus aller Welt strömten nach Berlin. Alle Flüge waren ausgebucht. Kollegen kamen zu Jamie und berichteten über einen Gast mit einem Discount Ticket, Stand-by, über Warteliste. Wer kam schon auf die Idee, während der ITB Stand-by zu fliegen? Der Mann war Mitarbeiter eines Reisebüros in Kenia, auch sie konnten damals bei Pan Am vergünstigt fliegen. Es handelte sich um einen älteren Inder, der dringend nach Frankfurt musste, dort hatte er einen Anschluss nach Nairobi. Eigentlich hatte er geplant, noch einige Tage nach der Messe in Berlin zu bleiben und dann entspannt nach Kenia zurückzufliegen. Doch nun hatte er eine Nachricht von zu Hause erhalten, dass sein Neffe nach einem schweren Unfall im Krankenhaus lag. Verzweifelt hoffte der Mann, den Kenia Air Flug in Frankfurt zu erreichen, bevor es zu spät war. »Und ich habe ihm geglaubt. Es gibt die Jump Seats, das sind Klappsitze im Flieger, auf denen die Crew und – wenn der Captain gut drauf ist – auch reisende Angestellte fliegen können. Die Sitze sind unbequem, aber man fliegt mit.«

Jamie Brian hat den Captain überredet, den Reisekaufmann auf so einem Jump Seat nach Frankfurt mitzunehmen. Der Inder gab Jamie seine Karte. »Mr. Brian, wenn Sie irgendwann in Nairobi sind, bitte melden Sie sich.« Ein Jahr später wollte Jamie mit seiner Frau und den beiden Kindern tatsächlich nach Afrika. »Ich habe ihm geschrieben. Es stellte sich heraus, dass ihm ein Hotel in Nairobi und eins in Mombasa gehörte. Er bot uns einen tollen Deal an, den wir nicht ausschlagen konnten, also sind wir dorthin geflogen. Sogar meine Schwiegermutter kam mit. Kaum hatten wir im Hotel eingecheckt, wurden wir mit vielen Extras verwöhnt. Später sind wir mit dem Nachtzug, dem Blue Train, nach Mombasa gefahren. Für den Rückweg nach Nairobi, von wo wir wieder abfliegen wollten, wurde uns ein günstiger Mietwagen organisiert. Unsere zahlreichen Koffer hat der Hotelbesitzer selber in seinem Auto aus Mombasa zum Flughafen in Nairobi gekarrt. Forah hieß er. Es war ein Urlaub, die wir uns sonst nicht hätten leisten können.«

Später in seinen Schulungen impfte Jamie Generationen von Check-in-Agents immer wieder ein: »Behandle jeden so, wie du selbst behandelt werden möchtest!«

Jamie Brian wurde nie von seinem Gefühl getäuscht. Brauchte jemand wirklich Hilfe, war er bereit, auch jenseits der Vorschriften zu helfen. Ahnte er aber, dass man ihn hereinlegen wollte, kannte er keine Gnade. Besonders beim Übergepäck kam es schon damals vor, dass Passagiere zu schummeln versuchten.

Eigentlich waren die Regeln klar: Economy-Gäste durften zwanzig Kilo mitnehmen, Businessflieger dreißig Kilo und First-Class-Passagiere vierzig Kilo. Doch irgendwann in den Siebzigerjahren hatte man diese Regeln geändert, das »Weight-Concept« wurde zum »Piece-Concept« umgewandelt. Auf Transatlantik-Flügen konnte man zwei Koffer mitnehmen, jeder Koffer durfte zweiunddreißig Kilo wiegen. Innerhalb Europas blieb es bei einem maximal zwanzig Kilo schweren Koffer. Das war der Anfang des Übergepäck-Übels. Damals waren viele amerikanische Soldaten in Berlin stationiert, das zog unendlich viele amerikanische Besucher an. Nach einigen Tagen in Berlin sind diese Besucher ins restliche Europa weitergeflogen. Und hatten plötzlich Übergepäck. Sie durften weniger als die Hälfte von dem mitnehmen, was sie bei der Anreise dabei hatten. Den Fluggästen das beizubringen, fiel den Pan-Am-Mitarbeitern schwer, und meistens wurde das Problem sehr großzügig gehandhabt. Doch manchmal versuchte jemand, absichtlich die Bestimmungen zu umgehen …

Eines Tages sammelte sich vor dem Pan-Am-Schalter in Tegel eine Reisegruppe aus Teheran. Während der Regierung von Schah Mohammad Reza Pahlavi flog Pan Am regulär nach Teheran. Die Reisegruppe hatte einen deutschen Reiseleiter, einen älteren Herrn. Nachdem er die Platzreservierungen für die Gruppe erledigt hatte, wollte er gehen. Doch Jamie hielt ihn zurück. »Und wer zahlt das Übergepäck?« Der Reiseleiter entgegnete, es gäbe kein Übergepäck. Aber Teheran war kein Transatlantik-Flug, und damit lag die Grenze für einen Koffer bei zwanzig Kilo pro Person. Der Reiseleiter wusste das natürlich. Die Koffer rutschten derweil, einer nach dem anderen, in den Keller hinunter – die Gruppe hatte bestimmt mehr als fünfhundert Kilo Übergepäck. Normalerweise versuchte man, einen Mittelweg zu finden, wenn die Betroffenen einsichtig waren, man bemühte sich um eine Win-win-Situation. In dieser Gruppe war niemand einsichtig. Keiner der Reisenden gab zu, Übergepäck zu haben, keiner wollte bezahlen. Da wurde Jamie ärgerlich. »Gut, dann werden jetzt alle Koffer zurückgeholt! Wir checken alle aus und ich checke anschließend jeden Gast einzeln ein. Und jedes Kilo wird bezahlt.« Plötzlich zeigte der Reiseleiter doch Einsicht, beriet sich mit seiner Reisegruppe und sagte schließlich: »Okay.« Schlagartig gaben alle zu, Übergepäck zu haben, und jeder war bereit, etwas zu bezahlen. Es klimperten Dinar, Dollar, Pfund, D-Mark, ein bunter Strauß von Währungen. Natürlich lange nicht so viel, wie es hätte sein müssen, aber es ging ja ums Prinzip.

»Auch bei einer Gruppe nach Tunis musste ich erst drohen. Es war Sonntag früh, eine tunesische Musikergruppe trat ihren Rückflug an. Die Musiker waren vom Senat eingeladen gewesen und hatten in der Philharmonie gespielt. Auch sie hatten über fünfhundert Kilo Übergepäck. Der Reiseleiter war ein junger Spund, noch leuchtend grün hinter den Ohren. Als ich ihn fragte, wer bezahlen würde, wimmelte er halbherzig ab mit den Worten, sie wären vom Senat eingeladen worden. Aber der Senat bezahlt so etwas üblicherweise nicht. Es waren achtzig Gepäckstücke. Ich zückte mein Walkie-Talkie – wir hatten ja damals keine Mobiltelefone – und beauftragte den Schichtleiter im Keller, die Koffer wieder auszuladen und nach oben zu schicken. Er wunderte sich natürlich. ›Jamie, hab ich richtig gehört? Acht Koffer oder acht-null?‹ ›Acht-null! Alles nach Tunis, TUN!‹ Dem Reiseleiter wurde klar, ich meinte es ernst. Er rief flugs seinen Chef an. Ich hörte nur ›Eyh, shukran, shukran!‹ Eine Minute später übergab er mir das Geld. Hätte er es nicht drauf angelegt, wären auch sie mit einer geringeren Summe davongekommen.«

Nicht nur die Übergepäckprobleme gab es damals schon, auch die verspäteten Starts durch zu spätes Einchecken der Passagiere waren ein bekanntes Phänomen. Am stärksten betroffen waren damals wie heute die Frankfurt-Verbindungen, hier kam es zu regelmäßigen Verspätungen, sogar die Zeitungen berichteten schon darüber. Die ständigen Verzögerungen wurden den Mitarbeitern der Abfertigung vorgeworfen. Also beschloss die Abfertigung einstimmig, die Passagiere zu erziehen und die Close-up-Times endlich einzuhalten.

»Das Check-in fing zwei Stunden vor Abflug an. Eine halbe Stunde lang Totentanz, kein Fluggast weit und breit. Die Beamten bei der Passkontrolle genauso wie wir waren ohne Beschäftigung und lasen Zeitung. Dann kamen sie kleckerweise, die meisten aber erst in der letzten halben Stunde.« Die Kollegen bei der Abfertigung waren schnell, aber bei der Passkontrolle bildeten sich Schlangen.

Eines Morgens dann haben die Mitarbeiter die Maschine einfach streng nach Vorschrift eine Viertelstunde vor der Abflugzeit geschlossen! Ganz zum Schluss trafen wie immer die VIPs und

Businessflieger ein. Jamie und seine Kollegen bekamen mächtig Ärger, wüste Beschimpfungen hagelten auf sie nieder. Zwei Tage später meldete sich auch die obere Etage mit der Order, nie wieder Dienst nach Vorschrift zu machen und flexibel zu bleiben. Jamie steckte die Rüge ein, doch er übermittelte auch die Botschaft seines Teams an den Chef: »Entweder der Flieger fliegt pünktlich, oder Sie geben nicht uns die Schuld für die Verspätungen!« Dabei blieb es. Die Fluggäste kamen nach wie vor auf den letzten Drücker, die Flüge hatten nach wie vor Verspätungen, und das Check-in-Team wurde nie wieder dafür kritisiert. »Aber dieses eine Mal haben wir es ihnen gezeigt!«

Damals schon waren es immer die Gleichen, die zu spät kamen, und am schlimmsten sollen die Politiker gewesen sein. Jamie erinnert sich an den ehemaligen Justizminister, der zwei Minuten vor Abflug erschien und beleidigt war, als er erfuhr, dass seine Maschine schon voll belegt war. Er verlangte, im Cockpit mitfliegen zu dürfen. Gerne hätte man ihn stehen gelassen, doch auch für solche Fälle gab es Anweisungen von oben und der Captain musste ihn mitnehmen. Die Stimmung im Cockpit muss unerträglich gewesen sein. Der Minister wollte nie wieder dort mitfliegen.

Bei Pan Am wurde viel gelacht, so konnten die Mitarbeiter die stressigen Situationen am besten meistern. Kurz nach der Eröffnung von Tegel stand Jamie mit drei Kollegen am Schalter und fertigte den Flug nach München ab. Ein älteres Ehepaar kam zu ihnen, es wollte nach Frankfurt. Jamie erklärte ihnen, sie sollten zwei Schalter weiter gehen, da seien sie richtig. Daraufhin fing der Mann zu schimpfen an, bald schrie er: »Sie sind ein Nazi!« Jamie hatte Check-in-Dienst mit einem Franzosen und einer Amerikanerin. Er selber ist Ire, war bei der Royal Air Force. Alle drei konnten über die Beleidigung nur lachen.

Die Tegeler Pan Amer waren eine junge Truppe, eine lustige und teilweise verrückte Gemeinschaft. Da war Neil aus Dublin, der offen tuntenhaft auftrat, sehr mutig für damalige Verhältnisse. Er

»Sie können in zwei Stunden in Bacardi baden!«

stellte sich mit »Ich bin der Neil, ich bin so geil!« vor. Jeder kannte und liebte ihn, auch die Fluggäste. Wenn er Dienst hatte, hat allen die Arbeit Spaß gemacht.

Am Anfang arbeiteten zum größten Teil sehr junge Leute bei Pan Am. Unzählige Studenten suchten dort einen Nebenjob, und viele von ihnen blieben für immer dabei. Unter den Studenten gab es eine große Gruppe von Medizinern. Neulich saß Jamie Brian vor dem Fernseher und zappte herum, da sah er plötzlich in der Sendung *Visite* seinen ehemaligen Kollegen, Professor Doktor Jürgen Hoffmann. Er erinnerte sich, wie er als junger Mann während der Arbeit schlimme Magenschmerzen bekam. Einer der Medizinstudenten bemerkte, dass es ihm nicht gut ging, und nahm ihn unter seine Fittiche. Nach nur einer Minute bekam Jamie seine erste Diagnose in Deutschland: Er hatte ein Magengeschwür. Wäre der junge Student nicht gewesen, hätte er das Problem nicht so ernst genommen. Dankbar sah er ihm auf dem Fernsehbildschirm zu, wie er jetzt für das breite Publikum Diagnosen stellte.

Die Studenten waren berühmt-berüchtigt für ihre Feierlaune. Dabei sorgte manches Mal auch Alkohol für gute Stimmung in Tegel. Bei Pan Am war das womöglich durch die Geschichte der Airline vorbestimmt.

Die Fluggesellschaft wurde 1927 von dem Unternehmer Juan T. Trippe in Key West, Florida, gegründet. Trippe hatte einen Auftrag der US-amerikanischen Regierung für einen regelmäßigen Luftpostverkehr zwischen Miami und Havanna erhalten. Die erste Maschine nach Havanna wurde persönlich von Charles Lindbergh geflogen, der für die erste Nonstop-Atlantiküberquerung von New York nach Paris berühmt war. Pan Am verdiente an diesem Auftrag kein Geld, und Trippe kam auf die Idee, einige Sitze im Flugzeug einzubauen und die Tickets für hundert Dollar zu verkaufen. Der erste Passagierflug auf der Strecke der Postmaschine fand am 16. Januar 1928 statt. Sein Erfolg? Mitten in der Prohibition lautete in Miami die Pan-Am-Werbung: »Fly with us to Havana and you can bath in Bacardi rum two hours from now!" – »Fliegen Sie mit uns nach Havanna und Sie können in zwei Stunden in Bacardi baden!«

Alkohol floss natürlich nur, wenn der Flieger weg war, schwören die Mitarbeiter. Schon an seinem ersten Arbeitstag in Tempelhof wurde Jamie zum Kiosk geschickt, um eine »Hausmarke« zu holen. Schnell lernte er, im Frühdienst bedeutete Hausmarke eine Flasche Sekt, im Spätdienst eine Flasche Chantré. Der Begriff Kaffeekasse bekam hier eine ganz neue Bedeutung … Als er die Schicht wechselte, lernte Jamie neue Praktiken kennen. Sein Supervisor schickte ihn zum Supermarkt mit einem Einkaufszettel mit den Zutaten für einen selbst gemachten Grog. In Tegel ging es ähnlich weiter, erst recht im Sommer. Die Mitarbeiter bekamen einen Schubcontainer mit eisgekühltem Apfelsaft, um in ihren Uniformen die Hitze zu ertragen. In diese Getränkecontainer wurde eine Flasche Wodka gegossen und alle bedienten sich, auch die Chefs. Niemals sprach jemand darüber. Kam der Durst am Abend, wenn der Flughafenladen schon geschlossen hatte, ging man einfach zur Polizei, auch in diesem Fall der Freund und Helfer in Not. Auf der Tegeler Wache hatten sie den ganzen Schrank voll Bier und Schnaps.

Die feuchtfröhlichen goldenen Zeiten bei Pan Am nahmen an einem Freitag im Dezember 1988 ein jähes Ende. Der Flug 103 von Frankfurt nach New York verschwand irgendwo über Schottland von den Radarschirmen. Die Boeing 747 wurde von einer Bombe im Frachtraum zerfetzt. Die Einzelteile fielen auf die kleine Ortschaft Lockerbie herab. Alle 259 Menschen an Bord sowie elf Bewohner des Dorfes kamen ums Leben. Für Pan Am war das der Tag, an dem sich alles veränderte.

Der Schock saß tief, zumal das Unglück mitten in der Weihnachtszeit geschah. Die Stimmung in Tegel war heiter, fröhlich, feierlich, alle waren guter Laune. Einige Pan-Am-Piloten verteilten vor ihrem Heimflug in den Weihnachtsurlaub Pralinen an das Sicherheitspersonal, andere Kollegen überraschten sie mit einem riesigen bunten Teller. Die Pan-Am-Loader bereiteten sich schon auf ihre traditionelle Flügel-Parade vor, sie trugen am Heiligabend immer Engelsflügel. Der Knall der Bombe zerstörte alles.

Die Kollegen in Tegel trauerten auch um persönliche Bekannte. Einer der bei Pan Am in Tegel beschäftigten Studenten war Johnny Bennett, ein sehr ruhiger, netter junger Mann. Er arbeitete beim Check-in mit Jamie Brian zusammen. Irgendwann hatte das Team auch für die Studenten zwei Freiflüge durchdrücken können, und Johnny wollte Weihnachten nach Hause, nach Hartford, USA. Er flog nach Frankfurt, um dort Flug 103 nach New York anzutreten. Es war eine Laune seiner Freundin, die ihn seine Pläne in Frankfurt spontan ändern ließ. Ursprünglich wollte er mit seiner Auserwählten in die USA reisen, um sie seinen Eltern vorzustellen. Wenn sie zusammen flogen, durfte sie Stand-by umsonst mit. Doch sie änderte ihre Pläne und beschloss, nach London fliegen. Wegen der

Mitarbeiter-Tickets mussten sie den Flug jedoch zusammen antreten. Johnny begleitete seine Freundin also bis London und flog von dort aus nach Hause – während in Berlin ein verheultes Pan-Am-Team ihn tot wähnte. Bis die Polizei auftauchte und alles über ihn und seine Freundin, die Ausländerin war, wissen wollte. Sie stand im Verdacht, etwas mit dem Attentat zu tun zu haben, da sie ihre Reisepläne im letzten Moment geändert hatte. Doch es war nur eine schicksalhafte spontane Entscheidung gewesen.

Der durch den Anschlag ausgelöste Schock erschütterte die Airline. Die Sicherheit und Zuversicht, die Pan Am stets ausgestrahlt hatte, verblasste, die Passagiere wandten sich abrupt ab. Der Absturz der Maschine bedeutete den Fall von Pan Am.

In Berlin war die Situation noch spezieller. Durch den Fall der Mauer verlor West-Berlin seinen alliierten Status, in Tegel waren die Start- und Landebahnen endlich frei für die Lufthansa. So kam es, dass die angeschlagene Pan Am das komplette Innergerman System, damals täglich vierundsiebzig innerdeutsche Flüge, für hundertfünfzig Millionen Dollar an die Lufthansa übergab. In der Übergangszeit wurden noch unzählige Flüge mit Pan-Am-Maschinen durch Pan-Am-Personal durchgeführt. Es war die Zeit, in der Pan Am von Delta Airlines übernommen wurde, die der Fluglinie irgendwann den Geldhahn komplett zudrehte und sie in die Insolvenz schickte. Am 2. November 1991 startete die letzte Pan-Am-Maschine in Tegel und flog ohne Rückkehr nach New York. Nur einen Monat später hob von New York JFK der allerletzte Pan-Am-Flug überhaupt ab. Die Maschine wurde wie ein König verabschiedet. Die Flughafenfeuerwehr rückte aus, der Clipper Juan Trippe, das Flugzeug, das die ersten Flüge von Miami nach Havanna geflogen war, rollte durch eine Wand aus Wasserkaskaden. Die Krone des Herrschers des Firmaments wurde abgelegt.

Als diese Erinnerungen beim Pan-Am-Treffen heraufbeschworen werden, breitet sich kollektive Betroffenheit aus. Stille legt sich über den Saal. Mai seufzt. »Ich bin dankbar, dass ich daran teilhaben durfte.« Jamie Brian lächelt verschmitzt. »Ohne Pan Am hätte ich meine Lieblingsgeschichte nicht erlebt.« Die Ungezwungenheit kehrt zurück und alle hören Jamie – wahrscheinlich zum tausendsten Mal – zu.

»Ich war schon Supervisor, ich stand mit meinen Kollegen bei der Abfertigung nach Hamburg. Wir hatten viel zu tun. Eine schwarze Uniform kam zackig auf uns zu. Anzug, Mütze, Schlips. Sie blieb direkt vor mir stehen, der ›Man in black‹ legte ein Flugticket auf den Schalter. Auf Professor Doktor Weltberühmt ausgestellt. Ich fragte mich noch, wieso der bekannte Professor mit einer Schirmmütze unterwegs war, als ich sah, dass für ihn Platz 1A reserviert worden war. Das wunderte mich überhaupt nicht. Heute kann sich jeder über Internet einen Sitzplatz im Voraus reservieren, damals aber nur die V.I.P.s oder bedeutende Geschäftsleute. Der populärste Platz überhaupt war die 1A, direkt an der Eingangstür. Nach Betreten der Maschine konnte man sich gleich setzen und man kam bei der Ankunft als Erster raus.

Der Mann in Uniform wurde eingecheckt und bekam seine Bordkarte, wir wünschten ihm einen wunderbaren Flug. Doch der Mann blieb wie angewurzelt vor uns stehen. ›Kann ich Ihnen noch irgendwie helfen?‹ Er räusperte sich und erklärte, dass nicht er fliegen würde. Dann setzte er einen babygroßen grünen Spielzeugfrosch aus Stoff auf den Schalter. ›Der Frosch fliegt‹, sagte er forsch. Natürlich dachten wir, er wollte uns veralbern, und fanden das gar nicht witzig. ›Der Frosch ist gestern aus Hamburg angekommen. Ich bin sein Chauffeur, ich habe ihn hier abgeholt und durch Berlin kutschiert‹, erklärte der Mann in der schwarzen Uniform trocken. ›Schließlich habe ich ihn ins Kempi gefahren, damit er dort seine Nachtruhe genießen konnte. Jetzt fliegt er nach Hause.‹

Wir haben laut losgeprustet. Doch der Mann blieb regungslos ernst und klärte uns auf. Der Frosch war das Alter Ego des namhaften Doktors. Die Medizin-Koryphäe lebte in Hamburg, war in Berlin aufgewachsen und wünschte sich sehnlichst, seine Heimatstadt wiederzusehen. Doch seine Patienten und die Wissenschaft gewährten ihm keine Zeit dazu. Er war ein pragmatischer Mann, irgendwann sah er ein, dass es noch Jahre dauern könnte, bis er es nach Berlin schaffte. Also schickte er sein Alter Ego. Eben diesen Frosch. Der Frosch war mit der schwarzen Limousine durch Berlin gefahren worden. Der Chauffeur hatte ihm alles gezeigt: die alte Gegend, die alte Straße, die alte Schule und schließlich das Geburtshaus. Der Frosch hatte im Kempinski übernachtet und sollte nun Business fliegen. An diesem Tag war der begehrte Platz 1A tatsächlich für ihn reserviert.

Es kam, wie es kommen musste: Der Flieger wurde nicht nur voll, er war überbucht. Ein Gast blieb übrig. Einer, der voll bezahlt hatte und den wir jetzt am Boden lassen mussten. Und der Frosch sollte seinen Hintern auf 1A breitmachen! Die Fliege konnte ich nicht schlucken und ging, als der Chauffeur weg war, schnurstracks in die Maschine. Alle waren schon an Bord, der Captain im Cockpit. Ich bin da mit dem Frosch rein und habe die Geschichte erzählt. Der Captain blickte mir lange in die Augen, dann deutete er auf den Sitz hinter sich, auf dem seine Mütze lag. Er hob sie hoch und setzte sie auf. »Here Jamie, that's the best seat in the plane!«

TEGEL–ISTANBUL UND ZURÜCK

DIE ANFÄNGE DES CHARTERFLUGS

 Es wäre falsch zu behaupten, nur bei Pan Am hätte es goldene Zeiten gegeben. Auch die anderen Fluggesellschaften und ihre Mitarbeiter hatten Grund genug, ihre Arbeit zu lieben. Tegel war einfach gut drauf.

Vor einigen Monaten bat mich eine ältere Freundin, für sie nach London-Flügen zu schauen. Sie ist recht fit im Umgang mit dem Internet, dennoch wollte sie, dass ich direkt an den Schaltern nachfragte. Sie ging davon aus, dass man am besten direkt bei der Fluggesellschaft und am Ort des Geschehens beraten und bedient wird.

Heute kauft jedoch kaum noch jemand Tickets am Ticketschalter. Dementsprechend überrascht sah mich der Mitarbeiter beim British-Airways-Counter an. Hier arbeiten längst nicht mehr Angestellte der Fluggesellschaft, sondern Handling-Agenten, die für unterschiedliche Airlines tätig sind. Als ich dem Mitarbeiter eröffnete, dass ich mich nach Flügen nach London und zurück erkundigen wollte, schwieg er einen Augenblick, als ob er es nicht glauben könne, dass es nicht um eine komplizierte Route gehen sollte, sondern nur um schnell nach London und zurück. Das macht doch wirklich jeder Idiot unter achtzig über das Internet! Nach dem kurzen Moment des Schweigens räusperte sich der Herr am Schalter und beantwortete alle meine Fragen ausführlich. Als ich ihm erzählte, dass ich mich für eine Freundin erkundigte, druckte er mir alles Wissenswerte aus. Er war anders, als ich erwartet hatte. Nachdem er sich vergewissert hatte, dass ich ihn nicht veralbern wollte, gab er mir das Gefühl, ich sei in diesem Moment die wichtigste Kundin für die British Airways, er trug mich auf Händen. Ich wurde hellhörig, der Mann erweckte in mir nicht das Gefühl, ich hätte es mit einem Handling-Agenten zu tun. Er war noch ganz alte Schule, sein Verhalten das eines Airliners.

Dieser höfliche, lustige und hilfsbereite Mann war Cem Gök. Auf Englisch nennen ihn die Kollegen Jim Gok (die Abkürzung für »God only knows«), und immerhin bedeutet Gök auf Türkisch »Himmel«. Und Cem wusste Bescheid. Er hatte tatsächlich, wie ich vermutete, sehr lange direkt für British Airways gearbeitet und noch länger am Flughafen Tegel.

1976 hat er angefangen, vor achtunddreißig Jahren, bei Dan Air. Das war die vierte große Fluggesellschaft in der Westhälfte der geteilten Stadt neben den drei mächtigen alliierten Airlines Pan Am, British Airways und Air France. Es gab auch kleinere Charterfluggesellschaften in Tegel, beispielsweise Laker oder Monac oder auch Air Berlin USA, aus dem später die Air Berlin hervorgegangen ist. Doch den größten Teil des Charterverkehrs wickelte die Dan Air ab. Die Airline war britisch und verstand sich als private Konkurrenzfirma zu British Airways. Dan Air flog alle touristischen Ziele an. Gefragt waren damals Palma, die Kanaren und die jugoslawische Küste, die Adria, besonders Split, war sehr beliebt, auch Griechenland. Dan Air ist überall hingeflogen.

Die Fluggesellschaft hatte einen Vertrag mit der TUI, Neckermann und dem Berliner Flugring, dem damals in Berlin bekannten Reiseveranstalter. Früher haben die meisten West-Berliner über Flugring gebucht, wenn sie in den Urlaub fliegen wollten. Dan Air flog seit 1968 von Tegel, noch vor Eröffnung des Flughafens 1974, nämlich von Tegel Nord. Heute gehört das Nordgelände dem Bund und ist der Ort der Ankünfte und Abflüge der Regierungsmaschinen. Der Ort, von dem heute Frau Merkel und andere hochrangige Politiker starten.

Cems Einstand bei Dan Air verlief eher abenteuerlich. Heute, wie er stolz verkündet, ist er der dienstälteste Türke am Flughafen. Cem lebte damals in Chicago und plante aus privaten Gründen seine Übersiedlung nach West-Berlin. Dan Air suchte zu diesem

Zeitpunkt Stewardessen. »Ich habe sofort einen Bewerbungsbrief geschrieben mit dem Tenor: Macht die Augen auf, in Amerika gibt es nicht nur Stewardessen, immer wieder fliegen auch Männer als Flugbegleiter. In Deutschland ist das nicht mal vereinzelt vorgekommen. Ich bewarb mich also, und peng! Am nächsten Tag bekam ich eine Antwort. Sie wollten mich unbedingt kennenlernen!«

Er war aber nicht als Steward gefragt. Dan Air startete damals die ersten Gastarbeiterflüge in die Türkei. Cem wurde wegen seinen sprachlichen Fähigkeiten gebraucht. Er sprach Türkisch, was eine Notwendigkeit war bei diesen Flügen, und er sprach exzellent Englisch. Das war Dan Air wichtig, da es eine britische Firma war. Etwas Deutsch war zwar Bedingung, aber in Verbindung mit den Gastarbeiterflügen nicht wesentlich. Cem war prädestiniert für die Stelle, er sollte sofort am Tag nach seinem Bewerbungsgespräch anfangen.

Doch natürlich gab es einen Haken. Um in Deutschland arbeiten zu dürfen, benötigte Cem eine Aufenthaltserlaubnis. Da er innerhalb von drei Tagen seinen Dienst für Dan Air antreten sollte, hatte er die Aufenthaltserlaubnis sofort beantragt und wurde prompt – abgelehnt. Schlimmer noch, wie er von einem Freund erfuhr: Der rote Stempel mit der Aufschrift »Ausweisung« bedeutete, dass er das Land innerhalb von sieben Tagen verlassen musste und es nie wieder betreten durfte. Also ist Cem zum Rechtsanwalt gegangen. Der erklärte ihm, dass er nicht den Amtsweg befolgt hätte und deshalb ausgewiesen würde. Er hätte als Erstes eine Aufenthaltsgenehmigung beantragen müssen. Der Rechtsanwalt klärte das Problem mit der Beamtin beim Ausländeramt und sie arrangierten eine Lösung. Cem musste die BRD verlassen. Am nächsten Tag ist er nach Chicago zurückgeflogen und dort zum deutschen Konsulat gegangen, wo er den nötigen Stempel bekam, um wieder nach Deutschland einreisen zu dürfen. Vier Tage später war er wieder in West-Berlin. Das Spielchen kostete ihn – Rechtsanwalt und Flugtickets inklusive – um die sechstausend DM, zweieinhalb Jahre lang hat er die

Summe abgestottert. Der nächste Schritt dieses Hürdenlaufs führte ihn zum Arbeitsamt. Dort sollte er seine Arbeitserlaubnis erhalten, denn ohne Arbeitserlaubnis gab es keine Aufenthaltserlaubnis. Die Arbeitserlaubnis aber bekam er nur, wenn bewiesen war, dass kein deutscher Staatsbürger für seine Tätigkeit zur Verfügung stand. Vier Wochen lang hing nun ein Schreiben beim Arbeitsamt in der Charlottenstraße beim Checkpoint Charlie aus, in dem zu lesen war, dass Mitarbeiter für Dan Air in Tegel mit Türkisch-, Englisch- und Deutschkenntnissen gesucht wurden. Vier Wochen lang zitterte Cem, dass sich jemand melden würde. Es meldete sich niemand. So bekam er letztendlich seine Arbeits- und folglich seine Aufenthaltserlaubnis – mit der Auflage, dass er nicht in bestimmten Sperrbezirken wie Kreuzberg oder Wedding wohnen durfte. Dadurch wollte man damals eine »Gettoisierung« verhindern. Er suchte also in den anderen Bezirken nach einer Wohnung. Dann endlich durfte er seine Dan-Air-Uniform anziehen und seine Arbeit aufnehmen.

Bei Dan Air ist Cem sechzehn Jahre lang geblieben, bis zur Auflösung der Firma. Nun gut, er durfte laut seiner Arbeitserlaubnis auch nirgendwo anders als bei Dan Air beschäftigt sein; obwohl andere Fluggesellschaften in der Zwischenzeit versuchten, ihn abzuwerben, war es ihm nicht erlaubt zu wechseln. Doch zum Glück fühlte er sich bei Dan Air wohl. Das Einzige, was ihm noch jahrelang Kummer bereitete, war der unsägliche rote Stempel in seinem Pass. Auch als er irgendwann durchgestrichen war, wurde er bei jeder Reise, jedem Flug beiseite genommen und nach dem Grund gefragt. Das hatte er irgendwann satt und tunkte seinen Pass in Tomatensoße. Damit waren die letzten Spuren seines turbulenten Auftakts in Berlin verwischt.

Cem Gök erzählte mir all das, nachdem ich – jedenfalls dem Gefühl nach – das beste Flugticket des Universums für meine Freundin erworben hatte. Während wir noch Einzelheiten klärten, trat eine grazile, elegant gekleidete Frau an den Schalter. Herr Gök bedeutete ihr mit einer höflichen Bewegung, sich zu gedulden, bis wir den

Damals herrschte noch eine gewisse Ordnung am Flughafen

Ticketkauf abgewickelt haben würden. Als wir fertig waren und ich anfing, ihm neugierig Fragen über die Vergangenheit zu stellen, sah er zu der bildhübschen Dame neben mir. Sie lächelte mich offen an. Herr Gök stellte sie mir vor. »Das ist Magdalene.« Schalkhaft fügt er dazu: »Herrin der Reiseveranstalter! Wir haben uns hier bei Dan Air kennengelernt, waren dort bis 1980 Kollegen und sind seitdem Freunde. Wenn Sie schon so neugierig auf die guten alten Zeiten sind, warum begleiten sie uns nicht in die Mittagspause?«

»Cem und ich, wir können den Fraß hier nicht mehr sehen, immer das Gleiche, jeden Tag! Wir wechseln uns täglich ab, mal verköstigt er mich, mal ich ihn. Heute ist Cem dran!«

Prompt fand ich mich mit den beiden Freunden auf der Terrasse wieder, ihrem Lieblingsort an schönen Tagen. Dort spürt man den Hauch von Weite unter dem freien Himmel. Cem und Magdalene sagten, dort fühle es sich noch wie früher an, als sie noch blutjung waren. An der Terrasse wurde über die Jahre am wenigsten verändert. Magdalene begleitete mit ihrem Blick eine nach Moskau abfliegende Maschine der russischen Airline Transaero. Als der Flieger im Dunst verschwand, seufzte sie und probierte die liebevoll zubereitete Steinpilz-Lauch-Torte, die ihr Cem gereicht hatte.

»Ah, war das gemütlich damals! Da gab es nicht Aberhunderte von Flugreisen. Es herrschte noch eine gewisse Ordnung am Flughafen. Ich habe bei Dan Air als Stewardess angefangen, dann bei der für die Abfertigungskontrolle, Koordination und Informationsaustausch zuständigen Operations reingeschaut und noch ein bisschen Check-in drangehängt, die ganze Palette. Morgens um sechs gingen die ersten Flüge raus. Um vier Uhr waren wir da, wir haben den Check-in gemacht, und wenn die Maschinen über den Wolken waren, wurde um halb sieben erst mal gefrühstückt. Jeder brachte etwas mit, es war ein Tischlein-deck-dich, besser als im Märchen. Cem und ich halten diese Gepflogenheit zu zweit noch immer aufrecht. Gegen zehn, elf Uhr kehrten die ersten Flüge zurück, zunächst aus Mallorca, dann von den Kanaren. Wir haben die neuen Fluggäste eingecheckt, und mit dem Mittagsgong verließen wir, gleichzeitig mit unseren Maschinen, Tegel. Das war der Frühdienst. Richtig gemütlich.«

»Ja, das waren schöne Zeiten, aber das sind sie immer noch! Ich habe immer noch das gleiche Interesse am Flughafen und an meiner Arbeit wie vor achtunddreißig Jahren! Und die Arbeit an sich war ja nicht leichter. Alles lief manuell, echte Handarbeit. Eine Abfertigung sah damals ganz anders aus, geschrieben, gewogen und gerechnet wurde mit der Hand. Und es gab nur eine einzige Waage für die Koffer. Die Etiketten hat man auch selbst geschrieben, das kann man sich heute gar nicht mehr vorstellen.

Wir haben diese Aufgaben gerne übernommen, wir waren sehr gut bezahlt, und wir haben auch sehr gut gearbeitet. Wir haben damals zu zweit eine 727-200-Maschine mit 187 Passagieren abgefertigt. Die Listen geschrieben, alles vorbereitet, geboardet. Wenn die Maschine kam – ich habe einen Fluggastbrücken-Führerschein gehabt –, habe ich sie empfangen, die Türen geöffnet. Dann wieder zurück zum Check-in. Wenn die angekommenen Passagiere ausstiegen, haben wir die ›Damage‹, die unterwegs ramponierten Koffer, aufgenommen, auch am Schalter. All das zu zweit. Man kann sich vorstellen, in was für einem Tempo wir gearbeitet haben! Aber alles ging leicht von der Hand, weil wir jung waren und obendrein hochmotiviert …«

Die Motivation resultierte vor allem aus der Tatsache, direkt bei einer Airline beschäftigt zu sein. Das bedeutete größere Eigenverantwortung und Handlungsfreiheit. Vieles war möglich, was heute unvorstellbar wäre.

Eines Tages arbeitete Cem unten bei der Operations, kurz Ops. Das Telefon klingelte, ein Kollege rief von zu Hause an und bat ihn dringend: »Cem, schreib mir bitte schnell ein Ticket nach Palma! Ich komme gleich!« Er gab keine Erklärung ab, doch seine Stimme verriet, dass es um Leben und Tod ging. Vermutlich eine unaufschiebbare Liebesgeschichte. Cem hat im Büro das interne Staff-Ticket für fünf Mark vorbereitet. Kurz darauf trafen sich die beiden am Haupteingang. Als Angehöriger des Flughafenpersonals brauchte der Kollege kein Check-in, er musste nicht durch die Security und die Passkontrolle. Eine Viertelstunde nach seinem Anruf saß die Liebesgeisel in der Maschine zur Insel seiner Erlösung. »Wenn ich das erzähle, hält man mich für verrückt. So etwas ist heute undenkbar: Nicht mal in den Warteraum kommt man ohne Kontrolle, geschweige denn in einen Flieger! Und für fünf Mark fliegt heute definitiv keiner mehr …«

Auch wenn die Konditionen bei Pan Am am traumhaftesten waren, alle anderen Fluggesellschaften boten ebenfalls attraktive Vergünstigungen für ihre Mitarbeiter. Diese Vergünstigungen waren der Hauptgrund, warum man gerne hart arbeitete. Und das Familiäre. Ganz Tegel war eine große Familie, hier war man

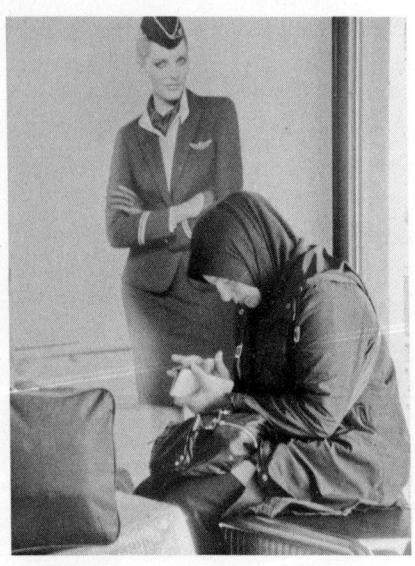

»Für uns war das total
exotisch!«

durchweg befreundet und über die Jahre teilweise sogar miteinander verwandt. Auch Magdalene hat ihren Mann am Flughafen kennengelernt. Nach der Zeit bei Dan Air verbrachte sie einige Jahre in Neuseeland. Zurück in Berlin, landete sie direkt bei TUI, wo sie heute Stationsleiterin ist. TUI war ein großer Kunde von Air Berlin, einmal im Jahr wurde auf ein Sommerfest geladen. Dort tanzte Magdalene das erste Mal mit dem charmantesten Air-Berlin-Piloten aller Zeiten. Wenig später wagten sie ein Tänzchen zum Standesbeamten und schwingen bis heute glücklich gemeinsam durchs Leben.

Nicht nur Ehen wurden in Tegel geschlossen. Es war auch keine Seltenheit, dass begeisterte Tegel-Eltern ihre Leidenschaft, am Flughafen zu arbeiten, ihren Kindern in die Wiege legten. Ganze Familien waren in Tegel beschäftigt, wenn auch in unterschiedlichen Bereichen: die Mutter bei der Security, der Vater Loader, ein Sohn bei der Operations, der andere bei der Fracht und die Tochter am Ticketschalter. Es gab und gibt zahlreiche Varianten der Familienaufstellung à la Tegel.

Cem klärt mich auf, wie wichtig es ist, die Flughafenkollegen zu kennen, wenn möglich mit Namen. »Eines Tages habe ich Boarding gemacht. Abschließend sollte ich einen Passagier im Rollstuhl in die Maschine bringen. Damals gab es keine Sanitäter, die den speziellen Dienst übernommen haben, das haben wir mit Hilfe der Loader selbst erledigt. Die warteten immer vor der Tür, bis ich den Passagier in die Maschine begleitet hatte, um den Rollstuhl danach runterzubringen. Am Finger – die Fluggastbrücke, die den Flugsteig mit der Eingangstür des Flugzeuges verbindet – war der Boden früher mit Gummi belegt. Immer wenn es regnete und der Boden nass wurde, war dieses Gummi rutschig. Das ist vor zwanzig Jahren alles geändert worden, aber früher war das schlimm.« An diesem Tag war das Gummi sehr nass. Als Cem den Finger betrat, rutschte er aus, schlitterte hin und her und ließ zuletzt im Fallen den Rollstuhl los. Der Rollstuhl tat, was seinen Namen ausmacht. »Heeeeiiiiinz!!!«, schrie Cem entsetzt. Heinz, der wartende Loader, reagierte blitzschnell und fing den Rolli ab. Der Passagier blieb unverletzt. Alles ereignete sich im Bruchteil einer Sekunde. Hätte Cem den Loader nicht namentlich gekannt, hätte der unmöglich so schnell reagieren können.

Bei den ersten Flügen in die Türkei, die Cem betreute, ging es besonders familiär zu. Man kannte die Reiseveranstalter, die diese Flüge organisiert hatten, und auch einen Teil der Passagiere. Für die Frauen und vor allem Männer, die regelmäßig in der Türkei ihre Familien besuchten, gab es spezielle Gastarbeiter-Tarife. Ihre Maschinen flogen einmal in der Woche, immer nachts.

Mit dem Check-in musste man schon vier Stunden vor Abflug beginnen, damit der Flieger rechtzeitig abheben konnte. Was von den Fluggästen angeschleppt und aufgegeben wurde, erlebt man heute teilweise bei den Flügen nach Ulaanbaatar. Vor den Check-in-Schaltern sah es wie bei einem Umzug aus. Die Passagiere schleppten

Pampers, Waschmittel, Waschmaschinen, Kühlschränke, Elektroherde, Kinderwagen und Betten an. Alles, was daheim fehlte. Aber der größte Schatz, der massenhaft mitgenommen wurde, war die Aktentasche, eine neue Statussymbol der Männer, die es »geschafft« hatten.

Wenn die Maschine am Freitagabend raus war, haben die türkischen Reiseveranstalter die Dan-Air-Belegschaft zum Essen eingeladen. Ob Öncü oder Gölsü – die ersten zwei Veranstalter, die Charterflüge in die Türkei organisierten –, das Essen war immer vom Feinsten! Die türkischen Männer waren sehr liebenswert. Besonders die Frauen, auch Magdalene, wurden mit Hingabe bedient und gefüttert, wie nie davor und danach in ihrem Leben.

Magdalene hat diese Gastarbeiterflüge auch als Stewardess begleitet. An Bord gab es immer Kaffee und türkischen Chai. Beim Duty-free-Verkauf während des Fluges wurden als einzige Zigarettensorte nur Marlboro und als einziger Whisky Ballentine's angeboten. Etwas anderes wurde nie auf einem Türkei-Charter verkauft, also hat Dan Air nach und nach alles andere vom Sortiment weggelassen. Auf dem Rückweg kamen die Passagiere vorwiegend aus Anatolien, zum Teil direkt von den Feldern, zu ihrer Maschine. Die Gastarbeiter mussten in der Erntezeit oft in der Heimat mit anpacken. »Für uns war das total exotisch!«, schwärmt Magdalene noch heute. »Die Frauen haben ihre Schuhe ausgezogen, ihre Füße waren mit Henna-Malereien verziert. Einer hatte immer ein Saz, das traditionelle türkische Saiteninstrument, dabei, früher oder später ertönte Musik in der Kabine.

Die Flüge aus der Türkei sind ebenfalls nachts gestartet und landeten am Morgen um fünf in Berlin, um sechs flogen sie weiter auf die Kanaren. Kurz vor der Landung wurde Frühstück serviert. Das Essen musste für Moslems geeignet sein. Das bedeutete damals: hart gekochte Eier. »Um halb fünf hörte man in der Maschine zweihundert Eierschalen gleichzeitig knacken. Wenn die zweihundert Eier gepellt waren, breitete sich in der Maschine ein schrecklicher Geruch aus: von Fußmief verstärktes ranziges Lecithin-Aroma.« Nach

»Um halb fünf hörte man zweihundert Eierschalen gleichzeitig knacken.«

der Ankunft sind Magdalene und ihre Crew immer mit Spraydosen durch die Maschine gegangen. Die Kanaren-Urlauber sollten ihren Flug unbeschwert antreten.

Auch die Flüge nach Tel Aviv, die Magdalene und Cem betreut haben, waren besonders. Es handelte sich um Charterflüge, organisiert vom traditionellen Veranstalter Unger Reisen, damals die einzige Direktverbindung nach Tel Aviv. Nicht nur Rolf Eden war häufig an Bord, die kleine West-Berliner jüdische Gemeinde flog mit der 727-200 zwischen den beiden Ländern hin und her. Und wie in einem kleinen Dorf, wo jeder jeden kennt, gab es immer Befindlichkeiten. Der Check-in hatte die Rolle eines Bankett-Arrangeurs: Wer möchte neben wem sitzen und wer neben wem auf gar keinem Fall? Dazu kam noch, dass es im Gate 16, wo die Tel-Aviv-Maschine abgefertigt wurde, dort, wo jetzt die E-Ankunft ist, keine Toiletten gab. Es hatte einfach niemand daran gedacht! Die Fluggäste gingen also rein und raus. Man musste drei Stunden vor Abflug mit der Abfertigung anfangen.

An seinem ersten Arbeitstag wurde Cem für den Tel-Aviv-Flug eingeteilt. Es gab hohe Sicherheitsvorkehrungen, der Flieger stand immer ganz hinten, in der Nähe der Feuerwehr. Die Passagiere wurden von Gate 16 mit Bussen zur Maschine gefahren. Vorne gab es eine Treppe zum Einstieg. »Dort standen wir und warteten, bis alle Fluggäste eingestiegen sind. Erst wenn sich die Maschine in Gang setzte, sollten wir zurückfahren. Ich stand recht überwältigt neben dem Flugzeug, das anfing, die Motoren zu starten. Nie zuvor hatte ich so etwas hautnah miterlebt. Plötzlich schoss Feuer aus dem Triebwerk. Ich schrie wie am Spieß: ›Explosion! Die Maschine fängt Feuer!‹ und rannte kopflos weg. Wie ein Kind wurde ich von meinen Kollegen am Arm festgehalten. Lächelnd beruhigten sie mich. Was ich für einen Anschlag gehalten hatte, war eine Alltäglichkeit. In der Engine sammeln sich Gase, die sich ab und zu in einem Schub entladen. Es bestand keinerlei Gefahr.« Zum Glück sind solche Maschinen nicht mehr im Verkehr.

Außer bei der Tel-Aviv-Maschine, wo Kontrollen und Polizeipräsenz außergewöhnlich stark waren, hatte man damals grundsätzlich ein ganz anderes Verständnis für Sicherheitsbelange. Früher gab es in Tegel nirgendwo Glastüren, wie man sie heute überall sieht, sondern Schwingtüren in mittlerer Höhe. Man konnte sie einfach aufschieben und durchspazieren. Oder eben drüberspringen, wenn einem danach war. Selbst zwischen den Warteräumen musste man auf der Hut sein, dass nicht jemand einfach rüberhopste und in eine andere Maschine als gebucht einstieg. Auch zum Vorfeld hin, wo die Flugzeuge stehen, waren die Barrieren damals gerade so hoch, dass man überall hätte darüberspringen können. Die Ausweise der Mitarbeiter wurden nicht kontrolliert, da man sich ja kannte.

Eines Tages vor ungefähr dreißig Jahren war Cem dabei, die erste Maschine in seiner Schicht abzufertigen. Der Check-in war

Früher hopste manchmal jemand einfach über die Absperrungen

erfolgreich abgeschlossen, die Passagiere waren bereit für das Boarding, Cem wollte vorher noch kurz in den Flieger, um das Okay der Crew einzuholen. Von Weitem sah er, dass das Cockpit besetzt war, und winkte. Der Captain und sein Co-Pilot bemerkten ihn nicht, sie waren über die Armaturen gebeugt. Hoffentlich kein technischer Fehler, dachte Cem. Näher gekommen, blickte er in zwei fremde Gesichter. Zuerst dachte er, es wären die Cleaner, doch als er die Maschine betrat, erfuhr er, dass die Putztruppe schon durch war. Zwei junge Männer hatten sich Zugang zur Maschine verschafft. Die Polizei rückte sofort aus und stürmte das Cockpit. Sie fanden nur zwei Milchgesichter, die mit großen Augen staunten, dass sie festgenommen wurden. Es waren zum Glück harmlose, einfach neugierige junge Männer, die schwuppdiwupp über die Barrieren gesprungen waren, um das Cockpit zu erkunden. Begeistert von der Technik, vergaßen sie die Welt um sich herum; als sie entdeckt wurden, schienen sie überraschter als alle anderen. Nach diesem Vorfall wurden die Sicherheitsmaßnahmen in Tegel sofort intensiviert. Nach und nach wurden die Bereiche geteilt: Erst wurden Netze angebracht, dann die Glaswände und Glastüren eingezogen. Heute sind die Trennwände aus Milchglas, damit man nicht mal mehr durchsehen kann.

Cem und Magdalene müssen ihre Pause beenden und packen die Reste ihres Picknicks zusammen. »Auch der Flughafen an sich trug zu der entspannten Gesamtatmosphäre bei«, sagt Magdalene nachdenklich. »Irgendwie hatte alles seine beruhigende Ordnung.«

Die Gates waren unter den wenigen Fluggesellschaften, die von Tegel aus abflogen, aufgeteilt. Dan Air startete von Gate 1 und 2, British Airways von den Gates 3, 4 und 5. Die Gates 6, 7, 8, 9, 10 und 11 waren für die Pan-Am-Flüge vorgesehen, ab Gate 12 wurden Air France bzw. bei Bedarf andere Airlines abgefertigt. Man wusste, wen man wo findet. Seitdem sind etliche Fluggesellschaften, Läden, Gates und sogar Terminals dazugekommen. Damals gab es nur Terminal A, ein Gate 0 oder 16 war nicht vorhanden.

Viele denken heute, dass man statt des nicht enden wollenden Flickens und Erweiterns des Flughafens Tegel ein zweites, ursprünglich auch geplantes Sechseck hätte hochziehen sollen. Alle Pläne dafür waren fertig. Ein Gebäude für Star Alliance, das andere für One World und die anderen Airlines. Und man hätte die U-Bahn-Linie zum Flughafen Tegel eröffnen können, immerhin fehlt dafür nur der Durchstich vom Jakob-Kaiser-Platz unter dem Kanal, alles andere ist schon gebaut.

Als Cem und ich wieder das Terminal A betreten, erinnern wir uns daran, wie es hier aussah, als die Schalter und Stühle noch gelb waren. Fröhlicher war es, als Tegel mit den Farben der Sonnenblume kokettierte. Der Boden war rot und mit sechseckigen Fliesen gepflastert. Das war sehr schön zum Laufen.

Die Haupthalle sah anfangs ganz anders aus

»Schon die Haupthalle sah ganz anders aus. In der Mitte war der riesige Informationsschalter, wo die Damen ihre Ansagen gemacht haben, da saßen bestimmt vier, fünf Leute. Hier, direkt gegenüber dem Eingang, war ein Zigarettenladen, den haben die meisten Mitarbeiter als Erstes nach Betreten des Flughafens angesteuert. Dann rauchte man dort noch gemütlich vor Schichtanfang und tauschte mit anderen Mitarbeitern die neuesten Neuigkeiten aus. Damals durfte man noch am Flughafen rauchen und es hat auch fast jeder geraucht. Eklig konnte das für den Frühdienst werden. Morgens um fünf im Check-in-Schalter zu sitzen, ist eh eine Leistung für sich, der Kreislauf und der Magen können recht empfindlich sein. Dann kamen die ersten Fluggäste an und alle standen mit der Kippe im Mund am Schalter. Irgendwann stellten wir am Counter kleine Nichtraucherschildchen auf. Man rauchte dann natürlich trotzdem, doch bemühten sich die Passagiere dabei um etwas Abstand. Schlimm wurde es beim Einsteigen, im Finger gönnten sich einige noch schnell die letzten Züge. Wir hatten immer Brandlöcher an den Geräten und Tischen beim Boarding. Es gab keine Aschenbecher in der Nähe, um den Boardingpass vorzuzeigen, musste man die Kippen kurz irgendwo ablegen …«

Cem deutet auf das Restaurant Leysieffer in der Haupthalle. »Das gab es damals noch nicht. An beiden Seiten der Haupthalle waren die Kundendienstschalter, links empfing Pan Am seine Fluggäste. Lost & Found war auch dort ansässig. Und es gab eine Post. Zuerst war sie in der Haupthalle, dort, wo man heute zum Terminal D rausgeht. Dann ist sie in die erste Etage umgezogen, oben links, ungefähr da, wo heute die Lufthansa-Lounge-Gäste in einem separierten Glaskasten rauchen dürfen.« Eine Post! Eigentlich gehört eine Poststelle an einem Flughafen zum festen Inventar, doch Tegel ist auch hier anders. In diesem Fall: leider. Zurzeit gibt es überhaupt keine Post in Tegel. Lediglich einen Briefkasten und einen Briefmarkenautomat findet man nach langer Suche.

»Dafür gab es damals diese ganze Ladenzeile nicht, keinen Kofferladen, keine Schlipse, keine Dessous, gar keine Klamotten. Es gab einen kleinen Bäcker, einen ganz kleinen Zeitschriftenladen und Aschenbach, das Blumengeschäft.« Jetzt haben die Büros und Ticketschalter ihren Platz im Ring, wo sich die Gates befinden. Dafür mussten die Sitzmöglichkeiten weichen. Und alles ist voller Restaurants, Bistros, Cafés. Damals gab es dafür keinen so großen Bedarf, Verpflegung bekam man spätestens im Flieger, und zwar reichlich, komplette Menüs auf kleinen Tabletts. Sogar auf kurzen Strecken wie zum Beispiel nach Hamburg wurde der Tisch gedeckt. Oft wurde vor Abflug, schon im Gate, für das leibliche Wohl gesorgt. Dort standen Kaffeemaschinen und heißes Wasser für einen Tee. Es wurden im Gate Rondelle aufgestellt, an denen es Kleinigkeiten für die Passagiere zum Mitnehmen gab: etwas Herzhaftes, einen Apfel oder Süßigkeiten. Kleine Tüten standen zur Verfügung,

Gewöhnungsbedürftig: die achteckige Architektur

damit jeder sich nach Geschmack etwas aussuchen konnte. Fluggäste nach Baden-Württemberg waren, vielleicht auch deshalb, immer
überpünktlich. Sie stürzten sich auf das Rondell und fünf Minuten
nach Eröffnung des Gates war alles Essbare spurlos verschwunden.
Womöglich versuchten sie den Tageseinkauf für die Familie dadurch zu ersetzen. Daraufhin hat man die Tüten weggelassen. Das
hielt aber die Stuttgart-Passagiere nicht davon ab, alles eben direkt
in ihren Taschen zu versenken. Manche brachten eigens leere Tüt-
chen von zu Hause mit.

In einem nächsten Versuch, die Plünderei einzudämmen, wurden die Frühstückstüten vorgepackt und verschlossen ... Letztendlich wurde dieses Extra abgeschafft.« Wahrscheinlich hatten die
Stuttgart-Fluggäste das geahnt und das Eisen geschmiedet, solange
es noch heiß war.

Cem führt mich zu Gate 20 im Terminal B. Von hier aus starten heute größere Maschinen mit Hunderten von Fluggästen, beispielsweise nach Miami, New York oder Istanbul.

»Das war hier alles leer. Alles war offen, es war ein herrlicher Platz, um in vollkommener Ruhe auf die Landebahn zu schauen. Wenn wir nichts zu tun hatten, saßen wir dort. Alle Tegel-Mitarbeiter saßen in der Stunde, in der sie auf den nächsten Abflug gewartet haben, da und schauten zu, wie die Flüge starteten und landeten, wie die Maschinen an den Finger kamen. Das war wirklich schön.«

Die Halle war damals als Nebelhalle bekannt, benannt nach Rudolf Nebel, einem der Gründerväter der Raumfahrt. Er errichtete 1930 den Raketenflugplatz Tegel, wo er und andere wichtige Grundlagen der Raketentechnik konzipierten. 1934 wurde er, in den Wirren des Röhm-Putsches und weil er eine jüdische Braut hatte, verhaftet und fortan von der Raumfahrt ausgeschlossen. Nach dem Krieg kämpfte Nebel vergeblich für eine Entschädigung. Tegel versuchte mit der Namensgebung etwas wieder gutzumachen. Der verschlafene Ort, den Cem mir hier zeigt, erwachte in den Siebzigern und Achtzigern einmal im Monat zum Leben, wenn an einem Sonntag »Jazz on Airport« stattfand. Jeden Monat spielte eine Band Jazz oder Dixieland. Die Jazz Family Berlin, das BVG- oder das Polizeiorchester stimmte an und tausende Berliner brachen nach Tegel auf, um mitzuswingen. Der musikalische Frühschoppen wurde von den Berlinern geliebt und war stadtweit bekannt. Überall kündigten Plakate das nächste Flughafenkonzert an. Es gab verschiedene Stände, hauptsächlich mit Bier, aber man bekam auch Hackepeter-Brötchen, Harzer-Käse-Brötchen und Buletten. »Hinterher stank es furchtbar, doch das kümmerte keinen. Diese Sonntage waren einfach richtig lustig!«

Lustig wurde es für die Mitarbeiter gelegentlich auch an anderen Tagen. In der Haupthalle machte irgendwann eine Mini-Sektbar auf und man hörte oft das »Plopp« der Sektkorken. Die Stimmung an der Bar war super. »Man hat sich wirklich gekannt in Tegel. Alle haben sich gekannt. Wenn zum Beispiel Air France nicht genug Personal im Dienst hatte, ist es vorgekommen, dass British Airways schon mal für die geboardet hat. Das ging alles. Man kannte die Zöllner, man kannte die Polizisten, man kannte die Fluggesellschaften ...«

Natürlich kannte man Sandria und Beverly, die schrillsten Flugbegleiterinnen bei Dan Air. »Beverly saß vorher bei Dan Air am Schalter und wurde danach Stewardess. Eine Jamaikanerin, die herrlich berlinern konnte. Als sie vom Boden auf den Flieger wechselte, konnte man sie aber nicht in die Propeller-Maschinen einteilen, weil sie riesengroß war und da nicht reinpasste.«

Man kannte auch Nelke von British Airways. Nelke trug immer eine Nelke im Knopfloch. Berühmt wurde er aber wegen seiner blumigen Sprache. War die Ansage beim Boarden eines British-Airways-Fluges seine Aufgabe, konnten sich die Passagiere auf eine Märchenstunde einstellen. Nelke hat die Fluggäste auf alles vorbereitet, was sie nach dem Einsteigen in die Maschine erwartete. Er hat sie gebeten, sich beim Aussteigen zu vergewissern, dass sie nichts liegen gelassen haben. Er hat den Wetterbericht durchgegeben und, falls er die Informationen hatte, sogar das Menü an Bord. Dadurch sorgte er zwar für etwas Verzögerung beim Abflug, aber er hat das sehr charmant gemacht und die Passagiere freuten sich.

Auch Herrn Kraft kannte man bei British Airways. Beim Boarden ist er ans Mikrofon gegangen, hat es nie eingeschaltet und nur knapp gesagt: »Einsteigen!« Es gab auch andere beim Bordingpersonal, die maulfaul waren. Frau Bummel bei Dan Air tat die Angelegenheit immer ab mit einem knappen: »Na, dann kommen Sie, zack!«

Meistens aber passten die Stimmen aus den Lautsprechern und ihre Ansagen zur guten Stimmung am Flughafen. Sie hatten Charakter. Und sie ließen erkennen, dass man sich in Tegel auskannte. Die Ansage »Wir bitten eine Dame der Firma Allwisch zum Flugsteig soundso!« war alltäglich und erntete immer wieder Lacher.

So hieß tatsächlich die erste Reinigungsfirma in Tegel. Zugegeben, der einen oder anderen Ansage war zu entnehmen, dass ihr ein Besuch in der Plopp-Sektbar vorausgegangen war. Einmal hieß es zum Beispiel: »Wir bitten den Verlierer eines Gebisses noch mal zum Flugsteig 4!« Oder: »Pan Am gibt ihren planmäßigen Absturz bekannt!« Damals konnte man darüber noch unschuldig lachen. So auch über die Ansage, bei der der Kollege zum Schluss vergessen hatte, seinen Finger vom Mikrofon-Knopf zu nehmen: »Attention, please! Last call to passenger Schäfer! Letzter Aufruf für Passagier Schäfer! Aber DALLI-DALLI!!!«

VON SAMMLERN UND JÄGERN
PLANESPOTTER

 Mein Freund Tobias ist Sammler. Er sammelt nicht etwa Bierdeckel, Kugelschreiber oder Modelleisanbahnen. Und auch nicht ausgestopfte Tiere oder Zollstöcke. Mein Freund Tobias sammelt Flugzeuge. Besser gesagt, Bilder von Flugzeugen. Selbst geschossene Bilder. Tobias ist Planespotter.

Kennengelernt habe ich ihn vor vielen Jahren auf der achteckigen Besucherterrasse von Tegel. Der Student stand dort mit seiner Kameraausrüstung und beobachtete eine Boeing 747-436 der British Airways, die wegen einer Bombenwarnung in Tegel notlanden musste. Tobias stand bereits den ganzen Tag auf der Terrasse und wartete auf den Start dieser Maschine. Von dem Vorfall hatte er bereits am frühen Morgen im Radio gehört und wollte nun unbedingt das Flugzeug sehen und fotografieren. Denn in Tegel war dieser Flugzeugtyp ein Kuriosum. Das Heck war bunt bemalt, und da Tobias ein Fan von Sonderlackierungen war, fühlte er sich an diesem Septembertag für seine spontane Entscheidung belohnt. Die Maschine stand gut sichtbar vor uns. »Wann startet sie endlich?«, fragte er mehr sich selbst als mich. Wir kamen ins Gespräch. Ich erfuhr, dass es zuerst hieß, der Flieger gehe mittags raus. Dann sagte jemand, der Start werde auf den Nachmittag verschoben. Tobias war mittlerweile genervt, dass er sich den ganzen Tag ans Bein gebunden hatte wegen dieses Flugzeugs, das sichtlich nicht starten wollte.

»Ich sammle eher Fluggesellschaften, also das Zivile« erzählte er mir. »Ich sammle von jeder Airline jeden Typ einmal plus Sonderbemalung. Also, wenn jetzt irgendwelche Jubiläen anstehen, gibt es meistens einen Jubiläumsflieger, oder dieser Retro-Trend, dass jede Airline eine Flotte im Look von 1960 oder 1970 hat. Das ist so mein Ding.«

Er zeigte auf einen anderen Mann, der sich wie er mit einer Kamera in der Hand gelangweilt die Beine in den Bauch stand. »Er zum Beispiel sammelt Business-Jets. Das ist auch nicht so mein Fall. Auch Hubschrauber nicht. Eigentlich stehe ich wirklich nur auf die Sonderlackierungen.« Tobias war in seinem Element. »Letztes Jahr, da hatte die Deutsche British Airways einige Maschinen mit Blumen bemalt, da war auch eine von Jim Avignon dabei. Die habe ich alle fotografiert.« Aber worauf wartete er denn jetzt noch? Schließlich hatte er diesen Flieger schon im Kasten. »Ich mag eigentlich Start und Landung, also wenn auf dem Foto wirklich etwas passiert. Ältere Spotter, die stehen auf diesen 90-Grad-Seitenschuss bei Sonne, alle Türen zu, alle Treppen weg. Aber für mich sind das irgendwie tote Bilder. Ich will Action!«, erklärte er noch und ließ mich einfach stehen, als die Maschine sich zum ersten Mal leicht bewegte.

Die meisten Planespotter haben ihre Begeisterung für Flugzeuge schon im Kindesalter entdeckt. So auch Tobias. Er wohnte damals ganz in der Nähe des Flughafens Tegel und beobachtete gemeinsam mit seinem Vater die landenden Maschinen. Sein Vater erklärte ihm die unterschiedlichen Flugzeugtypen. Irgendwann besorgte sich Tobias im Reisebüro einen Flugplan und konnte so selbst verfolgen, woher die Maschinen kamen und wohin sie flogen. Einige Planespotter notieren sich nur die unterschiedlichen Flugzeugtypen und sammeln ausschließlich diese Notizen in einem Heft. Nicht so Tobias. Als er elf Jahre alt war, bekam er seine erste Kamera, und seitdem fotografiert er und sammelt Dias von allen Flugzeugen, die er beobachtet hat. Die Fotos sortiert er nach Typ und Datum. Es geht ihm um die Vollständigkeit der Flotte der verschiedenen Airlines. »Es ist ein wenig wie Autogramme sammeln«, sagt er. »Besonders damals, in der fotochemischen Zeit, waren das wirklich Originale. Heute fotografiert fast jeder nur noch digital.«

»Wann startet die Maschine endlich?«

Irgendwann wurde es dann auch möglich, die Flugpläne über Videotext zu verfolgen, oder die Planespotter informierten sich über Buschfunk. Heute ist das leichter, denn jetzt bekommen sie ihre Informationen über das Internet, tauschen Fotos und Geheimtipps über diverse Spotterportale aus.

Es bedarf eines guten Organisationstalents, die begehrten Maschinen vor die Linse zu bekommen. Wer Regierungsflugzeuge sammelt, durchforstet täglich den Terminplan des Bundeskanzleramts oder des Auswärtigen Amts und macht sich anschließend auf die Jagd. Wenn es heißt: 10 Uhr Begrüßung des kasachischen Ministerpräsidenten, dann weiß der Spotter, dass der Präsident bereits am Vortag ankommen muss, und legt sich entsprechend auf die Lauer.

Es ist windabhängig, aus welcher Richtung die Flugzeuge landen. Entsprechend platzieren sich die Planespotter in Spandau oder

auf den Hausdächern um den Kurt-Schumacher-Platz. Regierungsmaschinen parken in der Regel in Tegel Nord, auf dem militärischen
Teil des Flughafens. Viele Jahre lang gab es dort in der Nähe einen
Geheimplatz, einen Hügel direkt an der Rollbahn – der begehrteste
Platz für alle Planespotter. Heute versperrt dort eine sechs Meter
hohe Bretterwand die Sicht, ein Lärmschutzwall für die Bewohner
der umliegenden Häusern, nachdem die Air Berlin ihr Terminal, die
heutige Halle C, gebaut hat. Dort sind dann die Langstreckenflugzeuge, also zum Beispiel die A330, geparkt. Wenn diese Maschinen
ihre Turbinen anlassen, wird der Schall mit voller Wucht Richtung
Norden in die Siedlung gedrückt. Also wurde die Bretterwand er-
richtet, um Klagen zuvorzukommen. Und der schöne Spotterhügel
war Geschichte.

Tobias vermisst den Hügel, von dort aus konnte man die besten Bilder schießen. Ohne Gegenlicht und mit der Silhouette des
Flughafengebäudes im Hintergrund. Aus Planespottersicht ist es
gut, wenn man einen Referenzpunkt im Bild hat und nicht nur
blauen Himmel; so wird belegt, dass die Maschine tatsächlich in
Tegel und nicht anderswo gelandet ist. Es gibt immer welche, die
versuchen zu mogeln: Sie veröffentlichen das Foto eines ausgefalle-
nen Flugzeugtyps vor blauem Hintergrund, das sie beispielsweise
in Frankfurt aufgenommen haben, und behaupten, dass es in Tegel
gewesen sei. Doch irgendwie fliegen sie immer auf, denn es meldet
sich eigentlich immer ein anderer Spotter aus Tegel zu Wort und
sagt: »Ich war den ganzen Tag da, und diese Maschine ist bestimmt
nicht gelandet.« So etwas führt zu einer schnellen Ausgrenzung aus
der Planespotterfamilie, denn sie kennen sich alle. Und obwohl sie
manchmal Konkurrenten sind, halten sie doch zusammen, wenn es
um die Spotterehre geht.

Ich hatte Tobias schon lange nicht gesehen. Bis zu diesem ganz
besonderen Tag. Es war der 1. Juni 2000, ein warmer Sommertag.
Kaum war ich auf der Terrasse angekommen, hielt ich schon Ausschau nach ihm. Die Aussichtsplattform war voll und ich ging da-

von aus, dass er auf jeden Fall hier sein würde. Berlin erwartete Bill Clinton, den damaligen Präsidenten der USA, zu seiner Abschiedstour in Deutschland; es sollte der letzte Besuch während seiner Amtszeit sein. Allgemein bekannt war, dass die Air Force One an diesem Tag in Tegel landen würde, nur der genaue Ankunftszeitpunkt war streng geheim. Bereits seit dem frühen Nachmittag nutzten die Mitarbeiter des Flughafens ihre Pausen dazu, die Besucherterrasse aufzusuchen, um dort mit anderen neugierigen Mitarbeitern Informationen zur möglichen Ankunftszeit auszutauschen. Irgendwann an diesem Donnerstag würden eine Zeitlang keine Flüge mehr in Tegel starten oder landen. Aus Sicherheitsgründen. Der Luftraum gehörte dann einzig und allein der Air Force One. Es würde Verspätungen geben, Flüge würden verspätet ankommen und viel zu spät starten. Der normale Ablauf in Tegel wurde ausgebremst. Die Mitarbeiter wussten, dass sie den Ärger der Passagiere abbekommen würden und auffangen müssten. Einige hofften, dass ihnen die kurze Zwangspause vielleicht die Möglichkeit geben würde, von den Fenstern oder der Terrasse aus die Landung des best bewachtesten Flugzeugs der Welt zu sehen.

Der Name »Air Force One« ist nicht für ein spezielles Flugzeug, sondern jeweils für das Flugzeug der US Air Force reserviert, mit dem der Präsident der Vereinigten Staaten reist. Meistens werden dafür die genau zu diesem Zweck umgebauten Maschinen genutzt. Es gibt zurzeit zwei dieser Flugzeuge des Typs 747-200B – eine sehr spezielle und exklusive Maschine, in der neben 26 Besatzungsmitglieder bis zu siebzig Fluggäste befördert werden können. Es ist eine Art fliegendes Hotel, Büro, Restaurant und Krankenhaus in einem. Auf fast vierhundert Quadratmetern Fläche befinden sich die Privatquartiere für die »First Family«, der Präsident verfügt über ein eigenes Schlafzimmer, Bad, Arbeitszimmer und sogar einen Fitnessraum. Es gibt zudem Aufenthaltsbereiche für mitfliegende Regierungsmitglieder, für das Sicherheits- und weiteres Personal sowie einen Raum für begleitende Journalisten. An Bord befinden sich zwei Küchen, in denen bis zu hundert Personen verköstigt werden können und in denen Lebensmittel für zweitausend Mahlzeiten gelagert werden. Das Flugzeug wurde auch für medizinische Notfälle, sogar für Operationen ausgestattet.

Äußerst beeindruckend gestaltet sich die technische Ausrüstung der Maschine, die nichts anderes ist als eine luxuriöse fliegende militärische Operationsbasis. Ähnlich wie Militärflugzeuge kann die Air Force One in der Luft aufgetankt werden, sodass sie nie zwischenlanden muss und unbeschränkt in der Luft bleiben kann. Die Maschine des Präsidenten wird immer von Tankflugzeugen begleitet.

Ich erblickte Tobias in einer Gruppe Planespotter. Während wir einander begrüßten, erzählten sie sich die anderen, dass am Vorabend bereits das Starlifter Cargo Flugzeug mit der gepanzerten Limousine des Präsidenten an Bord gelandet sei. Einige der Spotter hatten es fotografiert und zeigten sich jetzt die Bilder.

Um uns die Zeit zu vertreiben, berichtete ich Tobias vom ersten Berlin-Besuch von Bill Clinton, bei dem dieser als erster US-Präsident das Territorium der ehemaligen DDR betreten hatte. »Ich habe gehört, er sei sehr bescheiden«, sagte ich. Die Planespotter rückten näher, sie waren neugierig geworden und fragten, woher ich das wüsste. Ich berichtete, dass ich die Gelegenheit hatte, mit dem damaligen Protokollchef des Flughafens über diesen Besuch zu sprechen. Er hatte mir Folgendes erzählt:

»Ich durfte den ersten Clinton Besuch 1994 vorbereiten. Da hat jeder drauf geguckt. Fünf Tage, fünf Nächte ohne Schlaf. Aber es hat super Spaß gemacht. Ich durfte ihn als erster Deutscher begrüßen, sogar vor Helmut Kohl. Abgeflogen sind damals Kohl und Clinton gemeinsam in der Air Force One, nach Erfurt. Alles war vorbereitet. Ich hatte bei der Bundeswehr alles gecheckt, die Spürhunde hatten alles abgegrast: kein Sprengstoff, alles sicher. Der Secret Service war auch überall gewesen.

Der Plan für Tegel war, dass der Wagen mit Clinton und Kohl um das Flughafengebäude herumfährt und direkt vor der Treppe

Kein Sprengstoff, alles sicher!

stehen bleibt, damit Clinton und Kohl dort einsteigen konnten. Vor der Maschine war die ganze Presse aufgebaut.«

»So ähnlich wie heute«, merkte Tobias an.

»Zehn Minuten vor der Ankunft von Clinton und dem Abflug nach Erfurt«, so der Protokollchef weiter, »gibt mir der Secret Service Bescheid: Wir gehen durchs Gebäude. Ich sage: ›Macht keinen Quatsch. Das ist ein Hangar, das ist hässlich. Das können wir nicht machen.‹ ›Ja, geht nicht anders‹, sagt der Secret Service. Clinton hatte einen Hexenschuss und kann sich nicht bewegen! Und dann sind der Präsident und Kohl wirklich aus dem Auto ausgestiegen. Ich bin hingerannt, ich war der Einzige, der da hingehen durfte. Und ich dachte: Wem hilfst du denn jetzt auszusteigen? Clinton? Kohl? Ich habe mich für Clinton entschieden. Der Präsident hat dann erst einmal eine Spritze bekommen, einfach so, durch die Kleidung, denn es war kühl. Danach sind wir durch das Gebäude gelaufen. Ich, Kohl in der Mitte und Clinton, so gut er konnte. Irgendwann sagt Kohl zu mir: ›Ich muss auf Toilette.‹ Er muss immer, wenn er fliegt, das ist bekannt. Er fragt mich: ›Wo sind die Toiletten?‹ Ich antworte: ›Wir kommen gleich dran vorbei, links.‹ Clinton hat es nicht mitgekriegt. Kohl ist rein, und auf einmal steht der Präsident da und fragt mich: ›Wo ist dein Chancellor?‹ Ich sage: ›For little gents.‹ Clinton lächelt. Und dann, als wir alle vor die Öffentlichkeit treten mussten, streckt sich Clinton einmal und ist wie neugeboren. Keiner, aber wirklich keiner da draußen hat von all dem irgendetwas gemerkt.«

»Wer weiß schon, was gerade jetzt in der Air Force One vor sich geht«, sagte ich, doch die Blicke der Planespotter wandten sich von mir ab. Die Kameras wurden scharf gestellt. Denn sie war endlich da. Das majestätische Blau der Air Force One schimmerte elegant in der Abendsonne. Wie ein mächtiger Flugsaurier näherte sich der alleinige Herrscher der Lüfte im Landeanflug und berührte schließlich mit markerschütterndem Lärm um 16:58 Uhr Ortszeit den Boden.

Den Rest bekamen auch wir nur über die Nachrichten mit: Zehn Minuten später stand Bill Clinton oben auf der Gangway. Er sah etwas müde aus, aber er lächelte, winkte kurz, stieg dann in seinen Cadillac und fuhr im Konvoi auf die Autobahn, Richtung Tiergarten. 2700 Beamte von Polizei und Bundesgrenzschutz sicherten Clintons letzte Berlin-Reise. Und hoffentlich treffe ich eines Tages den Protokollchef wieder und erfahre, was sich zwischen Bill Clinton, Gerhard Schröder und Joschka Fischer bei diesem Besuch in Berlin wirklich abgespielt hat.

DIE ÜBLICHE SCHMUGGELWARE

WAS SOLL ZUM ZOLL?

»Die Mongolen kommen, wir müssen los!«, sagt Uwe zu seinen Kollegen, worauf die Zöllner in zwei Gruppen losmarschieren. Die erste, zu der auch Uwe gehört, geht runter in die Ankunftshalle E. Die andere nimmt ihre Position hinter dem Check-in bei Gate 14 und 15 ein. In wenigen Minuten landet die Vorzeigemaschine der MIAT, der mongolischen Fluglinie, die Boeing 737-300, mit 220 Passagieren an Bord. Und fliegt bald darauf ausgebucht wieder zurück.

Zweimal die Woche, mittwochs und samstags, fliegt die MIAT von Berlin-Tegel über Moskau in die mongolische Hauptstadt Ulaanbaatar. Zweimal die Woche wird Tegel von Mongolen überflutet, denn dieser Flug ist die einzige Direktverbindung von der Mongolei nach Westeuropa. Aus ganz Europa kommen an diesen Tagen Passagiere nach Tegel, um den Flug OM 136 anzutreten. Es sind um die 40.000 Passagiere im Jahr. Die meisten von ihnen kommen aus Ostdeutschland. Nach dem zweiten Weltkrieg förderte der Warschauer Pakt eine enge Beziehung zwischen der DDR und der Mongolei. Die DDR leistete Entwicklungshilfe und baute in der Hauptstadt Ulaanbaatar eine der größten Fleischfabriken Asiens auf. Auch der Studentenaustausch zwischen beiden Ländern war rege; viele DDR-Studenten wurden an der Universität von Ulaanbaatar ausgebildet und mehrere Tausend Mongolen studierten in der DDR. Es ist also nicht verwunderlich, dass bis heute sehr viele Reisende aus der Mongolei sehr gut Deutsch sprechen.

»Die mongolische Fluglinie bestand ganz lange aus nur zwei bis drei Maschinen. Und sehr lange war nur eine einzige dabei, die die technischen Bedingungen erfüllte, um in Europa eine Lande-

Zigaretten, Stutenmilch und viel zu viel Wodka

erlaubnis zu bekommen. Das war die Maschine nach Tegel«, sagt Uwe, der seit vielen Jahren als Zollbeamter in Tegel arbeitet. »Wir haben bei diesem Flug oft Probleme mit abgelaufenen Visa. Und häufig versuchen Personen, unter einer falschen Identität einzureisen. Aber unser Hauptproblem ist, dass dieser Flug für Schmuggler zwischen Asien und Europa der schnellste Weg ist. Da müssen wir besonders auf der Hut sein.«

An diesem Tag findet der Zoll nur »die übliche Schmuggelware«: Zigaretten, Stutenmilch und viel zu viel Wodka. »Die Leute bringen für die ganze Familie etwas mit und auch für die Familien der Freunde. Sie wissen manchmal gar nicht, was in den vielen Paketen drin ist«, sagt Uwe. »Wenn eine Studentin einer anderen etwas von deren Eltern mitbringt und in jedem Päckchen ist eine Flasche Wodka, dann macht sie das nicht, weil sie schmuggeln will.

Doch sie verstößt trotzdem gegen das Gesetz.« Uwe dreht sich um und zeigt auf das Gepäck einer ankommenden Mongolin. »Können Sie bitte Ihre Tasche öffnen?«

Eingeführt werden dürfen: ein Liter Spirituosen mit einem Alkoholgehalt von mehr als 22 Volumenprozent oder zwei Liter Alkohol und alkoholische Getränke mit einem Alkoholgehalt von höchstens 22 Volumenprozent, vier Liter nicht schäumende Weine oder sechzehn Liter Bier. Wer mehr dabei hat, muss Steuern zahlen.

Auch Uwes Kollege Conrad und sein Team haben beim Check-in-Schalter der Mongolian Air alle Hände voll zu tun. Hier hat sich inzwischen eine Schlange von 200 Passagieren gebildet, die in Deutschland gekaufte Güter aus der EU ausführen wollen. Sie müssen die Ware, ihren Tax-Free-Germany-Voucher mit dem passenden Kassenbon und ihren Reisepass an der zuständigen Zollstelle vorzeigen. Wenn alles stimmt, bekommen sie einen Zollstempel, der die Ausfuhr der Ware bestätigt. Die Ausfuhrbestätigung berechtigt sie, die Mehrwertsteuer rückerstattet zu bekommen.

Genau diese Ausfuhrbestätigung müssen Conrad und sein Team ausstellen. Meist geschieht das bei der Zollstelle in der Haupthalle, es gibt aber zwei Flüge, bei denen die Tax-Free-Prozedur direkt am Check-in-Schalter stattfindet. »Das sind die Hainan Air nach Peking und die MIAT nach Ulaanbaatar«, sagt Conrad, während er mehrere Kassenbons prüft. »Bei diesen Flügen geht es um mehrere hundert Passagiere, die die Ausfuhr ihrer Ware von uns bestätigen lassen möchten. Oft haben sie die Güter bei uns kurz vorgezeigt, dann wurde die Mehrwertsteuer kassiert, und schließlich sind die Freunde aus Berlin mit der Ware nach Hause gefahren. Sie wurde gar nicht ausgeführt. Jetzt wird alles kontrolliert: Wir sehen, dass die Ware mit ins Gate genommen wird, und wissen so, dass sie tatsächlich ausgeführt wird.«

Bar ausgezahlt werden nur kleinere Mehrwertsteuerbeträge, größere werden auf die Kreditkarte überwiesen. »Es kommen oft so richtig reiche Russen, die in nur wenigen Tagen hunderttausend Euro ausgegeben haben«, sagt Conrad. »Auch sie lassen sich die Mehrwertsteuer zurückerstatten. Natürlich auf ihre Kreditkarte. Wenn ich die Ware sehen möchte, stellen einige sich an, als würde es mich nichts angehen. Sie machen schon deshalb Theater, weil sie das Formular eigenhändig ausfüllen müssen. Sie sind arrogant und unhöflich. Dabei wissen sie genau, wie der Hase läuft.«

Während die Maschine der Mongolian Airline auf den Rückflug vorbereitet wird, gönnt sich die Crew eine kleine Shopping-Pause. Pünktlich fünfzehn Minuten nach der Landung erscheinen der Kapitän, sein Copilot und die Stewardessen mit ihren leeren Koffern im Mitarbeitershop. »Jedes Mal kaufen sie in Berlin ein, weil es preiswert ist«, sagt Uwe und grüßt die Crew freundlich. »Man muss bedenken, dass der mongolische Kapitän nur um die fünfhundert Dollar im Monat verdient.«

»Zollkontrollen gibt es nur bei Drittlandsankünften«, erklärt Uwe. »Unter Drittländern verstehen wir alle Länder außerhalb der EU. Zusätzlich müssen wir noch die Maschinen aus allen großen Umsteigeflughäfen wie Madrid, Frankfurt oder London abdecken. Wir sind auch bei der Maschine aus Frankfurt und kontrollieren die Leute, die aus einem Drittland eingereist und dort umgestiegen sind. Ihr Gepäck wurde ja außerhalb der EU aufgegeben.« Woran man diese Passagiere erkennt? »An der braungebrannten Hautfarbe erkennen wir nur, ob sie im Urlaub gutes oder schlechtes Wetter hatten«, lacht Uwe. »Sonst orientieren wir uns an den Gepäcklabeln. Innerdeutsche und innereuropäische Gepäckstücke sind mit einem grünen Label versehen. Bei Drittländern haben wir ein weißes Label. Wir können bei der Ankunft sofort aussortieren.«

Viele Menschen empfinden es als eine persönliche Beleidigung, wenn der Zoll ihre Koffer öffnen lässt. »Es wirkt wie ein Angriff auf ihre Privatsphäre«, sagt Conrad, der seit der Wende beim Zoll arbeitet. »In Tegel ist es sehr eng, und beim Kofferöffnen entsteht eine blöde Situation, weil wir praktisch rechts und links stehen und die Leute in der Mitte durchlaufen. Und alle können sehen, was

Größere Mehrwertsteuer-
Erstattungen werden direkt
auf die Kreditkarte gebucht

jemand im Gepäck hat. Wenn es hart auf hart kommt, könnte der
Reisende sagen: ›Nee, ich mache hier meinen Koffer nicht auf.‹ Wir
würden in diesem Fall warten, bis alle raus sind, und die Gepäck-
kontrolle erst dann durchführen.«

Was man findet? »Meistens zu viele Zigaretten«, antwortet
Uwe, der inzwischen ins Terminal C gewechselt ist und auf den
Flug von den Kanaren wartet. »Eingeführt werden dürfen zwei-
hundert Zigaretten oder hundert Zigarillos oder fünfzig Zigarren
oder 250 Gramm Rauchtabak. Probleme gibt es mit dem Shisha-
Tabak. Der ist in Ägypten sehr billig, und viele denken nicht an die
Einfuhrgrenze von 250 Gramm.«

Nach der Ankunft der Maschine aus Gran Canaria verlässt auch
ein älteres Pärchen mit seinem Schoßhündchen Püppi das Flugzeug.
Nach kurzer Wartezeit liegen ihre Koffer auf dem Gepäckband
und die beiden können den Korridor zwischen den Zollbeamten

als Erste passieren – und werden augenblicklich von Uwe und seiner jungen Kollegin angehalten. »Wenn jemand von den Kanaren kommt und einen Hund dabei hat, müssen wir die Papiere kontrollieren«, erklärt Uwe. Während die Zöllnerin sich von der Frau Püppis Impfpapiere zeigen lässt, bittet Uwe den Ehemann, den einen der beiden Koffer zu öffnen, und schaut hinein. Acht Stangen Zigaretten. Ein paar hundert Euro Nachzahlung. Die Formalitäten werden schnell erledigt, Uwe ist rasch mit den Papieren fertig und verabschiedet sich von dem Fluggast. Er will ihm gerade sagen, dass er seinen zweiten Koffer nicht vergessen soll, als sich der Mann umdreht und ihm eröffnet: »Brauchen Sie gar nicht reinzugucken. Sind fünfzehn Stangen drin.« »Später hat er mir erklärt«, erzählt mir Uwe, »dass es seine Lieblingssorte ist, die es nur auf Gran Canaria gibt. Und da er nur einmal im Jahr hinfliegt, musste er zugreifen. Er hat etwas mehr als fünfhundert Euro Steuern gezahlt, und damit war die Sache erledigt. Gestern hatten wir einen Umsteiger nach London. Er hatte auch fünfzehn Stangen Zigaretten dabei. Ganz leger in einem Kleidersack über dem Arm gehängt.«

Immer wieder betonen die Zöllner: Die meisten Passagiere schmuggeln aus Unwissenheit. Besonders oft verstoßen Urlauber gegen das Washingtoner Artenschutzabkommen. 1973 wurde dieses »Übereinkommen über den internationalen Handel mit gefährdeten Arten freilebender Tiere und Pflanzen« abgeschlossen, dem bis heute 175 Staaten beigetreten sind. Ungefähr 5000 Tierarten und 28.000 Pflanzenarten stehen derzeit unter Schutz. Uwe kennt das Problem: »Wir finden oft verbotene Reisemitbringsel wie Schildkrötenschild oder Schlangenhäute und alles, was daraus hergestellt wird: Taschen, Schuhe«, sagt er. »Die Sachen werden den Passagieren abgenommen und es wird ein Strafverfahren eingeleitet. Manchmal finden wir große Fechtermuscheln, die man am Strand kaufen konnte, oder Korallen. Oft kommt es auch vor, dass sich Passagiere in den USA oder in Asien ein Smartphone oder einen Laptop kaufen. Da schauen wir uns die Rechnungen an und er-

Die meisten Passagiere
schmuggeln aus Unwissenheit

rechnen den Zollbetrag und die Einfuhrabgaben. 430 Euro sind die Freimenge, darüber muss man Abgaben zahlen.«

Generell gilt das Schmuggeln über einen Flughafen als risikoreich, denn eine Kontrolle ist hier vorprogrammiert. Trotzdem versuchen es immer wieder einige und wählen den Luftweg für ihre krummen Geschäfte.

Einkaufen kann man besonders in Asien gut und günstig. So ist es wenig überraschend, dass sich im Gepäck von Passagieren aus Bangkok gefälschte Allstar-Turnschuhe für nur sechs Euro oder Adidas-Sporttaschen für nur fünf Euro befinden. Auch hier ist die Regel der Zollbeamten: Hauptsache, man übertreibt es nicht. »Privat können sie ja einkaufen, eine Tasche, ein Paar Schuhe oder auch zwei, ein T-Shirt. Kein Problem. Auch wenn sie zehn T-Shirts mit verschiedenen Größen im Gepäck haben und sagen ›Ja, die will ich verschenken‹, drückt wahrscheinlich der Zöllner ein Auge zu.

Haben die Leute aber eine ganze Tasche voll mit dreißig bis vierzig T-Shirts, dann haben sie ein Problem.« Das Wichtigste bei den Kontrollen ist, dass man sich nicht vom Aussehen der Passagiere beeindrucken lässt. Oft sind es die skurrilsten Gestalten, die sich ganz korrekt verhalten und sich vorab genauestens nach den Zollbestimmungen erkundigt haben. Und manchmal schmuggelt ein Rechtsanwalt etwas einfach so, um im Nachhinein damit zu prahlen.

Der Herr im Anzug war unauffällig und sah etwas müde aus. Er hatte einen langen Nachtflug hinter sich und kam über London nach Berlin, mit einem kleinen Rucksack und einem Koffer. Beim Hinausgehen konzentrierte er sich auf die Suche nach seiner Abholerin, eine schmale, große rothaarige Frau mit bemerkenswerter Oberweite. Der Herr im Anzug winkte ihr zu, lächelte und hob den Koffer mit leicht heroischer Geste hoch, als wollte er ihr zeigen, dass er alles dabei hatte. Diese kleine Geste war genau das, was Conrad auffiel. Er bat den Mann, seinen Koffer zu öffnen. »Es waren kleine blaue Pillen. Pillen über Pillen. Auf jeder Pille war zu lesen: ›Viagra. Obwohl es sich um Fälschungen aus Thailand handelte, waren sie sorgfältig einzeln verpackt. Der ganze Koffer war bis zum Rand voll mit diesen Pillen, um die hunderttausend Stück. Augenblicklich fing der Mann an zu schwitzen und rief: ›Ich kann es Ihnen erklären. Es ist Eigenbedarf.‹« Conrad sagte nur ruhig: »Mein Herr, da gibt es nichts zu erklären. Selbst bei täglicher Einnahme über einen längeren Zeitraum würde diese Menge für mehr als zweihundert Jahre ausreichen.«

Der junge Mann aus Myanmar setzte sich an den Schreibtisch der Dame, die für die verloren gegangenen Gepäckstücke zuständig war. Sein Koffer sei weg, sagte er und beschrieb das abhanden gekommene Gepäckstück: ein brauner mittelgroßer Lederkoffer ohne Räder. Auf die Frage, was in dem Koffer war, wollte er nicht antworten. Die Dame schrieb: »Refused to give any information« (Verweigerte die Angaben).

»Das war 2006, damals befand sich das Kofferlager noch in der Haupthalle. Dort konnten Passagiere ihre verlorenen Gepäckstücke abholen«, erinnert sich Uwe. »Zwei Tage nach der Verlustanzeige wurde der braune Koffer für die Auslieferung in das Hotel fertig gemacht, die Papiere waren bereits mit dem Zollstempel versehen. Aber in solchen Fällen entscheidet der Zoll, ob ein Koffer noch einmal geöffnet werden soll oder nicht. In diesen haben sie nicht geschaut. Gerade als der Koffer ausgeliefert werden sollte, kam ein junger Mann und wollte ihn abholen. Er wusste nicht, dass er nur den Zollzettel vorzeigen musste, wenn dieser bereits abgestempelt war. Als er die Zollbeamten sah, wurde er unsicher, ihm stand der Schweiß auf der Stirn und er sagte: ›Bitte doch liefern.‹ Da wollte der Zoll dann doch noch mal reingucken.« Uwe grinst. »Als wir den Koffer öffneten, fanden wir zwölf Kilo Heroin.«

Der Mann kam aus Beirut und war libanesischer Staatsbürger. Sein weißes Hemd sah nach der langen Reise immer noch wie frisch gebügelt aus, nur seine Anzughose wies tiefe Sitzfalten auf. Geduldig wartete er mit den anderen Passagieren auf seinen Koffer. Schließlich nahm er sein sichtbar schweres Gepäck vom Band und rollte es hinter sich her. Er wirkte wenig überrascht, als die Zollbeamten ihn baten, den Koffer zu öffnen. Der Inhalt verblüffte selbst die alten Hasen unter den Zöllnern, er glänzte wie der Goldschatz eines ägyptischen Pharaos. Es waren Ringe, Halsketten und zahlreiche große, glänzende Ziegelsteine. Bei näherem Hinschauen wurde klar: Es waren Goldbarren! Fragend schauten die Beamten den Reisenden an, worauf der sofort einige Einkaufsbelege und Quittungen aus seiner Tasche zog. Diese belegten, dass er das Gold in Beirut legal erworben hatte. Es wog insgesamt zwanzig Kilo und hatte einen Wert von einer halben Million Euro. »Nun hatte der Mann ein Problem«, erklärt Conrad, »denn er hätte seine wertvolle Fracht beim Zoll anmelden und mit rund hunderttausend Euro verzollen müssen.«

»Manchmal fällt uns unsere Arbeit besonders schwer«, sagt Conrad. »Wenn ein Sarg oder eine Urne aus dem Ausland ankommt. Die landen natürlich nicht auf dem Gepäckband, sondern bei uns im Zollgepäcklager. Das geht mir immer sehr nah. Um die Totenruhe zu wahren, setzen wir in solchen Fällen die Kontrolle aus.«

Oft sieht man bei der Ankunft einen Mitarbeiter vom Zoll zusammen mit seinem vierbeinigen Freund das Gate betreten. Auch die Hunde tragen ein Cape mit der Aufschrift »Zoll«. Gewissenhaft schnuppern sie an den Gepäckstücken. Jeder Hund hat ein anderes Spezialgebiet. Einige riechen Pflanzen wie Cannabis oder andere Drogen. Andere haben eine Spürnase für Sprengstoff. Und es gibt Hunde, die sich auf das Erschnuppern von Geld spezialisiert haben. Obwohl sich die Redewendung »Pecunia non olet« (Geld stinkt nicht) tief in unseren Köpfen eingeprägt hat, muss uns Uwe enttäuschen: »Geld riecht nicht nur. Geld stinkt. Und zwar gewaltig!«

Dass nicht nur Geld riecht, davon kann Uwe ein Lied singen. »Es gibt Tage, da würden wir alles dafür geben, unsere Nase ausschalten zu können. Wenn ich an den verschollenen Koffer aus Norwegen denke, wird mir heute noch schlecht. Die Männer waren in Norwegen fischen und haben den frisch gefangenen Lachs im Koffer transportiert. Leider hatte der Koffer eine Route über Madrid und Athen gewählt und kam hier erst drei Tage später an. Und wir müssen kontrollieren. Also haben wir kontrolliert.« Uwe verzieht voller Ekel das Gesicht. »Schlimm riechen auch die Sachen in einem Rucksack nach vier Wochen Backpacker-Reise durch Indien ohne Dusche, ohne fließendes Wasser«, wirft Conrad ein. »Dagegen sind alltägliche Käsesocken Karamellbonbons. Deshalb tragen wir immer Handschuhe. Aber selbst die helfen nicht, wenn man eine Tüte öffnet und darin eine nach einem Magendarmvirus in Mexiko vollgeschissene Hose findet, die, warum auch immer, aufgehoben wurde.«

Passagiere sind sensible Wesen, wenn es um ihren Kofferinhalt geht. Doch bei einer Sache kennen sie überhaupt keinen Spaß: Lebensmittel. »Das tut besonders weh«, sagt Uwe. »Man kann den Menschen Zigaretten, Alkohol, Geld wegnehmen. Aber wenn es um das Essen geht, dann überschreitet man die Schmerzgrenze. Trotzdem müssen wir immer kontrollieren. Flüge aus der Türkei zum Beispiel: Man darf aus der Türkei keine Lebensmittel einführen. Auch nicht, wenn es der Käse aus der Produktion vom eigenen Hof in Anatolien ist und Mutter und Vater ihn eigenhändig eingepackt haben. Das ist schmerzhaft. Sehr schmerzhaft. Ich habe einmal erlebt, dass eine Mutter einen Topf selbst gekochte Suppe nach Tel Aviv mitgeben wollte und enttäuscht war, dass sie das nicht durfte«, sagt Uwe.

Eine besondere Delikatesse, die aus Afrika in alle Welt geschickt wird, ist Buschfleisch: Nager, Reptilien, Vögel, Antilopen, gepökelte Ratten und sogar Affen. Besonders beliebt ist Buschfleisch in Kamerun, in der Zentralafrikanischen Republik und im Kongo. »Das meiste Buschfleisch wird am Flughafen Charles de Gaulle in Paris gefunden«, weiß Uwe. »Die Kollegen dort haben schon Meerkatzen, Pinselohrschweine, Krokodile, sogar Elefantenrüssel entdeckt. Allein über Paris werden jährlich 270 Tonnen Buschfleisch geschmuggelt. Das ist so viel, wie fünf ICE-Waggons wiegen. Oder neuntausend Elefanten. Oder 192 Golf GTI.«

Der karierte Koffer war aus zerfledertem Stoff und er tropfte. Es roch nach Verwesung. Uwe und Conrad zögerten einen Augenblick, bevor sie ihn öffnen ließen. Dann holten sie tief Luft und fingen an, den Inhalt zu durchsuchen. Als Erstes kam eine kleine Ratte zu Vorschein. Obwohl sie pedantisch in Frischhaltefolie eingewickelt worden war, nässte sie durch. Dann hatte Conrad etwas Langes, Gerades in der Hand. Nach gründlicher Inspektion wusste er, dass es sich um eine Pfote handelte. Uwe und Conrad sahen sich an. Zöllner werden regelmäßig in Weiterbildungskursen geschult und wissen, dass Affen, besonders Husarenaffen, in Afrika eine

Delikatesse sind. Kleinere Affen werden gleich paarweise zubereitet. Noch lebendig werden sie auf zwei Stäbe gespannt, zusammengebunden und unter großen Qualen langsam zu Tode geräuchert. Ihre Gesichter verzerren sich im Todeskampf; es sieht fast aus wie ein Lächeln, das ihnen der Schmerz aufmalt. Schreiend schauen sie einander an, bis der Tod sie erlöst. Danach werden ihre Köpfe abgetrennt und mit Gemüse gefüllt, fertig ist die Delikatesse. Soweit die Theorie. In der Praxis wühlten Uwe und Conrad vom Ekel gepackt im Koffer herum. Noch eine Pfote. Und dann hielt Uwe etwas Rundes in der Hand. Durch die Folie erkannte er das groteske, von Schmerz verzerrte Gesicht des Primaten und blickte ihm direkt in die aufgerissenen Augen.

HUNDE WOLLEN KEINE FLÜGEL
LIEBLINGE IN DER BOX

Vierbeiner fliegen nicht gern. In all meinen Jahren am Flughafen habe ich nicht einen einzigen Hund gesehen, der fröhlich in die Hundetransportkiste gestiegen wäre. Sie tun es widerwillig und nur, weil sie unter Beruhigungsmitteln stehen oder einfach brave Tiere sind, die ihren Herrchen voll und ganz vertrauen. Dabei wissen selbst die Herrchen meistens nicht, wie ihre Hunde die nächsten Stunden im Flugzeug verbringen werden. Doch sie wiederum vertrauen den Fluggesellschaften. Und meistens geht es auch gut. Meistens.

Der Flug aus St. Petersburg war voll. Als Erste stieg eine energische, sehr aufgeregte alte Dame aus. Sie hatte ihre Katze mitgenommen, ihren dicken alten Kater Nikolai. Sie und Nikolai wollten zu ihrer Tochter nach Berlin ziehen. Der Kater wog mehr als sechs Kilo, deshalb durfte er nicht mit ihr in die Kabine. Das machte der alten Frau Sorgen. Es war das erste Mal, dass der Kater flog, und sie hatte davon gehört, dass es im Bauch des Flugzeuges sehr kalt werden kann. Also hat sie fürsorglich die Box mit Decken ausgepolstert, damit der Kater es schön warm hatte. Und damit es nicht allzu laut würde und es nicht zu sehr zog, hatte sie die Box zusätzlich mit Büchern ausstaffiert. Nikolai hat den Flug nicht überlebt. Die Decken hielten ihn zwar warm, aber die Bücher ließen keine Luft in seine Transportkiste. Irgendwo auf halbem Wege, wahrscheinlich über Riga, ist er erstickt. So fand der dicke Kater Nikolai aus Sankt Petersburg in der neuen Heimat nur seine Grabstätte.

Die meisten Menschen denken, dass sie ihre Hunde selbst für einen Kurztrip von drei Tagen unbedingt mitnehmen müssen, doch es gibt sicher keine Flughafenmitarbeiter, die das tun würden: Sie wissen aus Erfahrung, wie riskant und gefährlich ein Flug für Tiere sein kann. Am sichersten ist es, sie im Passagierbereich mitzunehmen. Doch in der Kabine dürfen nur kleine Tiere mitreisen, je nach Flugzeugtyp bis maximal sechs. Bei der Sitzverteilung wird darauf geachtet, dass sie möglichst weit von einander entfernt fliegen, damit keine Konflikte entstehen. Meistens werden Hunde oder Katzen mitgenommen, aber manche Leute reisen mit ihren Vögeln, einige wenige sogar mit ihrer Lieblingsschlange. Nur Nagetiere dürfen nicht transportiert werden – es könnte nämlich sein, dass ein Nagetier aus dem Käfig entkommt. Klein und flink, könnten sie sich leicht verstecken und in jeden Bereich eines Flugzeuges gelangen, und weil sie am liebsten nagen, und das wahllos, könnten sie auch die Kabel anknabbern – ein lebensgefährliches Risiko. Blindenhunde dürfen immer mit in die Kabine, selbst wenn sie größer sind. Darum gibt es Passagiere, die versuchen, ihren Hund als Blindenhund anzumelden. Aber ohne ein entsprechendes Zertifikat haben sie keine Chance. Und es gibt Hunde, die bevorzugt behandelt werden, denn bei Ihnen greift der Promi-Faktor: die zwei Dalmatiner von Wolfgang Joop dürfen bei Air Berlin immer mit in den Passagierbereich. Sehr zum Neid aller Nicht-Promi-Hunde, die in eine Transportbox müssen.

Hundeboxen haben unterschiedliche Größen; es ist wichtig, dass das Tier ausreichend Platz in ihr hat. Trotzdem werden zu oft zu kleine Boxen gemietet, einfach nur um Kosten zu sparen. Für die Tiere wird die Reise dadurch nicht nur unbequemer, sondern auch gefährlicher. Einige Hunde fühlen sich so eingeengt, dass sie aus lauter Frust versuchen, ihre Boxen aufzubeißen. Auf diese Weise sind schon Tiere nach der Landung entkommen, manche wurden nie aufgefunden. In vielen Fällen werden vom Besitzer Beruhigungsmittel verabreicht. Falsch dosiert, kann das während des Fluges zum Herzstillstand führen. Und manchmal passiert es auch, dass die Schnallen auf der Box nicht richtig zugemacht werden.

Ich sah die zwei Damen schon von Weitem. Sie kämpften sich durch ein Meer von türkischen Passagieren, die auf die fast gleichzeitig ankommende Maschinen aus Adana und Istanbul warteten. Mutter und Tochter waren sehr elegant und vornehm; beide gehörten zum Frauentyp Nancy Reagan: klein, mager, ihr Kopf wirkte durch die Etagenfrisur irgendwie außerirdisch. Als sie näher kamen, hörte ich, dass sie aus der Schweiz stammten. Oder? Die eine trug eine Hundekiste, die andere führte einen toupierten und frisierten Königspudel an der Leine. Der Hund war sichtlich unglücklich, verkleinerte seine Schritte Sekunde für Sekunde, bis sie schließlich beim Sperrgepäck ankamen. Die Hundekiste wurde von den Sicherheitsmitarbeitern durchleuchtet und an die jüngere der beiden Damen zurückgegeben. Sie hatte große Mühe, die Metallschnallen zu öffnen, um den Deckel der Kiste abzuheben – ihre perfekt lackierten langen Fingernägel waren solche Manöver nicht gewohnt. Wahrscheinlich hinderten sie auch die walnussgroßen Diamanten an den Fingern, oder sie fühlte sich von den etwa vierhundert Wartenden zu sehr beobachtet … aber irgendwann hatten die Frauen es geschafft. Der Deckel war ab. Der Hund wurde hochgehoben und in die Kiste gestellt. Deckel drauf. Jetzt mussten nur noch die Schnallen wieder befestigt werden. Mutter und Tochter machten sich erneut mit größter Ungeschicktheit an die Arbeit. Sie waren so konzentriert, dass sie nicht bemerkten, dass die Tür der Kiste offen geblieben war. Und auch nicht, dass der Königspudel sich rückwärts durch die kleine Tür aus der Box schlich, sich seinen Weg durch das Meer von Menschen bahnte und sich hinter der Menschenwand in der hintersten Ecke der Halle versteckte.

Inzwischen waren die Damen fertig und hoben die Kiste an, um sie auf das Gepäckband zu stellen und aufzugeben. Sie war federleicht! Ihre toupierten Frisuren schienen in sich zusammenzufallen, ihre Masken zerbröselten. Sie standen unter Schock, drehten sich hilfesuchend um und schauten dabei in hunderte Gesichter der dort wartenden Menschen, die in diesem Moment geschlossen zu Königspudelkomplizen wurden. Nur hier und da lächelte der eine oder andere verschämt. Wie aufgescheuchte Hühner rannten die Damen herum, bis sie endlich den Königspudel in der hintersten Ecke der Wartehalle fanden. Der Hund leistete Widerstand und streckte die Beine steif von sich. Zu zweit zerrten Mutter und Tochter den starren Hund in die Box. Deckel drauf. Tür zu. Diesmal klappte es sogar auf Anhieb mit den Metallschnallen. Kurz darauf war der Königspudel schon unterwegs in den Laderaum des Swissair-Fluges LX 979 nach Zürich.

Vielleicht hatte der Königspudel auch deswegen solche Angst, weil er vom schwarzen Labrador aus Moskau gehört hatte, der falsch verladen worden war. In einem Flugzeugbauch gibt es mehrere Abteilungen für die Fracht. Unter anderem auch eine Abteilung für Tiere. Es ist dort genug Sauerstoff vorhanden, die Sektion ist gedämmt und beheizbar.

Aber der arme Labrador hatte Pech gehabt. Ein Mitarbeiter in Moskau hatte an seinem ersten Arbeitstag unwissend den Labrador in die falsche Abteilung verladen. Die Kollegen in Berlin hatten schon ein ungutes Gefühl, als sie die Hundebox dort erblickten. Ihre Vermutung bestätigte sich, als sie die Kiste öffneten: Der Hund war gestorben. Verzweifelt riefen die Mitarbeiter den Zoll hinzu, um zu fragen, ob sie den toten Hund bis zu Klärung des Vorfalls in ihre Truhe legen könnten. In die Truhe?

Im Zollbereich gibt es eine Kühltruhe, in der die Mitarbeiter die Lebensmittel aufbewahren, die sie den Fluggästen abgenommen haben. Seit 2009 gelten in der EU strenge Vorschriften, was die Einfuhr von Lebensmitteln, insbesondere von tierischen Erzeugnissen, betrifft. Dadurch soll eine mögliche Einschleppung von Tierseuchen verhindert werden. Käse, Wurst, Fleischwaren und Eier dürfen nicht eingeführt werden. Wenn der Zoll diese Waren im Reisegepäck entdeckt, werden sie den Passagieren abgenommen und landen in besagter Kühltruhe. Wenn die Truhe voll ist, wird der Veterinär angerufen und eine Spezialfirma holt alles ab

Auf dem Weg in die Hundebox

und entsorgt es in die Abdeckerei, wo es verbrannt wird. Und genau in dieser Truhe landete der schwarze Labrador. Ohne jegliche Verpackung, einfach so, ganz oben, auf der Seite liegend, mit dem Gesicht zur Tür.

An diesem Tag kamen viele Langstreckenflugzeuge an. Der Zoll hatte ungewöhnlich viel zu tun und im allgemeinen Trubel versickerte die Information über den Labrador. Bis der Schrei erklang, den selbst die Zollbeamten in den weiter entfernt liegenden Hallen hören konnten. Denn als einige Stunden später die Zöllnerin Yvette mit einer Tüte verschiedener konfiszierter Spezialitäten aus Bangkok die Kühltruhe öffnete, schaute sie direkt in die dunkelgrauen Augen des Tieres. Der Anblick ließ ihr Blut gefrieren. Sie schrie, die Tüte fiel ihr aus der Hand. Dann sackte sie ohnmächtig zu Boden inmitten eines Meeres von kandierten Heuschrecken, Rinderplazenta und fermentiertem Fisch.

Flughafenmitarbeiter bestätigen, dass Fehler wie das falsche Verladen von Tieren öfter passiert. Manchmal kommt es sogar vor, dass jemand vergisst, den Captain zu informieren, dass unten Tiere mitreisen, und er nicht weiß, dass er im Laderaum die Heizung hochdrehen muss. Doch selbst wenn alles gut geht, ist und bleibt es riskant, mit Tieren zu fliegen. Denn schon die kleinste Verspätung kann Probleme verursachen.

Die Maschine aus Malaga hatte eine kleine Verspätung. Die Flughafenmitarbeiter waren darauf vorbereitet, die ankommenden Passagiere schnellstmöglich zu ihren Anschlussflügen zu geleiten. Auch das ältere Ehepaar aus Karlsruhe hatte Glück, denn es hatte seinen Anschlussflug, den letzten von Berlin nach Karlsruhe an diesem Tag, gerade noch rechtzeitig antreten können. Nicht so ihr Gepäck, zu dem auch eine große Hundekiste mit einem semmelfarbenen Golden Retriever gehörte, der auf den Namen Aisha hörte. Koffer und Aisha landeten schließlich beim Zoll. Hier traf die Lost & Found-Mitarbeiterin Corni auf den freundlichen, aber sehr schüchternen Hund. Corni, alleinerziehende Mutter, arbeitete damals bereits seit fünf Jahren bei Lost & Found. Wie immer, wenn sie Spätschicht hatte, übernachtete ihr Baby bei einer Freundin. Corni sah den Hund und verliebte sich auf der Stelle. »Das kann doch nicht sein, dass sie jetzt hier die Nacht über alleine bleibt!«, sagte sie und telefonierte wenige Minuten später mit den inzwischen in Karlsruhe gelandeten, verzweifelten Hundebesitzern. Corni machte ihnen den Vorschlag, dass sie den Hund für die Nacht mit zu sich nach Hause nehmen würde. Das dankbare Ehepaar war sofort einverstanden. So fuhren gegen Mitternacht Corni und Aisha gemeinsam in einem VW Cabrio die nächstbeste Tankstelle an, kauften Hundefutter und gingen erst einmal ausgiebig Gassi im nahegelegenen Park. Aufgeregt erkundigten sich immer wieder die betagten Besitzer nach Aisha. Sie verbrachten seit ihrer Rente jeden Winter in Malaga, die Sommer in Karlsruhe, und Aisha war immer dabei. Besorgt um den Hund und um die älteren Herrschaften, ließ Corni

Aisha in dieser Nacht dort schlafen, wo die Hündin sich spontan einquartiert hat: in ihrem Bett! Da sie jaulte und winselte, streichelte Corni sie tröstend – die ganze Nacht hindurch. Am nächsten Tag trat Aisha den Flug nach Karlsruhe an.

Eine Woche später bekam Corni ein Päckchen. Darin lag ein Kittel mit der mühsam gestickten Aufschrift: »Manager Flughafen: Beste Fachkraft Gepäckermittlung«. Noch viele Jahre danach bekam Corni zu Weihnachten ein Foto von Aisha mit nur einem Wort auf der Rückseite: Danke.

DIE ANGST FLIEGT MIT

... UND WAS MAN DAGEGEN TUN KANN

 Ich erinnere mich noch gut an mein allererstes Passagiergespräch im Rahmen der Fluggastbefragung an meinem allerersten Arbeitstag. Ich war im Lufthansa-Gate nach Frankfurt und steuerte eine sympathische Dame an, die etwas geistesabwesend vor sich hin starrte. Es dauerte keine dreißig Sekunden, schon erzählte sie mir, dass es ihr erster Flug wäre, dass sie sehr nervös sei und unter Flugangst leide. Ich versuchte, sie zu beruhigen, erzählte ihr, dass ich bereits mehrere hundert Mal geflogen war und dass es überhaupt nicht schlimm sei. Dann überredete ich sie zum Interview – auch damit sie auf andere Gedanken kam. Mit jeder Frage wurde sie nervöser. Sie zitterte, Schweißperlen standen auf ihrer Stirn, ihre Stimme versagte immer häufiger. Pünktlich zum Boarden beendete ich die Befragung. Ich wollte ihr etwas Nettes zum Abschied sagen, ihr einen guten ersten Flug wünschen. Da ich aber inzwischen fast so nervös war wie sie, verhaspelte ich mich und sagte freundlich lächelnd: »Ich wünsche Ihnen einen guten letzten Flug!«

Knapp ein Drittel aller Fluggäste fühlen sich beim Fliegen unwohl oder haben Flugangst. Und um die zehn Prozent der Bevölkerung steigen genau aus diesem Grund erst gar nicht in ein Flugzeug. Flugangst kann viele Ursachen haben. Die naheliegendste ist wahrscheinlich, dass der Mensch nicht für die Lüfte konzipiert wurde und das Fliegen generell als unnatürlich empfindet. Erst recht in einem tonnenschweren Blechrohr, das noch weniger lufttauglich zu sein scheint als der Mensch selbst. Auch können Phobien durch die Flugsituation verstärkt werden, Klaustrophobie zum Beispiel, die Angst, eingesperrt zu sein, oder Agoraphobie, die Angst, in eine

Situation zu kommen, in der eine Flucht nicht mehr möglich wäre, oder Akrophobie, also Höhenangst. Viele Menschen, so die Mehrzahl der Geschäftsleute, sind es gewohnt, eine Situation im Griff zu haben und zu kontrollieren. Gerade der Verlust der Kontrolle führt jedoch sogar bei vielen Vielfliegern zu Flugangst.

Jeder dritte Fluggast hat also Angst vom Fliegen. Wenn Sie nicht dazugehören, dann vielleicht der Passagier rechts oder links von ihnen. Was man dagegen tun kann? Auf Ratgeberseiten steht an erster Stelle der Tipp: »Sprechen Sie die Stewardessen an und geben Sie zu, dass Fliegen nicht zu Ihren Lieblingsbeschäftigungen zählt. Sich outen nimmt die Anspannung.«

Jacqueline ist eine erfahrene Fluggastbegleiterin und kann davon ein Lied singen. Sie erkennt die Flugangst in den Augen der Passagiere. Spätestens in dem Moment, wenn sie während der Sicherheitsvorführung die Schwimmweste über ihren Kopf streift, fangen einige von ihnen an, hastiger zu atmen. Und allerspätestens wenn sie mit dem Mundstück zwischen den Lippen zeigt, wie man diese Weste im unwahrscheinlichen Fall einer Notwasserung aufbläst, schließen einige gequält die Augen. Häufig hat sie erlebt, dass sich Passagiere nicht mehr beherrschen konnten und in Panik aussteigen wollten. Wenn es noch möglich ist, werden die Türen in solchen Fällen geöffnet. Die Treppe wird zurückbeordert, der Passagier wird auf der sicheren Erde zurückgelassen und sein Gepäck aus dem Flieger geholt. Jeden fünften unter Flugangst Leidenden aber erwischt es in der Luft. In solchen Fällen setzt sich Jacqueline neben den Passagier und versucht, ihn zu beruhigen. Das gelingt in achtzig Prozent der Fälle, denn oft kommen Menschen allein deshalb wieder zur Ruhe, weil sie das Gefühl haben, dass man für sie da ist. Wenn allerdings Passagiere anfangen, hektisch nach Luft zu ringen oder richtige Atemnot haben, rät ihnen Jacqueline, ruhig ein- und auszuatmen und die Luft zwei Sekunden lang anzuhalten. So vermeidet man eine Hyperventilation, die Angst- und Panikattacken noch weiter verstärken könnte. Dabei hilft oft die gute alte

Kotztüte, in die man ein und ausatmet, denn beim Hyperventilieren atmet man zu viel Sauerstoff ein. Wenn man eine Zeitlang immer wieder die verbrauchte Luft aus der Tüte einatmet, sinkt der Sauerstoffgehalt im Blut wieder auf das normale Maß. Und während die Leute in die Tüte atmen, erklärt Jacqueline ihnen: »Sie haben genügend Sauerstoff, das ist jetzt einfach nur eine Schutzreaktion ihres Körpers.« Sie ist überzeugt: »Es ist die Psyche. Sobald die merken, dass man sich wirklich um sie kümmert, ist alles gut. Was sehr oft hilft, ist, wenn ich den Betroffenen versichere: ›Wissen Sie, die Piloten, die haben auch Familien, die wollen auch sicher nach Hause.‹ Einmal sagte ein Passagier schon einige Minuten danach zu mir: ›Ich habe keine Angst mehr. Es ist gar nicht so schlimm, wie ich dachte.‹«

Am Tag vor unserem Gespräch hatte Jacqueline wieder einen Angstpassagier: Eine blondierte Dame in Pink-Pastell wollte panisch aussteigen. Jaqueline dachte, Flugangst und begann, mit ihr zu reden. Dabei stellte sich heraus, dass sich die Dame eigentlich Sorgen um ihre frisch operierten Brüste machte. Sie wollte wissen, ob ihre Brüste in der Luft platzen könnten. »Sie hatte wirklich Angst um ihre Implantate. Ich musste erst mal ins Cockpit gehen und fragen: ›Sagen Sie mal, können Brüste platzen?‹ Im Cockpit haben alle schallend gelacht. Die konnten sich kaum noch einkriegen. Aber dann kam der Copilot mit mir raus und wir erklärten feierlich, dass keine Gefahr für ihren Busen besteht. Sie ist dann beruhigt mitgeflogen.«

Marianne, eine der guten Seelen von Tegel, arbeitet jeden dritten Tag ehrenamtlich am Flughafen. Sie ist Seelsorgerin und weiß, die Angst fliegt mit. Und wie in vielen Notlagen, wird auch hier Hilfe benötigt. Oft auch die Hilfe von Gott.

Die meisten Flughäfen haben einen Gebetsraum oder eine Kapelle. Passagiere suchen oft vor einer Reise diesen Ort der Ruhe auf, an dem sie beten können. In Tegel suchen sie vergeblich – Menschen, die beten möchten, können sich hier nirgendwohin zurückziehen. Auf der Suche nach Abgeschiedenheit gelangen viele Passagiere im zweiten Stock in den Vorraum des ehemaligen Kongresszentrums. In diesen Vorraum, vor der Heizung, mit dem Gesicht zur Wand, habe ich Buddhisten beten gesehen und Christen ihr Amen sprechen gehört. Ich habe hier jüdische Rabbiner in ihrer Gebetskleidung, dem Talit, beten erlebt. Und ich habe gesehen, wie Muslime hier ihre Teppiche ausbreiteten, vor der Heizung niederknieten und ihr Gebet Richtung Mekka sprachen. Diese Heizung ist der heiligste Ort am Flughafen Tegel und bestimmt die heiligste Heizung weltweit.

Marianne begegnet oft Menschen, die beten möchten und sie nach einem Ort dafür fragen. »Ich bete gerne mit Ihnen«, sagt Marianne dann meistens. Sie setzt sich mit den Passagieren auf einen Stuhl oder sie gehen kurz gemeinsam einige Schritte. Sie spricht mit ihnen ein kurzes Gebet, spricht ihnen Segen zu und wünscht ihnen eine gute Reise. »Die meisten sind danach so glücklich, als wären sie im Dom gewesen.« Einmal hat sie ein Herr angesprochen. Er hatte große Angst. Flugangst. Er und seine Tochter waren auf den Weg nach New York. Er sagte: »Würden Sie für uns beten?« Marianne antwortete: »Wir können das auch gemeinsam tun.« Und dann haben sie kurz zusammen gebetet. Zwei Jahre später traf Marianne den Mann wieder; zu dem Zeitpunkt hatte sie ihn schon längst aus ihrem Gedächtnis gestrichen. Er kam auf sie zu, umarmte sie und sagte: »Sie haben mir so gut getan!«

Auch ich habe im Flugzeug häufiger beobachtet, dass sich Passagiere vor dem Anheben und nach der Landung bekreuzigen. Nach einem langen, anstrengenden Flug nach Bangkok, nur wenige Sekunden nach der Landung, sprang eine winzige in Deutschland lebende Thailänderin auf, fing lauthals an zu schreien und küsste mehrmals das Buddha-Amulett um ihren Hals: »Mein Buddha! Mein Buddha hat uns allen beim Landen geholfen!«

Wo selbst die Götter nicht mehr weiterhelfen können, hilft meist nur eins: der Alkohol. Obwohl Ratgeber vom Alkoholkon-

Tegel hat kein Refugium für
Betende

sum bei Flugangst abraten. »Alkohol verstärkt nur den empfundenen Kontrollverlust und führt zu einer Festigung der Angst.« Theoretisch. Praktisch sieht es anders aus. Praktisch wird nämlich getrunken, was das Zeug hält – Flughafenmitarbeiter sind sich oft nicht sicher, ob wirklich wegen der Flugangst oder ob die Flugangst von den Passagieren nur als Rechtfertigung benutzt wird. So auch an diesem Wintermorgen. Es war fünf Uhr morgens, die Sonne war noch lange nicht aufgegangen. Draußen war es dunkel, nur die Scheinwerfer der Taxis erhellten ab und zu die Espressobar gegenüber von Flugsteig 12. Ein älterer Herr kam mit seiner Frau in die Bar. Sie nahm auf einem der Barhocker Platz, er kam an die Theke und bestellte zwei Kaffee. Dann beugte er sich vor und flüsterte, sodass es seine Frau nicht bemerkte, dem Barista Karim zu: »Können Sie bitte etwas Cognac in den einen Kaffee geben? Ich habe Flugangst.«

Karim weiß, wenn es um Alkohol geht, gibt es keine Regel. Manche, die Alkohol bestellen, sind jung, manche sind alt, manche sind weiblich, manche männlich. Am Flughafen wird Tag und Nacht getrunken. Nachmittags und abends etwas mehr, aber auch am frühen Morgen ist es keine Seltenheit. Manche sind nervös und trinken deshalb, manche haben nicht geschlafen und trinken aus diesem Grund. Prosecco trinken vor allem die in Feierlaune. Aber die meisten Menschen bestellen ihren Drink, bevor sie fliegen.

Letzter Rettungsanker in Sachen Alkohol sind die Travel Value Shops im Gate. »Sehr viele Passagiere kaufen sich vor dem Flug gerne kleine Asbach- oder kleine Underberg-Flaschen«, berichten die Verkäuferinnen. »Gegen die Flugangst.« Woher sie das wissen? Das wird ihnen gleich beim Bezahlen gebeichtet. »Sie brauchen die Tüte gar nicht zuzukleben«, sagen die Kunden. »Ich muss das jetzt sofort trinken. Ich habe Flugangst.«

FLIEGENDE FLACHMÄNNER

WER TRINKT, BLEIBT AM BODEN

 Piloten dürfen acht Stunden vor dem Flug keinen Alkohol trinken. Und auch Passagiere müssen auf ihren Alkoholkonsum achten, wenn sie fliegen möchten. Vorgeschrieben ist: »Der Luftfahrtunternehmer hat alle angemessenen Vorkehrungen zu treffen, um sicherzustellen, dass keine Person ein Flugzeug betritt oder sich dort aufhält, wenn sie in einem Maße unter dem Einfluss von Alkohol oder von anderen Rauschmitteln steht, dass mit Wahrscheinlichkeit die Sicherheit des Flugzeugs oder dessen Insassen gefährdet ist.« Mit anderen Worten: Säufst du, fliegst du, nämlich aus dem Flieger raus. Und wenn dem Bodenpersonal doch jemand durch die Lappen gegangen ist und dieser Jemand dann im Flugzeug fröhlich weiterkonsumiert, kann die Fluggesellschaft die Beförderung sogar abbrechen. So musste eines Tages ein Direktflug von London nach Warschau in Tegel zwischenlanden, weil polnische Gastarbeiter auf dem Weg in den Heimaturlaub ihren Ferienbeginn so intensiv gefeiert hatten, dass der Flugkapitän es für sicherer hielt, zwischenzulanden und sich der randalierenden Trinkvögel im Blechvogel zu entledigen. So begannen die feuchtfröhlichen Weihnachtsferien der Männer unerwartet in Berlin.

»Eigentlich prüft der Check-in, in welchem Zustand die Passagiere sind. Aber wenn sie sich zusammenreißen, wenn sie die Bordkarte abgeben und einigermaßen gerade laufen, dann sieht man das nicht immer«, sagt Fluggastbegleiterin Ricarda. »Gerade neulich hatten wir einen Fall, da sind mehrere Damen aus dem Flieger geflogen. Es gibt schwierige Flüge. Die Abendflüge nach Moskau oder der Flug nach Bangkok. Dann kommen Männergruppen aus Skandinavien und steigen hier um. Sie kommen schon mittags an

Letzter Rettungsanker in Sachen Alkohol: die Travel Value Shops

und müssen bis zum Abend auf ihren Weiterflug warten. Und für skandinavische Verhältnisse sind sogar die hohen Alkoholpreise am Flughafen spottbillig. Wie im siebten Himmel verbringen die Männer die Stunden in Tegel und müssen dann bleiben, weil sie am Ende für fluguntauglich erklärt werden.«

»Betrunkene Passagiere muss man mit Samthandschuhen anfassen, denn man weiß nie, wie sie reagieren«, sagt Karim, der Barista. Auch das Personal in den Cafés und Restaurants am Flughafen gibt dem einen oder anderen Gast Ratschläge in Sachen Ausnüchterung. »Wenn jemand gerade angekommen ist, dann ist es egal. Aber wenn wir eine Bordkarte sehen, dann fragen wir schon, ob es nicht an der Zeit wäre, auf Wasser umzusteigen.«

Nadeschda, eine vielgereiste Geschäftsfrau, hatte ihre Verhandlungen in Berlin frühzeitig und von Erfolg gekrönt abgeschlossen.

Obwohl ihr Flug nach Moskau erst später am Abend ging, entschied sie sich doch, sofort nach Tegel zu fahren, um zu versuchen, mit einer früheren Maschine nach Hause zu kommen. Am Flughafen genehmigte sie sich auf den erfolgreichen Tag einen Sekt. Und weil sie den Erfolg mehr als nur sektwürdig einschätzte, bestellte sie gleich noch einen Cognac dazu. Ihre Feierlaune hob sich, sie trank noch zwei Cognacs. Dann wollte sie ihren Flug umbuchen. Zu ihrer größten Überraschung lehnte die Fluggesellschaft nicht nur die Umbuchung, sondern überhaupt ihre Beförderung ab. Wütend, aber auch etwas beschämt ging sie zum Ticketschalter der Konkurrenz. Unterwegs machte sie eine kurze Pause und trank noch ein Glas Wein. Mit weinroten Lippen lehnte sie sich an den gelben Ticketschalter und trug in perfektem Englisch ihr Anliegen vor. Wiebke war ein alter Hase am Ticketschalter, und so war ihr nach zwei Sätzen klar, dass diese Frau vor ihr kurz vor einer weiteren Übernachtung in Berlin stand. Sie buchte Nadeschda auf einen späteren Flug und sagte ihr, dass sie bis dahin besser keinen Alkohol mehr trinken sollte. »Man muss ja vorsichtig sein, man kann nicht sagen: ›Sie sind betrunken!‹ Da ich aber ziemlich direkt bin, habe ich gesagt: ›In Ihrem Zustand wäre es besser, wenn Sie jetzt einen Kaffee trinken und etwas essen würden, damit Sie mitfliegen dürfen.‹ Gegen 22 Uhr hatte Wiebke Feierabend. Ihr Weg zum Bus führte an der Espressobar vorbei. Und wen sah sie dort? Nadeschda in der Gesellschaft einer Flasche bestem Rotwein.

Erst zwei Tage später entdeckte Wiebke Nadeschdas Namen auf der Passagierliste für den nächsten Flug nach Moskau. Sie musste in der Zwischenzeit mehrere Anläufe genommen haben, den einen oder anderen Flug anzutreten … und hatte dabei mit Sicherheit für gute Umsätze in den verschiedenen Flughafenbars gesorgt.

»Betrunkene werden nicht befördert, weil man nicht wissen kann, ob sie aggressiv sind oder werden«, erklärt Manuela, die Security-Mitarbeiterin. »Manche sind so besoffen, dass sie nicht mehr stehen können. Oder sich in die Hose pinkeln. Auch das hatten wir schon öfter. Sie stehen vor mir in der Kontrolle und fangen an zu pinkeln. Manche stinken aus allen Löchern. Das kann man keinem Fluggast zumuten, eventuell zwei Stunden oder mehr neben einem Besoffenen zu sitzen. Diesen Leuten wird der Einstieg verweigert. Dann gibt's natürlich manchmal Streitgespräche, weil die Betrunkenen nicht einsehen wollen, dass sie nicht fliegen dürfen. Einer schrie lauthals: ›Im Himmel gibt's kein Bier. Darum trinken wir es hier!‹ So was eben. So ein Passagier kann in der Luft die Sicherheit gefährden, und deshalb ist es sicherer, ihm die Flugerlaubnis zu verweigern. Das dürfen einige Bereiche: Ob das der Check-in ist, der ihn geprüft hat, oder der Ticketschalter oder der Kapitän oder der Purser oder die Flugsicherheit, alle dürfen beurteilen, ob jemand vom Flug ausgeschlossen werden muss.«

Zum Thema Alkohol kann Wiebke, wie alle Flughafenmitarbeiter, vieles erzählen. »Letzte Woche waren zwei Engländer bei mir, die früher fliegen wollten als geplant. Es war irgendwann um die Mittagszeit und sie waren ursprünglich für sehr spät am Abend gebucht. Die Umbuchung hätte einiges gekostet, und sie entschieden sich dann doch dafür, abends zu fliegen und die Mehrkosten zu sparen. Am Abend kamen sie wieder. Aber sie sind nicht gestartet, weil sie irgendwo in der Stadt so viel getrunken hatten und so hackebreit waren, dass sie nicht mitfliegen durften. Das passiert häufig mit Engländern, die sind sehr trinkfreudig. Engländer und Skandinavier. Skandinavier sind teilweise nicht einmal sauer darüber, wenn sie auf ihrem gebuchten Flug nicht mitkommen. Sie freuen sich, dass sie dann noch eine Nacht in Berlin bleiben müssen. Das ist für sie überhaupt nicht traurig, weil es günstiger ist, in Deutschland ein Bier zu trinken, als in Schweden, Norwegen, Dänemark oder Finnland ... Das sind keine Säufer, das sind Kollegen, die Spaß haben. Und wenn sie vom Flug ausgeschlossen werden, dann haben sie das Bier für diese Nacht eben ein bisschen günstiger als am nächsten Tag zu Hause. Kann man doch verstehen, oder?«

Die Fluggesellschaften sind sensibilisiert, man könnte meinen, dass sie in Sachen Alkohol hypervorsichtig sind. Wie im Fall eines Fluges nach Doha. Mai, die in ihrer Qatar-Airways-Uniform schöner als die »bezaubernde Jeannie« aussah, eilte zum Abschluss der Maschine in die Flugkabine. Hier wurde sie von der Crew wegen eines älteren Passagiers angesprochen. »Der Mann reagiert und kommuniziert nicht. Wir glauben, dass er getrunken hat.« Mai ging nach hinten in die angegebene Reihe und sprach den Mann auf Deutsch an. Er antwortete unverständlich. In seinen Gesichtszügen erkannte Mai die Anzeichen einer Lähmung und nahm an, dass er irgendwann einen Schlaganfall gehabt hatte. Doch sie musste sich sicher sein. »Die Crew hat mich gebeten, bei Ihnen zu schauen, ob alles in Ordnung ist. Geht es Ihnen gut?« »Ja, warum?«, antwortete der Mann. Seine Frau saß auf der anderen Seite des Ganges und fragte: »Was ist los, gibt es ein Problem?« Ich sagte: »Nein, es ist alles in Ordnung. Ich wünsche Ihnen einen guten Flug.« Mai ging wieder zu den Fluggastbegleiterinnen und dem Kapitän und berichtete: »Nein, der Mann hatte mal einen Stroke, meiner Meinung nach ist er überhaupt nicht betrunken. Er spricht kein Englisch, deswegen hat er euch nicht verstanden. Aber er spricht Deutsch und hat mir geantwortet. Seine Frau sitzt daneben. Ich sehe da kein Problem.« Mai konnte den Kapitän beruhigen, und der ältere Mann und seine Frau flogen nichts ahnend und entspannt schlafend nach Doha.

Marcus ist Mitarbeiter der Firma Gegenbauer, die am Flughafen Tegel Dienstleistungen für Menschen mit eingeschränkter Mobilität anbietet. Er wird gerufen, wenn ein Rollstuhl für gehbehinderte Passagiere benötigt wird, bringt Passagiere im Rollstuhl in das Flugzeug oder holt sie nach der Landung aus der Maschine ab. In der Regel buchen die Passagiere selbst vor der Reise diese Hilfeleistung, in seltenen Fällen wird der Betreuungswunsch aus dem Flugzeug vom Captain angemeldet. An diesem Morgen kam ein Anruf aus dem Cockpit. Eine Dame, um die fünfzig Jahre alt, sollte aus der Moskau-Maschine abgeholt und mit dem Rollstuhl zu ihrem Weiterflug nach Paris befördert werden. Marcus stand bereit. Als er im Flugzeug der Dame in den Rollstuhl helfen wollte, nahm er eine intensive Wodkawolke wahr. Eine Fahne mit der Aufschrift »Stolichnaya«. Empört wandte sich Marcus an die Stewardess. »Wir sind nicht für die Beförderung von Betrunkenen zuständig.« Die Stewardess erklärte ihm, dass sie nicht gewusst hätten, wie die Dame aus dem Flugzeug kommen sollte. Der Pilot auf der Paris-Maschine habe schon abgelehnt, sie mitzunehmen. Die Frau müsse sich in Berlin ausschlafen und die Reise nach Paris am nächsten Tag nüchtern antreten.

So schob Marcus seine Fracht im Chanel-Kostüm in das Terminal und steuerte den Lufthansa-Ticketschalter zwischen Gate 10 und 11 an. Die Mitarbeiter erklärten der Dame, dass sie ihr Businessticket ohne Zusatzkosten umbuchen und ihr ein Hotel in der Nähe reservieren würden. Die Dame stülpte fragend ihre roten Lippen, zog aus ihrer Handtasche einen vergoldeten Flachmann für Ladies und nahm einen kräftigen Schluck. »Za znakómstwa!«, sagte sie. »Auf das Kennenlernen«, und trank auf die neue Bekanntschaft mit der Mitarbeiterin am Ticketschalter.

Marcus erklärte sich bereit, die Dame zum Taxi zu bringen. Auf dem Weg dorthin fing sie an zu weinen. Marcus gab ihr ein Taschentuch, sie schnäuzte hinein und gab es ihm zurück, doch Marcus lehnte ab. Beim Taxi angekommen, sah Madame Stolichnaya Marcus mit großen Augen an. »Kommen Sie mit mir ins Hotel. Lassen Sie mich nicht alleine. Bitte!« Marcus blieb unerschütterlich, worauf die Frau verzweifelte. »Dann stehe ich nie wieder auf und Sie können den ganzen Tag diesen Rollstuhl mit mir herumschieben!« Es gab keinen Ausweg, Marcus musste der Russin versprechen, dass er mitkommen würde. Ihre Falten glätteten sich, ihre rehbraunen Augen blickten fast mädchenhaft. Ohne jeglichen Widerstand ließ sie sich ins Taxi helfen. Während sie sich bemühte weiterzurutschen, um Marcus Platz neben sich zu machen, beugte

Spuren des schnellen Alkoholkonsums

der sich zum Taxifahrer und nannte das Hotel. Und fügte noch leise hinzu: »Schließen Sie die Türen während der Fahrt ab und fahren Sie bitte sofort los, sobald ich ihre Tür zugemacht habe.« Aus den Augenwinkeln sah er den Flachmann glitzern. »Za Ljubóf! – Auf die Liebe«, erwiderte Marcus und sein Herz füllte sich mit Mitleid. Dann schloss er die Tür, hob die Hand, und das Taxi fuhr los.

Piloten müssen sich regelmäßigen Alkoholkontrollen unterziehen. Weniger in Berlin als in Frankfurt oder München kommen die Kontrolleure an Bord und lassen die Piloten ins Röhrchen pusten. »Besonders am 1. Januar oder zum Oktoberfest wird dieses Promille-Ritual im Cockpit öfter wiederholt«, sagt die Fluggastbegleiterin Elisa. »Ich finde das ganz gut, seit ich mal Kaffee aus der Thermoskanne eines Piloten getrunken habe. Was da drin war? Whisky, was sonst!«

Neulich erst kam eine Kollegin aufgeregt zurück zu unserer Basis. Sie erzählte mir, dass sie sich gerade im Moskau-Gate mit einem Passagier unterhalten hatte, der, wie sie sagte, »rotzehageldicht« war. Sie erfuhr dabei, dass er mehr als zweihundertfünfzigmal im Jahr flog. Als sie ihn fragte, wieso, antwortete er lässig: »Na, warum wohl? Ich bin Pilot!«

»READY TO FLY«
DIE GRÖSSTEN KATASTROPHEN

 Man begegnet in Tegel vielen Menschen, die vor ihrer Reise aufgeregt sind. Der Stress, die vollen Hallen am Flughafen und auch die schlechte Luft machen besonders denen zu schaffen, die nicht so oft fliegen. Es kommt vor, dass jemand Probleme mit dem Kreislauf hat oder zusammenbricht. Den meisten geht es bald wieder gut, doch einige von ihnen können den Flug nicht gleich antreten und müssen ihn auf einen späteren Zeitpunkt verschieben.

Ein beliebter Ort, sich nach dem Check-in die Zeit zu vertreiben, ist das Restaurant in der Haupthalle. Hier ist bereits wenige Minuten nach Öffnung Hochbetrieb. Auch Herr Neumann und seine zehnjährige Tochter Inga wollten hier schnell frühstücken, bevor sie ihren Flug in den Urlaub nach Sharm el Sheikh antraten. Plötzlich fiel Herrn Neumann die Kaffeetasse aus der Hand. Erschrocken schaute Inga ihren Vater an. Er war bleich, dicke Schweißperlen standen ihm auf der Stirn, er rang nach Luft. Das Mädchen schrie so laut sie konnte: »Helfen Sie mir! Rufen Sie einen Krankenwagen!« Marion, eine Restaurantmitarbeiterin, griff sofort zum Telefon. Innerhalb von wenigen Minuten waren die Sanitäter vor Ort und brachten Herrn Neumann in ein Krankenhaus. Marion hielt Inga umarmt und versuchte, sie zu beruhigen. Sie fragte sie nach der Telefonnummer ihrer Mutter, rief diese an und tröstete Inga so lange, bis sie von ihrer Mutter abgeholt wurde. Zum Abschied bekam das Mädchen noch ein Stück vom famosen Apfelstrudel des Hauses.

Sieben Wochen später fragte jemand im Restaurant nach Marion. Als sie aus der Küche kam, erblickte sie Inga, die ihr mit einer

Schachtel Pralinen zuwinkte. Daneben stand ihr Vater mit einem großen Blumenstrauß. Er war überzeugt, ohne den schnellen Hilferuf von Marion hätte er den Herzinfarkt nicht überlebt. Inga umarmte Marion und sagte nur: »Danke, danke, danke.«

Besonders bei den frühen Flügen geht es vielen Passagieren nicht gut. Sie haben zu viel Kaffee getrunken und oft nichts gegessen. Im Sommer trägt auch die Hitze ihren Teil bei. »Besonders ältere Menschen ziehen sich zu dick an. Als könnte es im August schneien«, sagt Daniela, eine Supervisorin der GlobeGround Berlin. »In Halle C ist es am schlimmsten. Dort staut sich die warme verbrauchte Luft und es sind hier immer sehr viele Menschen, weil von Halle C aus viele Passagiere gleichzeitig in ihre Maschinen einsteigen.«

Gegen 5 Uhr 40 rief Daniela den Flug nach Fuerteventura zum Boarden auf. Schnell bildeten die 198 Passagiere eine lange Schlange. Gleich vorne stand ein Ehepaar um die sechzig. Die Frau hatte rote Wangen vor Aufregung, der Mann war kreideweiß. Nur wenige Minuten später fiel der Mann plötzlich um. Daniela rief sofort die Rettungskräfte, die kurz darauf die Wiederbelebung einleiteten. »Ich kriege heute noch Gänsehaut, wenn ich daran denke.« Daniela schaudert. »Hunderte von Menschen standen herum und glotzten. Nur mit Mühe und Not konnte ich die schaulustige Meute wegscheuchen. Die Feuerwehrleute mussten Absperrbänder und Decken spannen. Allein die Ehefrau durfte bei ihrem Mann bleiben. Und dann hat man bis in die hinterste Ecke der vollen Halle den Aufschrei der Ehefrau gehört. Das ist durch Mark und Bein gegangen. Man hätte in diesem Moment eine fallen gelassene Stecknadel hören können. Da hat keiner mehr etwas gesagt. Es war totenstill. Das war der Moment, als sie ihr gesagt haben: ›Ihr Mann ist verstorben.‹ So etwas erleben wir schon manchmal. Aber diesen Aufschrei vergesse ich nie.«

Todesangst hatten am 7. Januar 1997 auch die Passagiere der Austrian Air nach Wien. Kurz nach dem Start der OS 104 sprang ein 39-jähriger bosnischer Mann mit einem fünfundzwanzig Zentimeter langen Messer auf und stürmte das Cockpit. Er wollte das Flugzeug nach New York entführen und zwang es schließlich zur Rückkehr nach Berlin. Zuerst verhandelte der Täter mit der Berliner Polizei durch ein geöffnetes Fenster der Pilotenkapsel. Wegen Verständigungsschwierigkeiten wurde ein Dolmetscher hinzugeholt, woraufhin der Mann schließlich eine der vorderen Türen öffnete, um von hier aus zu verhandeln. »Den Beamten gelang es, den Täter derart in das Gespräch zu verwickeln, dass zwei Kollegen in dieser Zeit unbemerkt von hinten in das Flugzeug gelangen konnten«, berichtete der *Tagesspiegel* über die Ereignisse. »Kriminalhauptkommissar Klaus-Dieter Müller und Polizeihauptmeister Burkhard Schmidt schlichen sich durch die Maschine und stießen den Entführer auf das Rollfeld. Hier wurde der Mann überwältigt und festgenommen. Unmittelbar nach dem Ende der Entführung wurden die Passagiere ärztlich untersucht. Eine psychologische Betreuung war nach Angaben der Polizei nicht erforderlich … Der Täter roch nach Alkohol und machte einen leicht psychisch gestörten Eindruck, so die Polizei. Sie vermutet, dass er mit der Entführung eine Verlängerung seiner am 15. Januar auslaufenden Aufenthaltsgenehmigung erzwingen wollte. Das Ticket des Mannes sah von Wien eine Weiterreise nach Jugoslawien vor.«

»Vor zwanzig Jahren befand sich der TUI-Schalter noch in der Haupthalle gegenüber der großen Anzeigetafeln, etwa dort, wo das Restaurant heute ist«, erzählt Magdalene von TUI. »Die Bushaltestellen waren genau dort, wo sie heute noch sind. Ich war hochschwanger, es war einer meiner letzten Arbeitstage vor dem Mutterschutz. Plötzlich hörte ich einen ohrenbetäubenden Knall. Ich dachte: ›Eine Bombe!‹ und bin sofort über den Tresen des Schalters gesprungen. In der gleichen Sekunde fuhr von hinten ein Auto in unser Büro. In dem Auto saß eine Frau, die ihren Mann überfahren wollte. Er stand an der Bushaltestelle. Sie hat dort ihren Mann gesehen, hat Gas gegeben und ist auf ihn los. Bewusst! Er ist nicht gestorben, wurde aber schwer verletzt. Und sie ist mit ihrem Ford

Fiesta am Heizkörper hängen geblieben«, erinnert sich Magdalene. Umso unfassbarer war es für sie, als sie sieben Jahre später, am 9. Oktober 2004, die Nachricht erreichte: »Ein Auto ist in den TUI-Schalter gefahren!«

Der Anrufer war ihr Freund Cem Gök. Der TUI-Schalter befand sich jetzt am Flugsteig 4. Gegen acht Uhr morgens ging Cem am TUI-Schalter vorbei und begrüßte dort kurz seine Kollegin Carola. »Sie war am Telefon und sprach mit einem der Reisebüros über die Ereignisse in Ägypten. In Taba war am Vortag eine Bombe neben einem Touristenbus explodiert. Ich wollte Carola nicht stören und machte ihr ein Zeichen, dass ich später zurückkommen würde. Dann kam die 16-jährige Auszubildende zum TUI-Schalter, klingelte, legte ihre Tasche im Büro ab und ging zur Toilette. Ich bin dann auch in mein Büro. Keine fünf Minuten später, die Azubi war noch nicht von der Toilette zurück, gab es einen fürchterlichen Knall. Ich schrie: ›Eine Bombe!‹ und rannte raus. Eine dichte Staubwolke kam mir entgegen. Und Wasserdampf.«

Es war keine Bombe, es war ein schrecklicher Unfall. Ein Geländewagen raste durch die Scheibe am Flugsteig 4. Der Fahrer, ein dreiundsechzig Jahre alter Mann, lag leblos über dem Lenkrad. Carola legte gerade den Hörer auf; als sie bemerkte, dass von hinten der Wagen auf sie zuraste, war es zu spät. »Die Kollegin ist praktisch erdrückt worden. Das war ganz schlimm. Und gegenüber, am Gate 4 bei der Abfertigung, waren mehrere Kollegen, die alles miterlebten. Sie hatten Blickkontakt mit ihr, als sie starb.« Man spürt Cems Entsetzen wenn er von den Ereignissen berichtet.

Mehr als eine Stunde lang kämpften Notärzte um das Leben der Frau. Vergeblich. Auch den Fahrer konnten sie nicht wiederbeleben.

Magdalene ist heute noch tief betroffen. »Die Eltern haben das gar nicht verkraftet. Sie waren lange in psychologischer Behandlung. Ich bin angerufen worden und dann sofort hingefahren. Ich habe Carolas Sachen genommen, ihre Kaffeetasse, die Thermoskanne, und bin dann zu ihren Eltern gefahren. Ich habe es ihren Eltern gesagt. Das war für mich das Schrecklichste, was mir in meinem ganzen Leben passiert ist.«

Manchmal müssen Flugzeuge wegen eines medizinischen Notfalls oder eines technischen Problems in Berlin zwischenlanden. Ein Triebwerkschaden zum Beispiel ist so ein Problem. »Neulich kam eine Maschine zurück«, erzählt Karl, ein erfahrener Lufthanseat am Ticketschalter. »Plötzlich standen dann alle zweihundert Passagiere zum Umbuchen vor uns. ›Es gab einen riesigen Knall!‹, haben sie uns erzählt. Aber wohl keine Panik im Flugzeug, alles verlief relativ ruhig. Sie sind dann mit einem anderen Flieger wieder raus.« Und noch etwas fällt ihm ein: »Wir hatten neulich einen Notfall mit einem Vogelschlag im Triebwerk. Da ist die Maschine mit brennendem Triebwerk umgekehrt. Da war uns schon anders, muss ich sagen. Es gab immer mal Maschinen, die wegen eines Fehlers zurückgekommen sind, aber noch nie mit Feuer an Bord. Da habe ich gedacht, o Gott, hoffentlich geht das gut ... so ein Flugzeug mit einem vollen Tank. Irgendwann kam die Entwarnung. Wir mussten dann alle Passagiere in Hotels unterbringen und umbuchen. Aber die waren eigentlich ganz gut drauf. Sie waren erleichtert. Einige sagten, sie würden nie wieder fliegen, aber bei den meisten war der Tenor: Wir sind froh, dass wir unten sind. Alles ist gut gegangen, das war gut organisiert: Buchen Sie uns um. Komischerweise hatte hier gerade ein Psychologenkongress stattgefunden, und es waren neunzig Österreicher unter den Passagieren, die von diesem Kongress kamen. Da haben wir später gescherzt: ›Besser hätte es ja nicht sein können! Die konnten sich ja gegenseitig betreuen.‹«

Es gibt einen Vorfall, der mich heute noch sehr berührt. Es war der 24. November 2001. Wir hatten einen Abendeinsatz an einem Samstag und deshalb weniger zu tun als an anderen Tagen. Einer der letzten Flüge, die wir befragen sollten, war die Crossair 3597 nach Zürich um 22 Uhr. Die meisten der vierunddreißig Passagiere waren bereits im Gate, als meine Kollegin und ich hinzukamen. Es schien eine fröhliche Runde zu sein. Ein Mann spielte Gitarre, eine Gruppe junger Frauen sang dazu. Ich sprach einen Mann an, der ein bisschen abseits saß. Nachdem wir mit dem Interview fertig waren, zeigte er auf eine der singenden Frauen, die über ihren blonden langen Haaren einen schwarzen Hut trug, dazu eine bordeauxrote, enge Jacke mit Pelzoptik. Er sagte: »Sehen Sie, das ist die Sängerin Melanie Thornton.« Dann deutete er auf die andere Frauen: »Und das ist eine Band, die Passion Fruit. Wir sind bis Weihnachten auf einer Werbetour. Sie hatten gestern Abend einen Auftritt in Leipzig. Und jetzt geht's weiter nach Zürich.«

Als ich mein nächstes Interview geführt hatte, hielt ich Ausschau nach meiner Kollegin. Sie sprach mit einem älteren, freundlich lächelnden Herrn. Als auch sie fertig war, erzählte sie mir, dass sie soeben einen Mikrobiologen aus Israel befragt hatte, der mit seinem Kollegen an einem Kongress in Berlin teilgenommen hatte. Wir verließen das Gate und hörten noch das Singen und Lachen der Musikerinnen. Zwei Stunden später schaltete ich zu Hause die Nachrichten ein. Zuerst sah ich ein brennendes Flugzeug in einem Waldstück. Dann hörte ich die Sprecherin: »Offenbar ist auch die Sängerin Melanie Thornton unter den Opfern der Crossair-Maschine, die heute Abend aus Berlin-Tegel startete.«

In Schockmomenten ist das Gehirn zu vielem fähig. Mein Gehirn entschied sich, alle abgespeicherten Bilder abzuspulen. Ich sah wieder das Abflug-Gate der Unglücksmaschine. Normalerweise hätte ich die Gesichter der Passagiere bald schon vergessen, doch an diesem Abend brannten sie sich in mein Gedächtnis ein. Heute noch denke ich manchmal an die Menschen, die an diesem Samstagabend auf ihren Flug nach Zürich gewartet hatten. Es ist für mich immer noch unfassbar, dass die meisten von ihnen wenig später tot waren.

Nach vielen Monaten sah ich ein Interview mit einem der neun Überlebenden. »Ich war auf einer Businessreise in Berlin mit meiner Freundin«, erzählte der Mann mit einer Narbe auf der Stirn mit

Rettung naht

brüchiger Stimme. »Wir saßen genau hinter, heute weiß ich es, der Musikgruppe Passion Fruit. Die Mädchen waren gut drauf, machten eine Kissenschlacht, lachten laut, neckten sich. Ich war müde und alles war mir zu laut, und so schlug ich meiner Freundin vor, uns einige Reihen weiter nach hinten auf die andere Seite umzusetzen. Das rettete uns das Leben. Eigentlich retteten die Passion Fruits unser Leben.« Sein Gesicht wurde noch ernster. »Wir wussten gar nicht, dass es ein Absturz ist. Wir befanden uns kurz vor der Landung und dachten zuerst, der landet aber ruppig. Und dann brannte alles. Überall waren Flammen. Bei den Sicherheitsansagen weisen sie die Passagiere darauf hin, dass man sich anschnallen soll, was man mit den Sauerstoffmasken machen muss, aber keiner hatte uns gesagt, wie weit weg man von einem brennenden Flugzeug rennen muss. Wir sind gerannt und gerannt. Überall lagen Wrackteile, überall im Wald brannte es. Ich denke, dass die Rettungsmannschaften innerhalb von wenigen Minuten vor Ort waren. Aber ehrlich gesagt sind meine Erinnerungen sehr konfus.«

Die Fernsehsender strahlten wiederholt das letzte Interview aus, das Melanie Thornton noch in Deutschland vor ihrem Flug in den Tod gegeben hatte. Einen Monat später, genau am Weihnachtsabend wäre sie wieder zu Hause in Atlanta gewesen. Sie wollte die Feiertage mit ihrer Mutter und ihrer Schwester verbringen. Und da der Anschlag vom 11. September erst zwei Monate zurücklag, fragte man sie auch, ob es besonders schwere Weihnachten für Amerika werden würden. Sie antwortete: »Das Leben geht weiter, aber der 11. September hat uns verändert. Doch wir wissen alle, dass es keine Garantie für einen nächsten Tag gibt.«

Ihr letztes Album trägt den Titel »Ready to fly«. Bereit zum Fliegen.

LAST CALL FOR ...
SPÄT UND ZU SPÄT!

 Wer kennt es nicht, das ewig leidige Thema: Bloß nicht zu spät kommen! Immer und überall sind wir bemüht, uns zu beeilen, um rechtzeitig da zu sein. Ob es um ein Treffen geht, einen Kinobesuch, einen Brief, eine Überweisung, die Bürozeiten oder Projektabgaben: Verspätungen können vieles beeinflussen. Am Flughafen bekommt Pünktlichkeit noch einmal eine besondere Bedeutung. Das Ticken der Zeit ist dort so essenziell wie der Herzschlag. Tickt sie nicht nach Plan, gerät alles durcheinander.

Wenn man eine Reise antritt und gleich am Anfang fast zu spät kommt, weil man verschlafen hat oder den Koffer nicht zukriegt – dann zieht sich das oft durch die ganze Reise. Das sagen alle. Die meisten Passagiere sind darum pünktlich. Viele sind sogar überpünktlich, verplempern lieber Stunden am Flughafen, nur um nicht zu riskieren, dass sie ihren Flug verpassen. Bei der Mutter einer Bekannten hatte der Pünktlichkeitswahn einen kritischen Punkt erreicht: Sie trat früh am Morgen ihre Fahrt zum Flughafen an, obwohl ihre Maschine erst am Abend abflog. Auch wenn sie nur zwei Tage in Berlin war, um ihre Tochter zu besuchen, verbrachte sie einen kompletten Tag in Tegel. Ihrer Meinung nach muss man immer auf alles vorbereitet sein, denn auf jeder Etappe der Anfahrt kann irgendetwas Unvorhersehbares passieren. Neulich zum Beispiel stand sie zehn Minuten im überfüllten TXL-Bus an einer Haltestelle. Der Busfahrer nuschelte ins Mikrofon, dass die Tür nicht schließt, solange jemand im Türbereich steht. Diese Information auf Englisch zu wiederholen, hielt er nicht für nötig, folglich standen die Touristen weiter in der Tür. Sie reagierten auch nicht, als der Fahrer brüllte und tobte, noch immer auf Deutsch. Nichts tat sich, bis eine Stewardess im Bus sich einen Weg zur Tür bahnte, um die Gäste aufzuklären. Erst danach konnte der Bus weiterfahren. Mit diesem Vorfall sah die Mutter meiner Bekannten ihre These, es könne immer etwas Unabsehbares passieren, bestätigt. Ergo: Man muss stets rechtzeitig losfahren. Und macht sich sicherheitshalber weiterhin fast zwölf Stunden vor ihrem Abflug auf den Weg. Selbst wenn man ihren Koffer auf dem Weg zum Flughafen klauen sollte, hätte sie so ausreichend Zeit, den kompletten Inhalt zu ersetzen. Womöglich sogar noch genug Zeit, jedes einzelne Kleidungsstück in verschiedenen Geschäften in der Stadt neu zu kaufen.

Wenn alle so wären wie diese Dame, würden tatsächlich alle Fluggäste pünktlich im Flieger sitzen. Doch es gibt auch die anderen: die verspäteten Passagiere.

Viele können nichts dafür, dass sie zu spät eintreffen. Es gibt einfach immerfort schreckliche Begebenheiten: wenn der Autobahnring wieder mal zu ist oder irgendwelche Streiks stattfinden und die öffentlichen Verkehrsmittel nicht mehr fahren; überhaupt immer wieder höhere Gewalt. Besonders oft sind es polnische Seeleute, die auf der Autobahn wettertechnische Probleme haben oder in Staus feststecken. In solchen Fällen bemühen sich die Airline-Mitarbeiter meistens, die Reisenden unkompliziert umzubuchen.

Doch gibt es in Tegel auch eine spezielle Kundschaft, nämlich Passagiere, die ihr Faible, sich zu verspäten, pflegen. Ihr Zuspätkommen wird durch die besondere Architektur Tegels unterstützt: Man kommt am Flughafen an und steigt direkt vor dem Abfluggate aus dem Auto. Wenn die Sicherheitskontrollstelle leer ist, ist man mit vorhandener Boardingcard und Handgepäck schon in drei Minuten im Gate. Das ist an keinem anderen Flughafen der Welt möglich. Kenner Tegels spekulieren gerne darauf und treffen häufig erst in letzter Minute ein. Besonders bei der Frankfurt-Maschine fallen Passagiere seit eh und je regelmäßig tatsächlich noch fünfzehn Minuten vor Abflug ins Gate. Sie schauen sich um

»Wir haben Passagiere, die kommen dauernd in letzter Sekunde.«

und sehen: Ah, die Maschine steht noch da. Und stöbern noch nach der passenden Zeitschrift in der Auslage. Oder gehen noch in Ruhe auf die Toilette. Ich habe einmal mit eigenen Augen bei einem Lufthansa-Flug nach München – Abflugzeit 6 Uhr 20 – gesehen, wie eine Frau mit ihrem Handgepäck um 6 Uhr 12 gemächlich daherkam und mitfliegen wollte. Mit größter Selbstverständlichkeit, acht Minuten vor Abflug! Noch erstaunlicher ist, dass sie tatsächlich mitgeflogen ist. Der Abflug verzögerte sich, sie hatte Glück.

Ich dachte, das sei ein Einzelfall, doch Wiebke vom Ticketschalter der Lufthansa klärt mich auf: »Wir haben Passagiere, die kommen dauernd in letzter Sekunde, trotzdem geht es immer irgendwie. Es ist immer doch noch irgendwie machbar und sie schaffen es auf den Flieger. Entweder hat die Maschine ausnahmsweise Verspätung oder der Check-in hat ausnahmsweise noch offen … Die kriegen es immer hin!«

Auch nach Angabe der Security sind die 8- und 9-Uhr-Maschinen nach Frankfurt am speziellsten, die Fluggäste dort besonders bizarr. »Wenn sie kooperativ sind, sich auskennen, alles vorbereitet haben, ihre Sachen schnell auspacken und alles ohne Stress über die Bühne geht, dann ist das ja in Ordnung. Doch für gewöhnlich sind gerade die, die spät kommen, extreme Fälle und eben nicht kooperativ. Es kann sein, dass sich jemand im Restaurant verplauscht hat, aber fit ist und bei der Sicherheitskontrolle gut mitmacht. Aber wenn Problemfälle zu spät kommen, das ist furchtbar. Das führt immer wieder zu Verspätungen. Es ist schon vorgekommen, dass wir noch kontrolliert haben und der Flug in der Zwischenzeit geschlossen wurde. Die Maschine stand noch, aber sie hatten schon die Brücke weg. Gelegentlich haben sie den Finger noch mal herangefahren, etliche Male nicht. Das liegt in der Hand der Airline. Da gab es Leute, die renitent waren und an der Kontrollstelle verrückt gespielt haben. Dann hat die Airline gesagt, nee, die nehmen wir nicht mit! Wenn die schon hier unten ausflippen, wer weiß, was oben passiert. Also besser, sie werden hiergelassen, wegen des Gefahrenpotenzials, und müssen nicht an Bord von der Crew überwältigt, geknebelt, gefesselt werden. So was passiert über tausendmal im Jahr. Die Airlines sind also vorsichtig. Zeichnet sich im Vorfeld etwas ab, gehen sie lieber kein Risiko ein. Wenn so einer unten bleibt, ist die Bundespolizei dafür zuständig, ihn aus dem Flughafengebäude zu begleiten. Dann kann er sich draußen richtig austoben.«

Eine Familie steht vor dem Gate, auf der Anzeigetafel lese ich: »Gate closed«. Um die Familie versammeln sich sieben Mitarbeiter von GlobeGround Berlin. Die Mutter hat ein vierjähriges Kind an der Hand und ein Baby im Tragetuch. Sie wirkt entspannt. Natürlich, vor den Kindern will sie sich nicht aufregen, sie muss ihnen das Gefühl vermitteln, dass alles in Ordnung ist, sie beruhigen.

»Aber die Maschine ist doch noch da.«

Für das Aufregen ist der Vater zuständig, er macht ein Riesenthea-
ter. Über sein Unglück lamentierend, breitet er die Arme aus, fällt
auf die Knie, hält dramatisch seinen Kopf mit beiden Händen und
schüttelt sich. Ja, sie haben die Maschine verpasst. Sie haben Tegel
erst betreten, als der Aufruf aus den Lautsprechern hallte: »Letzter
Einsteigeaufruf für alle noch fehlenden Gäste, gebucht auf Qatar
Airways 076 nach Doha. Wir bitten nun alle noch fehlenden Gäste,
sich umgehend beim Boarding Gate B 20 zu melden. Vielen Dank!«
Dass es an der Dame lag, die auf Englisch »Imidly!« und nicht »Im-
mediatly« gesagt hat, dass die Familie die Ansage nicht beachtete,
ist zu bezweifeln. Die Maschine stand zwar noch an der Position,
doch sie war geschlossen. Das brachte den Familienvater in Rage.
Mai von Qatar Airways weiht mich in die Hintergründe des Vorfalls ein.

»Wenn wir früh fertig sind, machen wir den Check-in-Schalter zwanzig Minuten vor Abflug dicht. Dann geht gar nichts mehr. Letztendlich müssen wir irgendwann das Loadsheet ausstellen. Ein Loadsheet ist sehr umfangreich. Einmal laufen alle Daten beim Boarding zusammen. Im Boarding-Gate wird die Maschine geschlossen und vom System komplett finalisiert. Dann geht es zum Operations-Büro. Die Operations planen die Beladung vorab. Sie geben an, wo die Fracht hinkommt, wie viele Gepäckstücke hierhin und wie viele Gepäckstücke dahin. Sie erhalten auch den Betankungsplan, wissen also, wie viel Kerosin getankt werden soll.

Vom Operations-Büro kommt ein Ramp-Agent auf die Maschine. Er koordiniert alle Dienstleistungen die an einem Flugzeug während der Bodenzeit geleistet werden. Er spricht mit dem Kapitän und mit dem Mechaniker. Bei uns ist das jemand von Air Berlin. Dann wird die Betankung geregelt. Das besprechen die Ramp-Agents, das Operations-Büro, der Kapitän und der Mechaniker mit dem Mitarbeiter vom Tankfahrzeug. Diese Daten, also die Menge Kerosin, die getankt wurde, werden bei unserem lokalen Operations-Büro abgegeben. Die haben auch die totalen Gepäckzahlen und die totalen Frachtzahlen. Erst nachdem wir auch die totalen Passagierzahlen von oben melden können, werden alle Daten zusammen versendet.

Die Loadsheets werden bei fast jeder Airline dieser Welt zumeist im Ausland gemacht. Bei uns ist es Prag. Wenn wir unsere Daten weitergeben, kann Prag das Beladungsblatt erstellen. Prag sendet das fertige Loadsheet auf elektronischem Wege direkt in das Flugzeug, wo es ausgedruckt wird. Das Loadsheet ist beim Start eines Flugzeugs das wichtigste Dokument. Die Maschine muss ja im Trimm liegen, sie muss austariert sein. Das heißt, sie darf vorne oder hinten nicht zu schwer sein, es muss ein Gleichgewicht der Kräfte hergestellt werden, um möglichst sicher und kostengünstig zu fliegen. Dieses Ausbalancieren wird berechnet, und dementsprechend werden die Abflugwinkel, die Tragflächen hinten und das Leitwerk mit den kleinen Flügelchen rechts und links eingestellt. Nur so hat das Flugzeug ein maximales Take-off- und Landegewicht. Es ist genau kalkuliert, wie viel Sprit die Maschine braucht. Sie hat ein Taxi-Fuel und ein Hold-Fuel, zum Beispiel für den Fall, wenn man nicht gleich landen kann, sondern irgendwo in der Luft kreisen muss. Der Kapitän weiß anhand der Berechnungen, in welchem Abflugwinkel die Maschine abfliegen darf, wie schwer sie ist, wie viel Sprit er verbrennen darf. Neben dem Loadsheet gehört ein Flugplan zu den wichtigsten Dokumenten eines Fluges. Der Captain bekommt ihn von uns ausgedruckt in die Hand gedrückt, wir erhalten ihn aus Doha. Dem Flugplan entnimmt er seine Flugroute und weiß, welche Stationen er anzufliegen hat. Wetterkarten kriegt er ebenso ausgehändigt, auch Berichte über bestimmte Flughäfen, welche Eigenheiten sie haben, auf welcher Landebahn oder Startbahn er fliegen wird. All diese Informationen gehen an den Kapitän.

Auf dem Loadsheet steht auch, wie viele Passagiere, wie viele Babys, wie viele Crewmitglieder auf der Maschine sind.

Wenn das alles schon berechnet wurde und nur ein neues Gepäckstück dazukommt, müsste man den Flug noch einmal komplett im System öffnen, das gesamte Personal zusammentrommeln, das Loadsheet neu erstellen. Ein kolossaler Arbeitsaufwand und immens kompliziert. Wenn da also einer kommt und sagt, er möchte schnell noch einsteigen, dann muss alles komplett neu eingeleitet werden. Die verspäteten Fluggäste beklagen sich: ›Aber die Maschine ist doch noch da, ich sehe sie doch!‹ Wir müssen dann häufig erwidern: ›Es tut uns furchtbar leid, aber die Maschine ist komplett abgeschlossen.‹ Den Flieger noch mal aufzumachen, kostet uns mindestens zehn Minuten, in dieser Zeit haben wir vielleicht unser Flugfenster, den Slot, verpasst. Im ungünstigsten Fall erhält man einen neuen Slot erst eine Stunde nach dem planmäßigen Abflug. Dann stehen wir nur dumm rum. Das ist nicht nur teuer, die Passagiere haben teilweise auch enge Anschlussflüge, die sie erreichen sollen. Der Rattenschwanz einer solchen Verspätung kann also endlos sein.«

Das Gespräch mit Mai hat mich grundlegend für Verspätungen sensibilisiert. Eines Tages war ich dabei, als im Doppel-Gate 8-9 wie so oft die Lufthansa mit zwei Maschinen nach Frankfurt flog, links die frühere Maschine, rechts die eine Stunde darauf folgende. Links riefen sie zum Boarding auf und die Hälfte der zahlreichen Passagiere verschwand aus den Gates. Ich saß in der Mitte und bemerkte eine Frau, die auf den Sitzen lag und schlief. Ihr Atem deutete auf einen sehr tiefen Schlaf hin, den man bekanntlich nicht stören soll. Ich wusste nicht, welche Maschine sie gebucht hatte: Flog sie mit der späteren, konnte sie noch etwas schlafen. Doch was, wenn sie soeben hätte einsteigen müssen … lieber nichts riskieren! Ich weckte sie sanft und lag richtig. Noch völlig benommen, erreichte die Frau ihren Flug.

Von Wiebke bei der Lufthansa habe ich gelernt, dass man notorische Zuspätkommer auch daran erkennt, dass sie schlendern, auch wenn sie knapp in der Zeit sind, sie gehen manchmal sogar noch in die Lounge oder einen Kaffee trinken. »Sie versuchen auch niemals, eine Ausrede für ihre Verspätung zu finden. Die kriegen das einfach nicht hin, pünktlich zu sein. Das hat man ja auch in seinem Freundeskreis: Leute, die immer zu spät kommen. Da kann man nichts machen … mein Mann ist auch so. Ich arbeite mit Tricks. Ich sage immer, wir sind eine halbe Stunde früher verabredet, und das funktioniert. Obwohl er das zweifellos durchschaut, funktioniert es trotzdem. Das finde ich ganz erstaunlich, er fällt immer wieder drauf rein.«

Auch ich erkenne inzwischen die notorisch Zuspätkommenden auf den ersten Blick. Bei der Budapest-Maschine in Terminal C habe ich oft beobachtet, dass Frauen zehn, fünfzehn Minuten nach der regulären Abflugzeit mit Koffern durch die Halle sprinten und jeden, der ihnen im Weg steht, beiseite fegen. Am Gate wird im Vorbeihetzen die Boardingkarte hingeschleudert, damit man rasch durch die Tür zur Maschine flitzen kann. Das passiert sogar, wenn die Maschine Verspätung hat und noch gar nicht aufgerufen wurde.

In Tegel gibt es Zuspätkommer, die dem Personal nur zu gut bekannt sind. Man hat das Gefühl, sie legen es immer wieder geradezu darauf an, ihr Flugzeug zu verpassen. Lange Jahre gab es zum Beispiel Herrn P., der tegelweit berüchtigt war: P, wie Pünktlichkeit! Er flog häufig, immer Business Class, und jahraus, jahrein kam er im letzten Augenblick. Wenn bei seinem Eintreffen der Flieger bereits geschlossen war oder die Zeitungen im Gate vergriffen, ist er in die Luft gegangen wie ein HB-Männchen. Er wütete cholerisch. Jeder Mitarbeiter bei der Abfertigung wusste Bescheid. Man durchforstete schon die Passagierlisten, denn war Herr P. wieder im Anmarsch, musste man sich auf etwas gefasst machen! Die Nachricht, dass er wieder einmal unter den Passagieren war, sprach sich herum wie ein Lauffeuer, einige Mitarbeiter sind extra ins Gate gegangen, um sich das Szenario anzuschauen. Herr P. hat seine heimlichen Zuschauer nie enttäuscht, fuchtelnd und stampfend beschimpfte er wahllos alle, die er vor sich hatte. Seine Darbietung war immer dramatisch und sorgte für gute Unterhaltung.«

Herr P. war trotz der Beharrlichkeit, mit der er die Unpünktlichkeit zum Sport machte, nicht der Dreisteste. Die Krone der Schamlosigkeit geht an andere Fluggäste. Bei Gegenbauer kommt es häufig vor, dass ein Rollstuhlfahrer zwanzig Minuten vor Abflug angemeldet wird. Wenn dadurch eine Verspätung entsteht, muss Gegenbauer teilweise Delays bezahlen, obwohl die Firma nichts dafür kann. »Manchmal gibt es Spinner, die sich als Rollstuhlfahrer anmelden, weil sie wissen, dass sie so ein Preboarding bekommen, also Vorrang bei der Sicherheitskontrolle oder an der Passkontrolle haben. Nach der Kontrolle springen sie einfach aus dem Rollstuhl und sagen, sie brauchen keine Hilfe mehr«, berichtet Marcus, der in Tegel seit Langem im Rollstuhldienst arbeitet. »Das kommt häufig vor. Die lassen uns spüren, dass sie denken, man ist der letzte Arsch, der hier halt einen Rollstuhl schiebt. Es enttäuscht mich jedes Mal zutiefst, wenn Leute uns selbstgefällig missbrauchen, nur um sich den Luxus zu leisten, auf den letzten Drücker am Flughafen ankommen zu können.«

Einmal im Jahr findet ein Flashmob der Zuspätkommenden in Tegel statt. Dieser Flashmob ist nicht unter den Teilnehmern abgesprochen, wird von höherer Gewalt organisiert und entsteht ganz automatisch, jedes Jahr, immer wieder. An diesem Tag treffen nicht nur die notorisch zu spät Kommenden verspätet ein, sondern ein sehr großer Teil der Fluggäste. Die Mehrheit von ihnen ist überrascht, an diesem Flashmob teilzunehmen. Sie brüllen die Mitarbeiter an, weil angeblich sie Schuld seien, sie hätten die Fluggäste informieren müssen. Für die Kollegen in Tegel ist es einer der schwierigsten Tage: der Sonntag nach der Umstellung von Sommerzeit auf Winterzeit.

Es gibt natürlich zahlreiche andere turbulente Tage, wo jeder Mitarbeiter schon im Morgengrauen weiß, dass man sich in Zen-Buddhismus üben sollte, um gelassen zu bleiben. Insbesondere bei den Frühschichten fällt es einem manchmal schwer, unerschütterlich zu bleiben. Meine persönliche Beziehung zur Frühschicht lässt sich mit dem Wort Hassliebe am besten beschreiben. Mitten in der Nacht schrillt der Wecker, und selbst der sanfteste Weckerton kommt mir wie ein Alarmsignal vor. Ich bin gezwungen aufzustehen. Es gibt kein abscheulicheres Gefühl, als den Tag anzufangen, wenn es draußen, sogar im Sommer, noch dunkel ist. Hat man es aber geschafft, wird man belohnt. Mit den schönsten Sonnenaufgängen am Berliner Himmel, mit der seltenen Ruhe der noch schlafenden Großstadt. Und mit leeren Straßen, die es ermöglichen, ausnahmsweise ohne Stau zum Flughafen zu gelangen. Mit vielen verfügbaren Parkplätzen. Alles in allem ist die Ouvertüre zu einer Frühschicht entspannt.

Der Frieden dauert aber manchmal nur bis zu dem Zeitpunkt, an dem man vor der Abflug- und Ankunftstafel steht. Der erste Weg eines jeden Flughafenmitarbeiters führt entweder zur großen

Informationstafel in der Haupthalle oder zu einem der Monitore am Gang. Hier erfährt man, worauf man sich einstellen kann, ob es ein normaler Tag wird oder alles auf dem Kopf steht. Zugegeben, normale Tage gibt es an keinem Flughafen, auch nicht in Tegel, doch immerhin, die meisten spielen sich im Rahmen des normalen Wahnsinns ab. Steht aber alles auf dem Kopf, ist es schnell mit der Gelassenheit der frühen Morgenstunde vorbei. Dabei scheint alles normal. Die Damen am Backstand holen frische Laugenbrezeln aus dem Ofen, ein Mitarbeiter von GlobeGround Berlin richtet bedächtig die zur Personenleitung dienenden, flexibel aufstellbare Absperrungen vor dem Check-in eines Lufthansa-Fluges aus, an denen sich bald die Warteschlangen bilden werden, in der Espresso-Bar setzt Karim die Kaffeemaschine in Gang. Alles wirkt normal. Doch man spürt die Spannung. Gleich wird das Unabwendbare eintreten. Das sind die selteneren Tage, die Tage des Chaos. Auf den Monitoren steht hinter jeder Maschine »Verspätung«, wenn nicht »gestrichen«.

Wie zum Beispiel in einem Jahr am ersten Ferientag vor Ostern. Anstelle von bunten Eiern unter knospenden Frühlingszweigen sah man nur verwirrte Feldhasen, die sich auf dem Parkplatz warmhopsten. Es schneite seit Stunden unablässig. Und Tegel war rappelvoll. Es schien, als wollte ganz Berlin sich auf die Reise machen, um vor der Kälte zu fliehen. Doch die Kälte wollte die Menschen nicht freigeben. Tegel lag unter einer Schneedecke und mit dem Flughafen auch alle dort stehenden Maschinen. Der Flugverkehr war lahmgelegt. Alles stand still.

Auf der Anzeigetafel stand hinter jedem Flug »delayed«, verspätet auf unbestimmte Zeit. Die Passagiere gaben die Hoffnung nicht auf; voller Vorfreude auf ihren nahenden Urlaub nahmen sie die Verzögerung recht gelassen hin und stellten sich auf gemütliches Warten ein. Halle C war gefüllt mit Familien. Es wurde Ball gespielt, Kinder krabbelten auf dem Boden. Die Eltern standen mit dampfenden Kaffeebechern daneben. In Terminal A schien die wichtigste Frage zu sein, wie man die Zeit bis zum Abflug über-brücken konnte, ohne einen Schwächeanfall durch Verdursten oder Verhungern zu erleiden. Sämtliche gastronomische Einheiten waren überfüllt.

So verging die erste Stunde. Dann schlich sich allmählich eine spürbare Unruhe ein. Die Reisenden wurden ungeduldig, die Stimmung schlug um. Die ersten Hoffnungsblasen platzten: Auf der Anzeigetafel stand nun hinter einigen Flügen »cancelled«, gestrichen. Die Nervosität der Passagiere schlug hier und da erste große Wellen, vor den Ticketschaltern bildeten sich Warteschlangen. Etliche Fluggäste fingen an zu schimpfen oder sich zu streiten. Es wurde schlagartig lauter, als ob jemand den Lautstärkeregler hochgedreht hätte. Mir fiel auf, dass – während andere Fluggesellschaften schon eifrig ihre Flüge strichen – bei Air Berlin alles unverändert blieb. Ihre Maschinen wurden nach wie vor nur als verspätet gemeldet, wenn auch auf unbestimmte Zeit. Air Berlins Terminal C hatte die Unruhe im Hauptgebäude noch nicht erreicht.

In der Halle entdeckte ich Daniela, die Passage-Supervisorin bei GlobeGround Berlin. Fast schon gelangweilt stand sie da und be-obachtete alles aufmerksam und in stetiger Bereitschaft. Daniela ist verantwortlich für die Überwachung der ihr zugeteilten Flüge, vom Check-in der Passagiere und ihren Koffern bis zu den Mitarbeitern und die Pünktlichkeit der Abflüge. Es liegt in ihrer Verantwortung, ob an Bord alles in Ordnung, ob alles bestellt ist: Bestecke, speziel-les Essen, einfach alles. Wenn es irgendwelche Ausfälle gibt, muss sie sofort reagieren. Daniela sorgt auch für Informationen und die Verspätungsansagen: Liegt es am Wetter, an der Crew oder an der Technik der Maschine? Sie selbst nennt sich und ihre Arbeit »Big brother is watching you« oder »Mutti für alles«.

Daniela bestätigte meine Beobachtung. »Auch wenn alle Flüge gestrichen sind, Air Berlin fliegt immer. Die Flüge der Air Berlin werden so lange gehalten, bis es gar nicht mehr geht. Manche Flü-ge sind bis zu zehn Stunden verspätet, dann fliegen sie zwar, aber

Verspätungen gibt es immer wieder

eben erst nach zehn Stunden. Das hat mit dem Slot, dem Zeitfenster zu tun. Bei Verspätung braucht man nicht nur für den Start ein neues Zeitfenster, sondern auch für die Landung am Zielflughafen. Manchmal verschiebt sich der ursprüngliche Slot um zehn Stunden. Tut sich aber eine Lücke auf, in der die Maschine abfliegen und landen könnte, kann er wieder auf zwei Stunden zurückspringen. Die Air-Berlin-Flüge werden also erst mal um zwei Stunden verspätet und dann sieht man weiter. Oft geht es gut. Dann sind die Air-Berlin-Passagiere glücklich, dass sie nicht hierbleiben müssen wie die Lufthansa-Gäste. Das wird von den Fluggästen immer verglichen. Lufthansa streicht sofort. Bei so einem Sauwetter finde ich es auch irgendwo gut; das Wetter ist unberechenbar, man kann sich auf nichts einstellen. Und es ist natürlich auch eine Kostenfrage: Das Personal, das Gate kosten beim Warten teilweise mehr, als

»Na, mal sehen, ob wir heute loskommen!«

wenn man gleich sagt, wir canceln heute, morgen ist ein neuer Tag. Die Lufthansa-Passagiere meckern dann: ›Aber Air Berlin fliegt immer!‹ Doch auch manche Flüge bei Air Berlin starten nicht, am Ende des Tages wird dann doch gestrichen. Dann meckern die Air-Berlin-Passagiere, warum man ihnen das nicht schon am Morgen gesagt hat wie bei der Lufthansa. Wie man es macht, macht man es nicht richtig. Und wie man es macht, macht man es richtig, wenn man Glück hat.«

Elisa gesellte sich zu uns, Flugbegleiterin bei der Fluggesellschaft Germania, allerdings gerade in Air-Berlin-Uniform unterwegs. Germania bietet ihre Dienstleistungen nicht nur bei den eigenen Flügen an, sondern auch bei TUIfly und Air Berlin; sie stellt die Crew an Bord und teilweise auch Flugzeuge für diese Airlines zur Verfügung. Elisa wird bei allen drei Fluggesellschaften eingesetzt, hat Uniformen und Namensschilder für alle drei

Linien. »Na, mal sehen, ob wir heute loskommen!«, sagte sie jetzt, während sich die Halle weiter füllte, immer mehr Fluggäste dazukamen. Sitzen die Fluggäste bei Verspätungen wirklich die ganze Zeit in den Gates herum? Daniela lachte. »Ja, leider!« »Ganz oft auch im Flieger!«, ergänzte Elisa. »Ich habe einmal sieben Stunden, von morgens um fünf bis mittags um zwölf, im Schneegestöber mit meinen Mailand-Gästen in der Maschine gesessen. Nach zwei Stunden wollten die Gäste aussteigen, doch das ging leider nicht mehr. Es waren keine Treppen mehr da, die man an die Maschine hätte schieben können. Ich sagte: ›Tut mir leid, jetzt müssen Sie nach Mailand fliegen, ob Sie wollen oder nicht!‹ Die restlichen fünf Stunden habe ich mit Witz und Charme die Passagiere bei Laune gehalten. Das war wahres Entertainment. Air Berlin ist die einzige Airline, die auch bei Schneechaos sagt: Erst mal einsteigen. Aber wenn der Flugraum gesperrt ist, ist er gesperrt, ganz einfach!«

Die Frage, warum Air Berlin immer fliegt oder versucht zu fliegen, auch wenn es unmöglich ist, ließ mich nach diesem Ostern nicht mehr los. Ich fragte auch bei Gabriela vom Lufthansa-Ticketschalter nach. Sie hatte eine einfache, plausible Erklärung: »Ganz einfach! Tegel ist die Home Base von Air Berlin, das bedeutet, dass sie ihre Flugzeuge hier stehen haben. Für uns ist Tegel keine Home Base, wir können nur mit den Maschinen starten, die hier auch angekommen sind. Wenn ein Flieger hier nicht landen kann, kann er hier auch nicht starten. In Frankfurt haben wir das Problem nicht, dort haben wir unsere Basis und damit genügend Maschinen, auf die wir zurückgreifen können. In Frankfurt und auf anderen Flughäfen hat Air Berlin die gleichen Probleme wie wir hier, nämlich dass keine Maschinen zur Verfügung stehen. Wir werden oft von den Fluggästen darauf angesprochen und versuchen das immer so zu erklären, dass es für Air Berlin nicht unangenehm wird. Denn zu den Kollegen von Air Berlin haben wir ein sehr gutes Verhältnis, ich arbeite gern mit ihnen zusammen.«

Das klingt nach Harmonie unter Konkurrenten. Ich fühle mich in meiner These bestätigt, dass am Flughafen Tegel alle an einem Strang ziehen.

»Das war nicht immer so«, erfahre ich vom Stationsleiter aus der obersten Chefetage der Lufthansa in Tegel. »Als ich nach Tegel kam, fiel mir bei der Einfahrt zum Flughafen hinter dem Taxistand auf der rechten Seite eine Flaggenparade auf. Dort stehen zwölf Flaggenmasten. Als ich das erste Mal hier vorgefahren bin, hing dort in einer Ringposition eine Lufthansa-Flagge, dann war eine Mast frei, danach folgte eine Air-Berlin-Fahne und dann kam eine von TUIfly. Der Rest der Flaggenmasten war leer. Ich habe mich sofort erkundigt, ob es etwas kostet, die Masten zu behängen, und erfuhr, man müsse dafür nicht bezahlen. Also sagte ich: ›Dann kommt eine zweite Lufthansa-Flagge dahin.‹ Unsere zweite Flagge hing keine vierundzwanzig Stunden, da war auch schon die zweite Air-Berlin-Flagge oben. So war das hier, als ich meinen Dienst in Tegel antrat. Wenn ich meinen gelben Eimer nahm und irgendwo etwas gelb hingemalt habe, hat Air Berlin keine vierundzwanzig Stunden später nachgelegt. Der Flughafen war hochsensibel. Wenn wir irgendetwas wollten, ist die Flughafengesellschaft sofort zu Air Berlin gerannt, ob sie das nicht auch wünschten. Wie zum Beispiel der First-Class-Abfertigungsschalter in Halle B. Den wollten die Flughafenbetreiber uns nicht geben, aus Angst davor, dass Air Berlin dann auch einen haben will. Das war fast schon albern, dieses kindische Verhalten war nicht mehr sachgerecht gegenüber den Fluggästen. Inzwischen sind wir so weit, dass wir wirklich das Optimum für das Ganze sehen. Wir sind uns mit Air Berlin einig, wir streiten sogar oft zusammen gegen die Flughafenverwaltung. So können wir unsere Ziele besser erreichen, und letztendlich kommt das allen Passagieren zugute. Heute kann es vorkommen, dass ein Lufthansa-Flug am Gate 2, also am Air-Berlin-Gate, abfliegt. Vor einigen Jahren wäre das noch undenkbar gewesen! Auch wenn es Unregelmäßigkeiten gibt, übernehmen wir gegenseitig Passagiere, lassen also bei Streichungen oder großen Verspätungen unsere Fluggäste mit Air Berlin fliegen oder umgekehrt. Es hat ja keinen Sinn, dass man hier die Passagiere stehen lässt, während Air Berlin halb leer nach Frankfurt fliegt. Da geht es einfach darum, die gesamte Fluglast abzuwickeln. Zum Glück kenne ich meinen Partner bei Air Berlin von früher, wir konnten schon immer gut und zielorientiert zusammenarbeiten. Und wie heißt es so schön: Not schweißt zusammen. Dann funktioniert es auch ... Ob man rot ist oder gelb, das ist dann erst mal egal!« Rot, gelb, blau oder grün: Alle Fluggesellschaften haben eigentlich nur ein Ziel, und zwar, die Passagiere rechtzeitig zu befördern. Trotzdem kann gerade das zu neuen Verspätungen führen, zum Beispiel wenn man auf Umsteiger wartet und Fluggäste, die in Berlin einen Anschlussflug haben, mit ihrer Maschine verspätet landen. Oft lohnt es sich für die Airlines, die Maschine zu halten und die wenigen Minuten zu warten, damit die umsteigenden Passagiere ihren Anschluss bekommen. Sonst bräuchten diese Gäste Verpflegung, müssten eventuell sogar im Hotel untergebracht werden.

»In Tegel gibt es Flugverbindungen, die zu eng geplant worden sind. Die vorgesehene halbe Stunde Umsteigezeit kann sich wegen einer Verspätung schnell verringern, und in zehn Minuten kann es keiner von einem Flieger zum anderen schaffen. Hier kommen wir ins Spiel. Leider«, erklärt mir Marcus vom Mobilitätsdienst. »Einige Mitarbeiter der Airlines wissen, dass wir die Möglichkeit haben, direkt über das Vorfeld Passagiere zur nächsten Maschine zu bringen. Also werden die Umsteiger gerne als Rollstuhlgäste angemeldet. Darauf sind wir natürlich nicht ausgelegt. Wir mussten wegen Falschangaben der Airlines schon wirkliche Rollstuhlgäste stehen und warten lassen, damit Leute, die laufen können, ihren Anschlussflug erreichen.«

Einigen Wochen nach dem Schneechaos zu Beginn der Osterferien befand sich Tegel erneut im Ausnahmezustand. Wegen des Streiks der Lufthansa wurden an diesem Tag viele Maschinen gestrichen. Air Berlin flog, allerdings mit Verspätungen. Nicht nur, weil die Maschinen sehr voll waren, sondern auch aufgrund des gleichbleibend schlechten Wetters. Schließlich fing es erneut an zu schneien und Air Berlin musste überraschend auch Flüge streichen. Ich hatte schon lange nicht mehr solche Massen von Menschen am Flughafen gesehen. Inmitten des Tohuwabohus fiel mir eine ältere Dame auf. Sie muss um die neunzig gewesen sein und war mit einer jüngeren Frau, vermutlich ihrer Tochter, unterwegs. In Tegel gab es mit Sicherheit nirgendwo mehr einen einzigen Sitzplatz und ich machte mir Sorgen um die alte Dame. Da sah ich schon Daniela, die auf sie zusteuerte und sie ansprach. Die Dame kam aus Argentinien und war, wie vermutet, mit ihrer Tochter auf Europa-Reise. Die beiden wollten nach Köln und hatten einen überdimensionalen Koffer dabei. Gerade war auch ihre Maschine gestrichen worden. Ich hörte Daniela sagen, dass sie sich nicht vom Fleck rühren sollten, dann verschwand sie in Windeseile.

Am Abend dieses angespannten Tages traf ich Daniela an der TXL-Bushaltestelle. Nach etlichen Überstunden durfte sie sich endlich auf den Heimweg machen. Ich erkundigte mich, was mit der alten Dame geschehen war.

»Ich wusste, dass bei Air Berlin eine spanische Kollegin arbeitet, und habe sie gebeten, die Omi vorrangig zu behandeln. Das hätte, glaube ich, jeder getan, der ein Herz hat. Sie war wirklich die Einzige am Flughafen, die nicht stehen konnte. Die Kollegin hat den Frauen die Situation auf Spanisch erklärt und sie auf die nächste Maschine umgebucht. Alles lief glatt, sie sollten mit der nächsten Maschine nach Köln fliegen. Allerdings waren es noch vier Stunden bis zum Start, und es war durchaus vorstellbar, dass auch dieser Flug Verspätung haben würde ... Ich ging meiner Wege, doch etwas später sah ich sie wieder. Die alte Dame saß in der Haupthalle auf ihrem gigantischen Koffer, ihre Tochter diente ihr als Rückenlehne. Sie war wirklich gebrechlich! Manchmal arbeitete ich noch in einer der Lounges, und dahin habe ich sie dann einfach mitgenommen. Sie sollten dort warten und sich ausruhen, bis ihre Maschine fliegt. Glücklicherweise gibt es auch in der Lounge eine Kollegin, die Spanisch spricht, ich habe ihr die alte Dame ans Herz gelegt. Als ich ging, hat sie mich in den Arm genommen und mir einen Kuss gegeben. Nun, ich habe etwas getan, das gegen die Vorschriften verstößt, ich habe sie in die Lounge gebracht, obwohl man es nicht darf. Aber ich glaube, das hätte jeder getan.« Wir standen immer noch an der Bushaltestelle. Daniela erzählte weiter: »Flugverspätungen sind nicht nur stressig oder nervig, sie können einen auch total verwirren! Es gibt eine Verbindung mit Air Berlin von Tegel nach Karlsruhe/Baden-Baden. Die Maschine ist recht unkompliziert, sie hebt immer ziemlich pünktlich ab. Neulich aber ist sie nach zwei Minuten zurückgekehrt. Irgendetwas stimmte mit der Technik nicht. Die Gäste mussten wieder aussteigen. Kaum hatten sie das Flugzeug verlassen, sollten sie wieder einsteigen. Alle waren erleichtert: die Passagiere, dass sie nicht in Berlin bleiben mussten, und ich, dass mir die Fragen- und Erklärungsarien erspart blieben. Die Maschine fuhr zur Startbahn und machte dann einen Schlenker. Ich traute meinen Augen nicht: Sie kehrte erneut zurück. Die Gäste stiegen wieder aus. Zum Glück bekamen wir nach einigen Minuten die Meldung, dass das Flugzeug in Ordnung war. Also wurden die Fluggäste wieder in die Maschine gebracht. Ein Geschäftsmann witzelte, wir würden uns sicher gleich wiedersehen. Die Passagiere waren wieder an Bord, ich bin schnell aus dem Gate und wollte zu meinem nächsten Flug, wo es bald mit dem Check-in losging. Jemand von der Securitas rief mir hinterher: ›Karlsruhe/Baden-Baden ist wieder da!‹ Es ging tatsächlich dreimal hin und her! Ich musste noch einige Telefonate erledigen, bevor ich wieder ins Gate ging, stand also draußen. Da sah ich einen Gast von dieser Maschine aus dem Gate kommen und zu einem Taxi gehen. Ich ahnte schon, was los war, und wartete erst mal ab. Der Mann stieg in das Taxi und nannte sein Ziel. Der Taxifahrer drehte sich kopfschüttelnd um. Der Mann fing an, in seiner Aktentasche zu suchen und zeigte dem

Fahrer eine Visitenkarte. Der schüttelte wieder nur verständnislos den Kopf. Da bin ich hin, habe die Tür geöffnet und zu dem Fluggast gesagt: ›Willkommen in Tegel!‹ Er sah sich um und ist vor Schreck fast umgekippt. Nachdem er das dritte Mal in die Maschine gestiegen war, fiel er in einen Sekundenschlaf, und als alle Passagiere erneut die Maschine verlassen mussten, war er von der Stewardess geweckt worden. Er hatte so tief geschlafen, dass er dachte, der Flug sei schon gelandet. Also wollte er ein Taxi zu seinem Hotel nehmen – in Karlsruhe/Baden-Baden.«

EIN MEER VON KOFFERN
WENN NICHTS MEHR FLIEGT

 Neben den vielen chaotischen Tagen und Momenten, die im Flughafenalltag fast schon untergehen, gibt es ab und zu Tage, die man niemals vergessen wird, die sich den Flughafenmitarbeitern für immer ins Gedächtnis brennen.

Der 16. Dezember 2010 war so ein Tag. Barbara hatte sich auf ihn gefreut. Drei Wochen war sie wegen eines gebrochenen Fußes krankgeschrieben. Jetzt war es für sie höchste Zeit, endlich wieder arbeiten zu gehen, denn sie vermisste ihre Arbeit in der Lufthansa Lounge. Noch mehr als die Arbeit vermisste sie den Flughafen. Und obwohl es an diesem frühen Morgen sehr kalt war und schon seit Tagen unentwegt schneite, kam sie doch rechtzeitig am Flughafen an. Der Tag begann ganz normal, es gab einige Verspätungen, aber alles lag noch im für den Winter normalen Bereich. Doch es hörte nicht auf zu schneien. Innerhalb von kürzester Zeit fielen vierzig Zentimeter Neuschnee und behinderten nicht nur in Berlin, sondern deutschlandweit den Verkehr.

Die Flugzeug-Enteiser waren unentwegt im Einsatz. »In diesem Jahr mussten wir schon ab November enteisen«, sagt Jens vom Bodendienstleister GlobeGround Berlin. Er gehört der dreihundertköpfigen Wintercrew an. 150 von ihnen werden von der Flughafengesellschaft für das Räumen der Start- und Landebahnen eingesetzt und 150 für das Enteisen der Flugzeuge. Für die Enteisung gibt es in Tegel fünfzehn Spezialfahrzeuge, »Elephants« genannt. In den neueren Fahrzeugen steuert der Enteiser, der »Eisbär«, per Joystick die Düsen, aus denen das Enteisungsgemisch strömt. Enteist werden die Maschinen in der Regel an ihrer Einstiegsposition, wenn die Passagiere bereits an Bord sind, oder in der Nähe der Startbahn, weil es nach der Enteisung bis zum Start keine lange Wartezeiten geben darf. Tegel hat drei bis fünf Enteisungsflächen. Je nach Witterung reichen etwa 150 Liter der Spezialflüssigkeit aus, um ein Flugzeug startklar zu machen. Bei starkem Schneefall können es aber auch mehrere tausend Liter werden.

Die Fluggesellschaften kämpften an diesem Dezembertag mit dem Winter. Es gab immer wieder Verspätungen. Einige Lufthansa-Flüge waren bereits gestrichen worden, weil die Flugzeuge in Düsseldorf, München oder Zürich nicht hatten starten können. Die meisten für den Tag gebuchten Passagiere versuchten sich im Vorfeld im Internet über den Status ihres Fluges zu informieren, und bald schon war der Internet-Zugang der Berliner Flughafengesellschaft wegen der vielen Anfragen überlastet. So fanden Reisende nur noch den Hinweis: »Aktuelle Statusinformationen sind aus technischen Gründen zur Zeit nicht verfügbar. Es werden daher die Planzeiten der Flüge angezeigt.« Nicht nur in Deutschland, in ganz Europa kam es inzwischen zu massiven Verspätungen und Annullierungen. Der Winterwahnsinn erreichte seinen Höhepunkt.

Passagiere, die es ins Flugzeug geschafft hatten und der Enteisung ihrer Maschine zusehen konnten, hatten Glück. Alle anderen konnten nur noch hoffen. Da bereits viele Flüge gestrichen waren, gab es zahlreiche Passagiere, denen klar war: Heute würde es nicht mehr weitergehen. Sie standen Schlange vor den Ticketschaltern und warteten darauf, dass sie umgebucht oder ein Hotel für die Nacht bekommen würden.

In Tegel packen in Situationen wie diesen alle an. Auch die Leute aus der Büroetage der Lufthansa waren unten am Ticketschalter im Einsatz, der Stationsleiter kümmerte sich vor Ort um Gepäckstücke und Umbuchungen. Hier erreichte ihn die Nachricht der GlobeGround Berlin: »Es gibt nur noch eine Enteisungsposition und die Enteisungsflüssigkeit neigt sich aufgrund von Lieferengpässen des Herstellers dem Ende zu. Das war's dann.« Der Stationsleiter

Bei zu viel Schnee geht gar nichts mehr

wusste, Langstreckenflüge haben in der Regel Priorität. Die A333 von Air Berlin brauchte bis zu einer Stunde für das Enteisen. Dann ging noch die Delta nach New York raus, danach wäre Schluss. Und so traf der Berliner Stationsleiter seine, wie er sagt, »heißeste« Entscheidung: Er rief in Frankfurt bei der Lufthansa-Verkehrszentrale an und sagte: »Bitte alle Lufthansa-Flüge, die noch heute aus Berlin rausgehen sollten, streichen!« In Frankfurt glaubte man, sich verhört zu haben. Der Stationsleiter schilderte die Situation in Tegel und erklärte: »Es ist besser, jetzt alles zu streichen, als später. Dann kriegen die Passagiere das noch zu Hause mit und kommen nicht zum Flughafen. Sie rufen im Call Center an und lassen sich umbuchen.«

Ziel in solchen Situationen ist immer, die Menschen vom Flughafen fernzuhalten, kann man ihnen doch vor Ort auch nicht besser helfen als per Internet oder am Telefon. Auf diese Weise verhindert man ein ansonsten unabwendbares Chaos am Flughafen. »Meine Mitarbeiter am Ticketschalter haben gedacht, dass ich verrückt geworden bin. Aber ich habe recht behalten. Denn kurz darauf haben auch alle anderen Airlines ihre Flüge aus Berlin gestrichen. An einem Tag fliegen ab Tegel über 7000 Passagiere mit der Lufthansa. Bei einem halben Tag mit gestrichenen Flügen wären auf einmal um die 3500 Passagiere hier gewesen. Sie wären gar nicht bis zu unserem Schalter gekommen, sie hätten den gesamten Flughafen geflutet.«

Barbara und ihre Kolleginnen in der Lufthansa Lounge waren zwar mit immer mehr Umbuchungen und den sich häufenden Fragen der Passagiere konfrontiert, aber sie hatten noch alles im Griff. Bis ein Anruf sie über die Entscheidung des Stationsleiters informierte. »Ich dachte zuerst, es sei ein Scherz, und lachte auch noch. Dann begriff ich, dass es Ernst war. Und auf einmal ging es los!«

Das sind die sogenannten Irreg-Tage, »Irreg« von »Irregularity«, Unregelmäßigkeit. »Was machen Sie mit jemandem, der über Düsseldorf nach New York fliegen will und Düsseldorf wurde geschlossen? Man kann nur versuchen zu helfen und das Gefühl zu geben, dass der Passagier nicht alleine ist. In so einer Situation können wir eigentlich gar nicht viel machen. Wir können Bahn-Voucher ausstellen und schauen, wie die Züge fahren – in der Hoffnung, dass sie fahren. Wir hatten die Lounge voller Menschen, die nicht wussten, wie sie von A nach B kommen sollten. Und wir mussten ihnen helfen. Doch man hatte uns unser Werkzeug, die Flugzeuge, genommen. Wir mussten irgendwie aus der Situation raus. Da bin ich aufgestanden und habe gesagt: ›Meine Damen und Herren, wir haben ein Problem. Wir können nicht mehr fliegen, wir haben keine Enteisungsflüssigkeit mehr. Wir können Ihnen nur noch die Bahn anbieten. Und dann haben wir wie verrückt Bahn-Voucher ausgestellt. Die Bahn fuhr, aber auch nur unter katastrophalen Umständen. Die Menschen waren ungeduldig, die Schlange endlos. Drei

Journalisten, drei Stammgäste, die wir seit Jahren in der Lounge kannten, stellten sich vor meinen Schalter und sagten: ›Die Wand steht, jetzt kommt hier keiner an uns vorbei. Sie können in Ruhe arbeiten!‹«

In dieser Nacht campierten Gestrandete aus aller Welt im Flughafengebäude. Passagiere aus Dänemark, Schweden und vielen anderen Ländern, die auf ihrem Heimweg aus Bangkok oder aus Miami in Berlin nur umsteigen wollten, saßen in Tegel fest, viele von ihnen ohne geeignete Winterkleidung. Ihr unfreiwilliger Kurzurlaub in Berlin dauerte bis zu fünfundzwanzig Stunden. Ausnahmsweise wurden die Terminals für diese Nacht nicht geschlossen. Die Passagiere übernachteten auf dem Fußboden, auf den Bänken oder auf den Gepäckbändern am Check-in-Schalter. Andere haben auf dem Gepäckwagen vor den Ticketschaltern geschlafen in der Hoffnung, am nächsten Morgen als Erste dranzukommen.

Am nächsten Vormittag starteten eins nach dem anderen wieder Flugzeuge. Bald normalisierte sich die Lage. Doch nun kam ein anderes Problem mit unerwarteter Wucht auf die Mitarbeiter in Tegel zu: die Kofferflut!

Langsam trafen die Koffer aus Frankfurt und München ein. Koffer von Gästen, die aus der ganzen Welt in Frankfurt oder München angekommen, dort umgestiegen waren und nach Tegel weiterfliegen wollten. Die, da ihr Flug gestrichen wurde, schließlich mit der Bahn gefahren, deren Koffer jedoch in Frankfurt und München in der Gepäckablage geblieben waren. Diese Passagiere hatten inzwischen ihre Gepäckverlustmeldungsformulare bekommen und nach Tegel geschickt. Jetzt lag es an Lost & Found, die vermissten Koffer zu finden und den Passagieren zuzustellen. So weit das übliche Prozedere. Nur dass diesmal so viele Flüge gestrichen wurden, wie noch nie zuvor, und es entsprechende Mengen an Koffern waren, wie man sie bislang in Tegel noch nie gesehen hatte.

Die Koffer kamen auf dem Landweg in riesigen Containern an, und man hatte nicht einmal die Zeit, sie auszuräumen, denn schon waren die nächsten da. »Und dann mussten wir wieder alle ran«, erzählt der Stationsleiter der Lufthansa weiter. »Wir hatten angefangen, die per Fax zugeschickten Verlustmeldungen der Passagiere ins Computersystem einzugeben, damit wir der GlobeGround Berlin helfen konnten. Jeder war dabei, PIRs (Property Irregularity Report) einzutippen, denn jeder Mitarbeiter, der einen Koffer in der Hand hatte, musste irgendwie herausfinden, wo er hin sollte. Wir mussten Gepäckstücke und Besitzer praktisch im System zusammenführen. Alle haben daran gearbeitet. Eine Woche später bin ich in den dreitägigen Weihnachtsurlaub gegangen. Die GlobeGround Berlin sagte mir: »Ja, jetzt haben wir es bald. Es sieht gut aus.«

Was aber niemand wusste, war, dass diese letzte Woche nur die Generalprobe für das gewesen war, was noch kommen sollte. Denn die richtige, die große Kofferflut kam jetzt erst am Flughafen an. Containerweise, ohne Pause, wurden immer weiter Gepäckstücke geliefert. Das Vorfeld war voll, die Transferhallen waren voll. Jeder freistehende Zentimeter war von einem Meer an Koffern belegt.

Es musste etwas getan werden. Und zwar schnell!. »Da habe ich von zu Hause über Telefonverbindung mit dem Flughafen und GlobeGround Berlin im Nordteil von Berlin einen Möbellager räumen lassen und es kurzfristig angemietet«, berichtet der Stationsleiter. »Wir haben sämtliche Gepäckstücke dorthin gebracht. In solchen Momenten halten nicht nur die Mitarbeiter, sondern auch die Fluggesellschaften zusammen. Die Air France war dabei, die British Airways. Alle haben die Gepäckstücke erst mal in diese Halle rüberkarren lassen. Die Koffer wurden dort bis an die Decke gestapelt. Ich glaube, so viele Koffer hat noch keiner gesehen. Und dann haben wir Stück für Stück alles abgearbeitet. Das war der absolute Wahnsinn.«

Auch Corni von GlobeGround Berlin hat in diesen Wochen viele freiwillige Überstunden gemacht. »Bevor die Halle angemietet wurde, sind wir hier draußen rumgelaufen und haben Sherlock Holmes gespielt. Jeder, selbst die Geschäftsführung, ist runter auf

5000 Koffer und kein Ende

das Vorfeld und hat nach Koffern gesucht, damit die Situation überschaubar wird. Die Gepäckstücke waren auf dem ganzen Flughafen verteilt. Es waren mehr als fünftausend Koffer. Und fünftausend Koffer brauchen Platz, das glauben Sie nicht! Lost & Found ist dafür nicht ausgelegt und das Zolllager sowieso nicht. Die Räume hier platzten aus allen Nähten. Aber nicht nur hier, in München genauso, in Düsseldorf auch, alle Ankunftshallen waren voll mit Gepäck. Man stolperte überall über Koffer!« Das Handy des Lufthansa-Stationsleiters klingelte pausenlos. »Bei mir hagelte es Anrufe von Vorständen. ›Ja, eine gute Bekannte hat einen Koffer in Tegel. Könnten Sie mal gucken gehen?‹ Aber bei fünftausend Koffern können Sie nicht mehr gucken gehen!«

Auch Cornis Telefon klingelte in diesen Tagen ununterbrochen, und immer ging es um dringende Fälle. »Eine Frau war verzweifelt, weil sie am nächsten Tag bei einem Schießwettbewerb antreten musste. Und ihr Gewehr war in einem der Koffer. Ich bin stundenlang herumgelaufen und habe irgendwann unter Tausenden von Gepäckstücken diesen gelben Schießkoffer gefunden. Ich habe sie sofort angerufen, weil ich mich so gefreut habe, dass ich ihren Koffer rechtzeitig nach München schicken konnte. Da war ich echt super happy«, erinnert sich Corni. »Eine andere Frau hatte ihr Atemgerät, auf das sie angewiesen war, im Koffer. Bis es gefunden wurde, musste sie in einem Krankenhaus behandelt werden. Auch diesen Koffer haben wir gefunden. Es gab noch viele Einzelfälle, die ähnlich dringend waren. Wir waren fertig. Das kann man, glaube ich, nicht noch einmal so durchstehen.«

Das war der Winter 2010. Besser gesagt der Vorwinter, der bereits im November begonnen hatte und sich bis zum 17. Dezember so richtig austobte, obwohl der eigentliche, der kalendarische Winter noch nicht einmal begonnen hatte. Der darauf folgende Weihnachtsverkehr verlief in völliger Schneelosigkeit. Es hat aber noch einen ganzen Monat gedauert, bis auch der letzter der gestrandeten Koffer Tegel verlassen hatte. Das war am 15. Januar 2011.

Heute gibt es die Möglichkeit, die Koffersuche über das Internet zu erledigen. Wenn es Streichungen gibt, öffnet Lufthansa ein weltweit zugängliches Portal. Darüber können die Kunden ihr Gepäck suchen und müssen nicht mehr stundenlang an den Flughäfen warten. Nur für den Stationsleiter hat sich wenig geändert. Sein Telefon klingelt weiterhin pausenlos.

V.I.A.S
SCHWIERIGE PASSAGIERE

 Flughafenmitarbeiter müssen sich in ihrem Job auf einiges gefasst machen – und sie leben gefährlich. Laut einer Statistik von Boeing, die Flugunfälle mit tödlichem Ausgang von 1959 bis 2008 untersucht, kommt es in einem Viertel dieser Fälle während der Landung zu einem Unfall. Nimmt man den Sinkflug (vier Prozent), den frühen (zehn Prozent) und den finalen Landeanflug (elf Prozent) hinzu, ereignet sich jeder zweite Unfall ab dem Zeitpunkt, wenn das Flugzeug seine Reiseflughöhe verlässt. Auch der Start zählt zu den gefährlicheren Momenten eines Flugs: Zwölf Prozent aller Unglücke sind bereits auf dem Rollfeld zu verzeichnen. Ebenfalls zwölf Prozent der Flieger verunglücken beim Start und während des Steigflugs noch einmal achtzehn Prozent. Lediglich auf Reiseflughöhe ist es statistisch gesehen sicherer: Nur acht Prozent der erfassten Unglücke ereignen sich in dieser Phase.

Am häufigsten sind Flugzeugunglücke also an einem Flughafen oder zumindest in dessen Nähe. Die Gefahr ist allerdings nicht immer auf das Flugzeug, auf technische Mängeln oder andere Fehler zurückzuführen. Eine nicht zu unterschätzende Gefahrenquelle sind die Passagiere selbst.

Woran es liegt, weiß niemand, aber selbst friedliche Menschen können auf einem Flughafen aggressiver und fordernder werden, als sie es sonst sind. Sie sehen in den Mitarbeitern oft nichts anderes als – bildlich gesprochen – einen Sandsack, auf den sie einprügeln können, um ihre Wut an ihm auszulassen. Wenn alles gut läuft, ist es einfach, nett zu sein. Natürlich gibt es Menschen, die sich selbst in solchen Situationen zickig verhalten, aber die meisten Passagiere sind in der Regel unproblematisch. Erst wenn irgendetwas schiefläuft, zeigt sich, wer sich zu benehmen weiß.

Wer am Flughafen arbeitet, kennt das. »Es gibt Leute, die sehr persönlich werden können«, klagt Angelika, Supervisorin am KLM-Schalter. »Harmlos sind noch Sprüche wie ›Sie haben ja keine Ahnung!‹ oder ›Alles Idioten hier!‹, also verbale Beschimpfungen. Ich glaube, das Schlimmste für die Menschen ist – und das kann ich auch gut nachvollziehen –, wenn sie keine Informationen erhalten. Wenn sie nicht wissen, woran sie sind. Aber man muss in einem Ausnahmefall als Mitarbeiter am Flughafen Prioritäten setzen. Es gibt eine bestimmte Reihenfolge in den Abläufen, die man einhalten muss. Aber wenn ich dann sage: ›Es tut mir leid, wir werden uns um alles kümmern, wir bitten Sie um etwas Geduld‹, dann antwortet manch einer: ›Was Sie da in Ihrem Kommunikationslehrgängen gelernt haben, das können Sie sich in die Haare schmieren!‹«

Eigentlich müssten die meisten Konflikte erst gar nicht entstehen, wenn man darauf achten würde, was man darf und was man besser nicht tun sollte. Die heiklen Themen sind immer wieder dieselben: Übergepäck, zu viel Handgepäck – oder Verspätungen.

»Es gibt viel mehr verspätete Passagiere als verspätete Flugzeuge«, behauptet Angelika. »Nach einer Firmenfeier zum Beispiel traf einmal ein Mann viel zu spät im Terminal D beim Check-in ein. Er leitete eine große Firma und war für Tausende von Mitarbeitern zuständig. Ich kam gerade dazu, als meine Kollegin ihm sagte, dass sein Flugzeug soeben auf die Startbahn rollte. Er warf seine Aktentasche durch die Gegend und brüllte: ›Jetzt machen Sie was!‹ Wir haben ihm höflich erklärt, dass er das nächste Flugzeug nehmen müsste, denn diese Maschine befinde sich mittlerweile im Steigflug. Da ich später dazugekommen war, schrie er mich an: ›Wer sind Sie eigentlich? Das ist eine Frechheit! Ihren Namen!‹ Und gerade als ich ihm meine Visitenkarte geben und ihm sagen wollte, dass ich Supervisor bin, griff er zum Namensschild an meiner Uniform und riss es einfach ab. Einfach so! Ich war schockiert. Er ließ mich mit

Die meisten Passagiere sind ganz harmlos

dem Loch in der Uniform stehen, marschierte wie ein Gockel davon und sagte noch: ›Ich gehe jetzt in die Lounge!‹«

Obwohl Herr und Frau Müller viel zu spät dran waren, hatten sie Glück. Da sie nur Handgepäck dabei hatten, sagte die Dame am Check-in ihnen, dass sie ausnahmsweise mitfliegen könnten. Es war fünfzehn Minuten vor der Abflugzeit der ersten Maschine nach Düsseldorf. Bis auf Herrn und Frau Müller waren alle Passagiere bereits im Gate, mehr als die Hälfte von ihnen sogar schon im Flugzeug. Die Dame am Check-in überreichte den beiden schnell ihre Bordkarten und bat sie, sich zu beeilen. Herr Müller sah sich die Bordkarten an und bemerkte, dass er und seine Frau nicht nebeneinander sitzen würden. »Nee, also das geht nicht!« Herr Müller drehte sich wieder um. »Wir wollen nebeneinander sitzen!« Die Dame antwortete: »Es tut mir leid, aber der Flug ist ausgebucht und alle haben bereits eingecheckt. Sie können vielleicht im Flugzeug versuchen, mit jemandem zu tauschen. Alle haben bereits ihren Sitzplatz eingenommen. Sie hätten auch vorher reservieren oder Ihre Bordkarte selbst ausdrucken können. Oder früher beim Check-in sein können. Aber jetzt sind meine Hände wirklich gebunden. Sie sitzen schräg hintereinander. Der Flug dauert nur eine Stunde. Haben Sie bitte Verständnis.«

Doch Herr Müller hatte alles andere als Verständnis und antwortete zornig: »Dann fliegen wir nicht!« Zu diesem Zeitpunkt war der Flug bereits geschlossen. Das Check-in-Personal für den nächsten Flug rückte an und nahm an den Computern seine Plätze ein. Auch die Dame, die die Eheleute Müller in letzter Sekunde für den Flug angenommen hatte, musste weiter zu ihrem nächsten Flug. Also teilte sie den verspäteten Passagieren mit: »Leider ist der Flug jetzt geschlossen. Bitte gehen Sie gegenüber zum Ticketschalter. Sie müssen sich auf den nächsten Flug umbuchen lassen.« Um ein Haar wäre Herr Müller über den Tresen des Schalters gesprungen. Seine Frau versuchte ihn zu beruhigen, doch er tobte vor Wut. »Ich bringe Sie um! Sie sind böswillig und haben das mit Absicht gemacht!«

Sind es Frauen oder Männer, die häufiger ausrasten? Angelika kennt die Meinung der Flughafenmitarbeiter. »Männer brüllen öfter, regen sich mehr auf, werden laut, hören dann aber wieder auf. Frauen sind da schlimmer. Sie sind biestig. Die hören nicht auf, herumzuzicken. ›Ich habe lieber eine Minute Gebrüll als zehn Minuten Gezicke‹, sagen die meisten Kollegen.«

Jeder Mitarbeiter war schon mal den Tränen nah oder hat schon mal geweint. Auch Gabriela vom Lufthansa-Ticketschalter. »Mit den Jahren wird es immer besser, schließlich hat man schon vieles erlebt und das härtet ab. Aber es gibt Männer – und das sind tatsächlich die Männer –, die suchen sich extra eine junge Kollegin aus und machen sie dann so richtig fertig. Und schimpfen. Aber immer mit einem ›Sie‹ davor: ›Sie blöde Kuh!‹ oder ›Sie blöde F...!‹ Das machen wirklich nur Männer, das habe ich von einer Frau noch nie erlebt. Ich habe jetzt graue Haare und gerate weniger in Konflikte. Vielleicht hat man jetzt mehr Respekt vor mir wegen meines Alters. Aber das Hahngetue bei den Männern, das beobachte ich tagtäglich. Am schlimmsten sind Männer, die sich vor ihren Frauen oder vor ihren Kollegen profilieren wollen. Taschen herumschmeißen, das passiert oft. Männer werfen gerne mit ihrer Aktentasche. Es sind schon Koffer auf uns geflogen, aber auch Damenhandtaschen. Das kommt leider alles vor.«

Das konfliktträchtigste Thema ist die Sache mit dem Übergepäck. Die Gepäckvorschriften sind von der Airline festgelegt und werden den Passagieren bei der Buchung angezeigt. Trotzdem sind zahlreiche Koffer wesentlich schwerer als erlaubt. In diesem Fall wird der Passagier vom Check-in-Schalter zum Ticketschalter geschickt, wo er den für das Übergepäck anfallenden Aufpreis bezahlen muss. »Manchmal hätte ich mir eine kugelsichere Weste gewünscht«, sagt Wiebke vom Lufthansa-Ticketschalter. »Besonders die Flüge in die Türkei oder in die arabischen Länder sind betroffen. Hier haben die Passagiere sehr oft mehr Gepäck als erlaubt.« Was dann passiert? »Sie lassen ihre Wut an uns aus, als wären wir es gewesen, die ihren Koffer so schwer beladen haben. Wir werden oft als Nazis beschimpft. Es wird uns auch angedroht, dass man uns umbringt. Man sollte versuchen, das nicht persönlich zu nehmen. Das ist schwer, besonders wenn Passagiere wirklich zuschlagen. Männer unter sich regeln das auf ihre Weise. So sieht man den Vertreter von Öger Tours oder von Turkish Airlines öfter mal mit einem blauen Auge!«

Es gibt einen einzigen Passagier, über den alle, wirklich alle, die bereits vor 1995 in Tegel gearbeitet haben, sprechen. Er war ein notorischer Zuspätkommer und ein Provokateur auf hohem Niveau. Insider nannten ihn »Herr Übelkrähe«, diesen Namen hatte er sich bereits zu Pan-Am-Zeiten gemacht. Erblickte man seinen Namen auf der Passagierliste, wusste man: Es gibt Ärger, und dieser Ärger war vorprogrammiert. Denn Herr Übelkrähe machte selbst dann

Ärger, wenn er so spät am Flughafen ankam, dass die Maschine schon in der Luft war. Noch dazu war Herr Übelkrähe Vielflieger und er hatte Beziehungen auf jeder Ebene. Versuchte man, eine Regelung durchzusetzen, die ihm nicht passte, rief fünf Minuten später der Vorgesetzte beim Mitarbeiter an und erteilte eine Anweisung, die Herrn Übelkrähe recht gab. Sein Ruf war so schlecht, dass sich, wenn er erschien, alle Mitarbeiter am Pan-Am-Schalter duckten, damit sie sich ja nicht mit ihm befassen mussten. Er wurde von mehreren Mitarbeitern wegen massiver Beleidigung angezeigt, aber irgendwie kam er immer wieder davon.

Beim letzten Flug der Pan Am von Berlin erschien Herr Übelkrähe wieder auf den letzten Drücker. Damals herrschte bereits die Regelung, dass man nur ein Handgepäckstück mit in die Kabine nehmen durfte. Herr Übelkrähe hatte drei. Als die Sicherheitsmitarbeiter ihn darauf ansprachen, antwortete er: »Die Bombe habe ich bereits eingecheckt.« Das war der Augenblick, auf den viele gewartet hatten, denn diesmal war Übelkrähe zu weit gegangen. Es gab eine gewaltige Verspätung, das gesamte Gepäck wurde wieder aus dem Flugzeug geholt und kontrolliert, und es gab schließlich ein Urteil und eine satte Geldstrafe. Zum Wohl der einen, zum Übel der anderen.

Ein Problem, dass sich nicht beeinflussen oder lösen lässt und gegen das keiner etwas tun kann, ist das Wetter. In einer Gewitternacht im Juni 2012 geschah, was alle seit Langem befürchtet hatten: Wegen Überbelegung musste der Flughafen Tegel geschlossen werden. Alle Parkpositionen waren besetzt, es gab keinen Platz mehr für weitere Flugzeuge. Bis zu diesem Tag hatte Tegel den wachsenden Verkehr, der wegen der erneut verschobenen Eröffnung des Flughafens BER abgewickelt werden musste, relativ gut verkraftet. Doch in dieser Juninacht war man an seine Grenzen gestoßen.

Die Gewitterfront befand sich direkt über dem Flughafen. Aufgrund der Gefahr einschlagender Blitze konnten die Flugzeuge nicht mehr betankt werden, es waren keine Starts und auch keine

Landungen mehr möglich. Das Ganze dauerte eine gute Stunde, und dieser Zeitraum reichte aus, um ein fürchterliches Chaos anzurichten. Da es schon spät war und das Nachtflugverbot bald begann, mussten alle Fluggesellschaften ihre Passagiere auf den nächsten Tag umbuchen und Unterkünfte für sie organisieren. Auch der Lufthansa-Ticketschalter verschwand hinter einer Menschenwand. Alle Mitarbeiter taten, was sie konnten. Dann trat der Moment ein, an dem nichts mehr ging: Alle Berliner Hotels waren ausgebucht und es konnten keine Umbuchungen für den nächsten Tag mehr angenommen werden, denn auch diese Flüge waren bereits ausgebucht. Zuerst fingen die Passagiere aus Spanien an zu schreien: »Wir wollen fliegen! Wir wollen fliegen!« Dann folgten die Passagiere nach Istanbul auf Englisch oder auf Türkisch. Hinein mischte sich eine gewaltige Portion Russisch. Es war ein absolutes Tohuwabohu und die Fluggäste wurden immer aggressiver. Man sah die Angst in den Augen der Mitarbeiter. Um die Situation zu entschärfen, wurde der Lufthansa-Schalter geschlossen, woraufhin die Menge noch lauter skandierte. Die Polizei trat auf den Plan, stellte sich zu den Mitarbeitern in den Schalter und versuchte, die Menge zurückzuhalten. Die Wut der Passagiere richtete sich nicht etwa gegen etwas nicht zu Beeinflussendes wie das Gewitter. Sie richtete sich gegen die Mitarbeiter am Schalter, deren Handlungsfähigkeit durch die Folgen des Gewitters genauso beschränkt war wie die Flugfähigkeit. So taten die Mitarbeiter das Einzige, was sie in dieser Situation tun konnten: Sie nahmen ihre Sachen und gingen nach Hause.

»Selbst bei einem technischen Fehler an der Maschine fangen manche an zu schimpfen«, sagt Wiebke. »Dann kommen sie zu uns und beschweren sich. Aber was sollen wir denn tun? Soll die Maschine nicht ausgetauscht oder repariert werden? ›Ja, aber wir wollen, dass die Maschine jetzt fliegt!‹ Ich sage dann: ›Würden Sie jetzt in ihr kaputtes Auto einsteigen wollen?‹ ›Nein, aber ich will jetzt, dass die fliegt!‹« Aye, aye, Herr Kapitän!

Auch neue Bestimmungen erregen oft Ärger. 1995 führte die Lufthansa auf ihren Flügen das Rauchverbot ein. Doch diese Nachricht erreichte nicht alle Passagiere. Auch Herr S. war äußerst überrascht, dass er sowohl auf dem Flug von Berlin nach Frankfurt wie auch für den Weiterflug nach New York auf einen Nichtraucherplatz gebucht war, obwohl er ausdrücklich einen Raucherplatz bestellt hatte. Seinen Hunger nach Nikotin sah man ihm von Weitem an: gelb gegerbte Haut, nikotinfarbene Fingerspitzen, vergilbte Zähne. Die Lufthansa-Mitarbeiterin, selbst Raucherin, hatte Verständnis für sein Problem, aber es gab keine Alternative, Rauchverbot war Rauchverbot. Dabei hatte sich Herr S. alles so schön ausgemalt. Er wollte sich einen Film ansehen, dabei einige Whiskys nippen, und für seinen Nikotinhunger hatte er eine ganze Schachtel Zigaretten eingeplant. Für die Reise nach New York hatte er sich extra in Schale geworfen, Cowboyhut, Lederjacke, Stiefel im Schlangenlederlook und nach hinten gegelte Haare. Hinter ihm stand ein Mann mit heller Wildlederjacke, gemustertem weinroten Tuch, teurem Pulli, teurer kleiner Aktentasche und Hornbrille. Er musste jede Einzelheit des Gesprächs mit anhören. Die Schlange hinter Herrn S. wuchs an. Die Flughafen-Mitarbeiterin sagte: »Bitte gehen Sie hinüber zu meiner Kollegin. Sie wird sich mit Ihrem Rauchproblem befassen, und ich mache hier weiter.« Sofort fing Herr S. wieder an zu protestieren, und der Mann hinter ihm in der Schlange verlor die Geduld. »Aber Sie haben doch gehört, es gibt keine Raucherflüge mehr. Gehen Sie doch zu der Kollegin rüber, wir warten hier auch alle.« Die Schlange war inzwischen noch länger geworden. »Ich gehe hier nicht weg!«, polterte Herr S. »Ich sehe das gar nicht ein. Was mischen Sie sich überhaupt ein?« Er schob sein Gesicht bedrohlich nahe an die Hornbrille heran und zischte: »Halt die Fresse, oder ich hau dir aufs Maul!« In solchen Momenten ist es wahrscheinlich wirklich ratsam, den Mund zu halten. So entschied sich auch der Herr hinter Herrn S., eine Schweigeminute einzulegen. Doch dann sagte irgendjemand weiter hinten in der Schlange: »Mensch, was soll das überhaupt?!« In diesem Moment drehten sich die Cowboystiefel um, die Lederjacke spannte sich, der Cowboyhut folgte der abrupten Bewegungen der Augenbrauen. Die Faust holte aus und WUMM! Wie im Film knickte der Passagier hinter Herrn S. um und fiel mit blutender Nase zu Boden. Ich sah Herrn S. dreißig Minuten nach dem verspäteten Start seiner Maschine vor dem Flughafengebäude wieder. Er rauchte und erklärte den Polizisten: »Ich habe ihm gesagt, er kriegt eins aufs Maul, wenn er den Scheiß nicht lässt!« Ein Cowboy hält Wort!

Das Anspruchsdenken der Passagiere ist immer wieder ein sehr sensibles Thema. Es manifestiert sich in der Aussage: »Ich will, was mir zusteht. Das ist mein gutes Recht!« Und das nicht erst seit gestern.

Die Geschichte führt uns zurück in die Zeiten der Deutschen British Airways. Die Deutsche BA flog mehrere Jahre lang von Tegel aus etliche innerdeutsche Ziele an. Wie bei den meisten Linienflügen hatte auch sie zwei Passagierklassen: Economy und Business. Der Flug nach München war überbucht, die Check-in-Mitarbeiter hatten alle Hände voll zu tun. Da kam der Schauspieler Herr C. mit einem Ticket, das für die bereits überbuchte Economy Class ausgestellt war. Der Check-in-Mitarbeiter wollte ihm ein kleines Geschenk machen und sagte: »Herr C., Ihre Klasse ist leider überbucht, dürfen wir Sie in die andere umbuchen?« Das wäre die Business-Klasse gewesen, ein kostenloses Upgrade also. Jeder, der zugehört hätte, hätte das auch verstanden. Doch Herr C. hörte nur eines: Er bekam nicht, was ihm zustand! Er ballte die Faust und fing an, damit auf den Tresen zu klopfen. »Ich will so fliegen, wie ich gebucht habe, basta!« »Ihr Wunsch ist uns Befehl«, entgegnete der Kollege am Check-in. Und so gab es auf diesem Flug mindestens zwei glückliche Passagiere: Herrn C., der sein Recht bekommen hatte und Economy flog. Und ein anderer Passagier, auf dessen Platz Herr C. jetzt saß, und der vermutlich noch nie in seinem Leben in der Business-Klasse geflogen war.

Manchmal geht es aber auch um Ehre und Würde, und die Würde des Menschen ist bekanntlich unantastbar. Das dachte sich auch Frau Doktor Ingeborg M. als sie kurz nach dem Check-in nach Istanbul bemerkte, dass ihr auf der Bordkarte etwas äußerst Wichtiges abhanden gekommen war: ihr Doktortitel! Bestürzt stürmte sie zurück zum Check-in-Schalter und warf der Mitarbeiterin, die inzwischen mit dem nächsten Passagier beschäftigt war, ihre Bordkarte hin. »Das kann nicht sein, dass auf meiner Bordkarte mein Doktortitel nicht zu sehen ist! Das müssen Sie sofort ändern!« Leider war der Titel aber schon bei der Buchung nicht angegeben worden, und so stand die Check-in-Mitarbeiterin vor einem Problem. Die Software war so programmiert, dass sich ein Titel nach der Buchung nicht mehr ändern ließ. Die einzige Lösung wäre gewesen, die komplette Buchung zu ändern, dazu aber hätte sich die Frau Doktor einige Gates weiter zum Schalter der Turkish Airlines bemühen müssen. Frau Doktor M. regte sich daraufhin so auf, dass die Mitarbeiterin diesen Vorschlag nur wenige Minuten später verwerfen musste. Die zweite Möglichkeit war, den Doktortitel einfach mit der Hand auf die Bordkarte zu schreiben. Diese Idee wäre zwar etwas improvisiert, aber immerhin eine Lösung gewesen. Dennoch versetzte sie Frau Doktor M. in Rage. Sie schrie derartig, dass die auf den Check-in wartenden übrigen 157 Passagiere allesamt einige Schritte zurücktraten. An diesem Punkt entschied sich die Mitarbeiterin, dass der Zeitpunkt reif war für ihre Supervisorin Anna-Maria.

Anna-Maria arbeitete zu diesem Zeitpunkt bereits seit fünfundzwanzig Jahren am Flughafen. Als sie den Anruf erhielt und den Grund für die Auseinandersetzung erfahren hatte, dachte sie zuerst, es handele sich um einen Scherz ihrer Kollegen. Sie kam also mit einem Schmunzeln an den Schalter, wo ihr jedoch sofort der Ernst der Situation klar wurde. Sie informierte sich schnell über die bisherige Vorgehensweise, sagte der Mitarbeiterin, sie solle bitte mit dem Einchecken der Passagiere fortfahren, damit es keine Verspätung

Beim Check-in sind flexible Lösungen gefragt

gäbe, und übernahm den Fall. Die einzige und letzte Möglichkeit war, eine Namensänderung vorzunehmen. In diesem Fall ließ sich der Titel direkt vor den Namen eintragen. Der einzige Nachteil dabei: Man musste alles zusammenschreiben. Das Ergebnis war also: FrauDoktorIngeborgM. Frau Doktor M. drohte vor Wut in Ohnmacht zu fallen. Sie war erschüttert angesichts dieser Erniedrigung, dieses unfassbaren Verlusts ihrer Ehre. Sie protestierte. Anna-Maria versuchte ihr erneut zu erklären, dass das alles nicht passiert wäre, wenn derjenige, der gebucht hatte, bei eben dieser Buchung den Doktortitel eingetragen hätte. Der Fehler sei dort entstanden, und nun stehe leider nur diese begrenzte Auswahl an Mitteln zur Verfügung, um das Problem zu lösen. Und dann kam Anna-Maria höflich, aber bestimmt auf den Punkt: »Und für eine dieser Lösungen müssen Sie sich in den nächsten fünf Minuten bitte entscheiden, wenn Sie mit dieser Maschine nach Istanbul fliegen möchten. Sonst kommt, so leid es mir auch tut, nur die letzte Möglichkeit in Frage: Sie bleiben heute hier.« Die am Boden zerstörte Person, die einst FrauDoktorIngeborgM. gewesen war, ließ sich mit schwacher Stimme vernehmen: »Und wie lange dauert der Flug nach Istanbul?« »Zwei Stunden und fünfundvierzig Minuten«, antwortete Anna-Maria, und kurz darauf hörte sie: »Dann werde ich meine Bordkarte sofort in kleine Fetzen reißen, sobald ich eingestiegen bin.« Es war die Geburtsstunde eines Kompromisses.

Ruth ist die Dienstälteste bei der Flugsicherheit. Beleidigungen kennt sie zur Genüge. »Das geht bis zu einem gewissen Grade. Man hat ja zwei Ohren. Hier rein und da raus. Und wenn es zu extrem wird, dann holen wir die Bundespolizei.« Wo die Grenze ist? »Wenn es ans Persönliche geht. Solange ich als Luftsicherheits-Assistentin für die Ausübung meiner Tätigkeit beleidigt werde, ertrage ich das. Wenn es persönlich wird, flippe ich auch aus. Was haben sie schon zu mir gesagt? ›Ihr Mann kann Sie nicht befriedigen.‹ Dann sage ich zur Polizei: ›Mir ist das zu blöd, übernehmt ihr mal.‹«

Die Schlimmsten? Laut Ruth sind das Juristen und Journalisten. »Juristen denken, sie haben die Paragraphen gepachtet. Die schreiben Beschwerdebriefe und beschweren sich bis ins höchste Ministerium über irgendeinen banalen Vorfall, der eigentlich ein ganz normales Szenario ist, bei dem sie sich aber persönlich angegriffen fühlen. Steht ja keinem auf die Stirn geschrieben: Ich bin Jurist. Oder: Ich bin Journalist. Aber anhand der Beschwerdebriefe kann man dann sagen: Schon wieder einer von denen.« Ob sie jemals Lob bekommen hat? »Anerkennung für diesen Job als solchen habe ich nur ein einziges Mal erfahren, aber das war mir sehr wichtig. Von einem Röntgenarzt, der gesagt hat: ›Hut ab, ich muss auf meinen Röntgenbildern nur den menschlichen Körper und die Knochen sehen. Was Sie alles auf diesen Bildern erkennen müssen – da kann ich wirklich nicht mithalten.‹ Das war einer, der die Komplexität der Sache einschätzen konnte.«

Die unbeliebteste Frage bei Mitarbeitern ist: »Wissen Sie denn nicht, wer ich bin?« Selbst wenn die Sicherheitskontrolle dazu verpflichtet wäre, Boulevardzeitungen zu lesen oder fernzusehen, wäre es aus ihrer Sicht egal, wer wer ist. Denn kontrolliert wird jeder. Nur kann das nicht jeder akzeptieren. Besonders nicht diejenigen, die oft und gerne die Wissen-Sie-denn-nicht-wer-ich-bin-Frage stellen. An einem verregneten Dienstagnachmittag war Herr von B. an der Reihe, diese Frage an den Mitarbeiter zu stellen, der ihn soeben mit der Handsonde abtasten wollte, nachdem die Torsonde geklingelt hatte. B. war empört über die Tatsache, dass er überhaupt kontrolliert wurde, und stellte fassungslos die Fragen: »Wieso kontrollieren Sie mich? Wissen Sie denn nicht, wer ich bin?« Der Sicherheitsmitarbeiter antwortete: »Nein, ich weiß es nicht. Sie haben sich mir noch nicht vorgestellt.« Der Kontrollierte antwortete: »Von B.« Worauf der Kontrollierende sich ebenfalls vorstellte: »Von Schmidt.« Es gab ein unglaubliches Theater. »Ich werde hier auf den Arm genommen! Ich werde hier nicht respektiert! Ich will sofort Ihren Vorgesetzten sprechen!« Kurz darauf saß von B. vor dem Vorgesetzten und konnte sich auf höchster Ebene weiterbeschweren. »Und der Mann behauptet, er hieße von Schmidt!« Der Vorgesetzte schaute von B. mit großen Augen an und antwortete ruhig: »Ich weiß wirklich nicht, wie ich Ihnen weiterhelfen kann. Der Mann heißt wirklich von Schmidt.«

Christoph hat seinen Dienst vor dreißig Jahren beim Zoll angetreten. Mehr als die Hälfte dieser Zeit arbeitete er am Flughafen Tegel. Genau wie die Kollegen bei der Luftsicherheit hat auch er aus Passagiersicht unangenehme Aufgaben zu erledigen. »Es kommt mindestens zwei bis drei Mal am Tag vor, dass jemand unfreundlich reagiert«, sagt er. »Denn die stichprobenartigen Zollkontrollen sind vorgeschrieben und unerlässlich. Aber jeder nimmt es persönlich. ›Warum ich?‹, fragen sie mich. ›Die anderen haben bestimmt auch was mit, und die laufen einfach durch.‹« Das dachte sich auch Herr Cengiz, ein türkischstämmiger Berliner, der seit seiner Geburt in Berlin lebte. Ausgerechnet er wurde an diesem Tag angehalten. Nicht der Passagier vor ihm und auch nicht der nach ihm. Er. Als er seinen Koffer öffnete, befanden sich etwas Alkohol und eine Stange Zigaretten mehr als erlaubt in seinem Besitz. Er musste einen Betrag unter zwanzig Euro nachzahlen. Herr Cengiz sagte, dass er kein Geld dabei hätte, und brach eine lange Diskussion vom Zaun. Der Zollmitarbeiter blieb sachlich. Daraufhin griff Herr Cengiz in seine Hosentasche, zog einen Tausendeuroschein heraus und warf ihn Christoph herablassend vor die Füße. Vorschrift ist, dass Zollmitarbeiter keine Tausendeuroscheine annehmen dürfen. Auch keine Fünfhunderteuroscheine. Das sagte Christoph Herrn Cengiz auch. Der fühlte sich angegriffen. Seines Triumphs beraubt, nahm er an, dass es sich auch hierbei um reine Schikane handelte. Und rammte dem Mitarbeiter seinen schweren Koffer in den Bauch. Der brach daraufhin zusammen. Christoph landete im Krankenhaus, der Fall vor Gericht. Herr Cengiz hatte Christoph schwer verletzt, er hatte lang anhaltende Schmerzen und Blutergüsse und konnte nicht arbeiten. Die Auseinandersetzung kostete Herrn Cengiz zwanzigtausend Euro Schmerzensgeld.

Für all diese Passagiere gibt es am Flughafen einen Geheimcode: »V.I.A.«. Das schreiben Flughafenmitarbeiter auf die Bordkarte oder auf die Buchungsunterlagen, wenn sie einen schwierigen, pöbelnden, cholerischen, eingebildeten, besserwisserischen, unhöflichen, beleidigenden, ruppigen, gemeinen, arroganten, unbeherrschten, dickköpfigen, jähzornigen, hysterischen oder explosiven Passagier an einen anderen Schalter oder zum Check-in schicken. Das Kürzel sieht sehr vornehm aus, und die meisten fühlen sich durch diesen Code ausgezeichnet. Sie fühlen sich als VIPs. Sie kommen an den Schalter und verkünden sofort: »Sie sehen, was der Kollege hier draufgeschrieben hat. Also halten Sie sich dran.« Den Mitarbeitern bleibt nichts übrig, als tief Luft zu holen und sich innerlich zu wappnen. V.I.A. ist nämlich nichts anderes als eine Warnung – das Kürzel für »Very Important Asshole«.

GEKOMMEN, UM ZU BLEIBEN

FLUGHAFEN-BEWOHNER

 Unsere Interviewer-Gruppe hat keinen festen Arbeitsraum am Flughafen. In den vergangenen zwanzig Jahren saßen wir schon an ganz verschiedenen Standorten: beim Lufthansa-Gate nach Frankfurt an der Position 8 und 9, bei der Post im ersten Stock, wo sich jetzt die Lounge der Air France befindet, vor dem Café zwischen den Gates 4 und 5, wo heute ein Travel Value Shop ist, unten bei der Ankunft im Terminal E oder oben neben dem Lufthansa-Ticketschalter bei Gate 10 oder 11. Die Platzwahl war immer von der gleichen Motivation bestimmt: Es sollte ein vorzugsweise ruhiger Ort sein, wo unsere Taschen, Mäntel, Arbeitsunterlagen und Wasserflaschen möglichst nicht geklaut würden, dabei auch zentral, um den Arbeitsablauf und die Anzeigetafel gut im Blick zu haben. Ein ruhiger Platz also an der Pulsader des Flughafens. Und genau so einen Ort suchen auch die Dauerbesucher oder Dauerbewohner des Airports. So sind wir uns jedes Mal begegnet. Und lernten uns über die Jahre irgendwie kennen.

Bald nach der Eröffnung wurde der Flughafen Tegel so etwas wie der Ausflugsort von Patienten der in der Nähe liegenden Karl-Bonhoeffer-Nervenklinik, im Volksmund und so auch von den Flughafenmitarbeitern »Bonnies Ranch« genannt. An manchen Nachmittagen oder an den Wochenenden haben einige der Patienten Ausgang. Oft steuern sie den Flughafen Tegel an. Aus den verschiedensten Gründen.

»Wir hatten einen, der oft zu uns kam und gefragt hat: ›Preis nach Amsterdam?‹«, erinnern sich Angelika Schuster und Tineke de Jaug, zwei ehemalige KLM-Mitarbeiterinnen. »Er hat immer gefragt, ob er einen Vielflieger-Antrag mitnehmen dürfte. Und wir haben gesagt: ›Ja, aber nur einen!‹ Dann hat er alle wieder zurückgesteckt und nur einen mitgenommen. Irgendwann habe ich gedacht, na ja, wenn ich ihm immer sage, ein Ticket nach Amsterdam kostet dreihundert Euro, dann ist das auch blöd. Und beim nächsten Mal habe ich geantwortet: ›1200 Euro.‹ ›Was, so viel?‹ Es war also eine entsprechende Reaktion da, er merkte schon, komisch, jetzt ist es plötzlich so teuer. Da habe ich gesagt: ›Ja, die Flüge sind sehr voll heute.‹ ›Ach so, dann komme ich morgen wieder.‹ Und ist mit seinem Antrag weitergelaufen.« Jede Woche, immer und immer wieder, spielte sich diese Szene bei den verschiedenen Airlines ab.

»Es gab einen«, erzählt Frau Tineke de Jaug weiter, »der sich extra für uns eine spezielle Überraschung ausgedacht hat: Er ist regelmäßig mit holländischen Holzschuhen vor unserem Schalter auf und ab gelaufen. Er hatte holzfarbene und rote. Damit stapfte er glücklich herum, bis ihn irgendwann die Polizei mitgenommen hat.«

Angelika wird nachdenklich. »Ich erinnere mich an dieses Ehepaar. Sie standen da und haben sich stundenlang die zwei großen Bilder mit KLM-Flugzeugen an unserer Wand angesehen. Dann sagte immer die Frau zu dem Mann: ›Guck mal, das ist KLM, das ist ein KLM-Flugzeug.‹ ›Ja‹, antwortete der Mann. ›Damit kann man nach Amsterdam fliegen.‹«

Tineke de Jaug scheint die Besucher von Bonnies Ranch fast zu vermissen. »Was ich erstaunlich fand, war, dass diese sehr unterschiedlichen Menschen irgendwann auch alle Abflüge gekannt haben. Mit der Zeit haben sie irgendwie mit zum Flughafen gehört. Sie haben das Personal begrüßt. Wirklich gestört haben sie uns nicht.«

Mir selbst ist einmal ein Mann in Anzug und Krawatte mit einem schwarzen Aktenkoffer aufgefallen. Er kam jeden Vormittag mit dem Bus an und zog dann seine geregelte Bahn durch den Flughafen, die ihn an allen Gates und Ticketschaltern vorbeiführte. Dann ging er die Treppe nach oben zum Konferenzzentrum, durchquerte das Restaurant und nahm schließlich den hinteren Aufzug zum Terminal B, durchquerte die Haupthalle und fuhr mit dem Bus weg. Irgendwann erzählte mir jemand, dass er früher am Flughafen gearbeitet hatte und es nicht verkraften konnte, dass er jetzt in Rente war.

In den Jahren, als unsere Basis beim Ticketschalter der Lufthansa war, fiel mir irgendwann ein älteres Ehepaar auf. Es kam meist gegen Mittag. Beide hatten schneeweiße Haare, freundliche blaue Augen und Gesichter, die, selbst wenn sie ernst schauten, zu lächeln schienen. Beide trugen beigefarbene Trenchcoats, sie darunter eine frisch gebügelte hellblaue Bluse, er ein makelloses hellblaues Hemd und eine altmodische, aber elegante Krawatte. Zuerst hielt ich sie für Passagiere auf ihrem Flug nach Frankfurt, die ihr Gepäck bereits aufgegeben hatten und jetzt darauf warteten, dass es an der Zeit wäre, durch die Sicherheitskontrolle zu gehen. Das machen viele Passagiere so, denn der Frankfurt-Flug ist immer sehr voll und die Passagiere halten sich lieber im Außenbereich auf als im überfüllten Gate.

Mir fiel zuerst die Höflichkeit auf, mit der die beiden miteinander umgingen. Er half ihr aus dem Mantel und wartete geduldig, bis sie Platz genommen hatte, erst dann setzte er sich neben sie. Sie fragte ihn, welchen Teil der Tageszeitung er zuerst lesen wollte, und überreichte ihm meistens den politischen Teil, während sie im Feuilleton blätterte. Später erkundigte sie sich, ob er Lust hätte, eine Kleinigkeit zu essen. Er hatte Lust und so kamen zwei identisch belegte Brote zum Vorschein, die sie genüsslich gleichzeitig verspeisten. Nach der Mahlzeit wurden die Zeitungshälften getauscht und das Ehepaar verbrachte noch eine Weile lesend vor dem Gate. Dann sagte sie leise: »Es ist Zeit zu gehen.« Daraufhin wurden die Zeitungen zusammengelegt und weggeräumt. Er stand auf und half ihr in ihren Mantel. Doch statt der Sicherheitskontrolle steuerten sie die Haupthalle an. Sie fliegen gar nicht nach Frankfurt, sondern woanders hin, dachte ich. Aber dann sah ich sie immer wieder. Öfter und öfter, irgendwann fast täglich. Ich sah sie ohne Reisegepäck aus dem Bus aussteigen und ich sah sie nach ihrem mehrstündigen Aufenthalt am Flughafen wieder in den Bus einsteigen. Manchmal nahmen sie mich und mein Team wahr und ich hörte sie sagen: »Schau mal, die Interviewer sind heute wieder da. Wollen wir uns zu ihnen setzen?« Wir wurden eine Gemeinschaft, obwohl wir nie mehr als einige Sätze über das Wetter miteinander redeten. Aber so wie sie nach einigen Begegnungen wussten, was unsere Gruppe am Flughafen tat, haben wir verstanden, dass das Paar früher viel geflogen sein musste. Von Tegel aus. Über Frankfurt. Damals, als man sich für den Flug noch zurechtmachte. Damals, als das Fliegen noch eine andere Bedeutung hatte. Eine Wichtigkeit, die sich bei einigen Menschen, so wie bei dem Ehepaar in den Trenchcoats, für immer eingeprägt hat.

Wir kannten noch einen Mann, der regelmäßig zum Flughafen kam. Wir nannten ihn »90 Grad«, weil sein Oberkörper in einem 90-Grad-Winkel nach vorn gebeugt war. Sein Rücken war steif und auch sein Kopf nahm dadurch eine steife Haltung ein. Bei vielen Flughafenmitarbeitern hieß er deshalb auch »die Schildkröte«. Er hatte ein von Falten durchzogenes und trotzdem jung wirkendes, sympathisches Gesicht. Und obwohl er monatelang immer die gleiche Kleidung trug, wirkten seine braune Cordhose, sein brauner Rollkragenpullover und sein braunes Jackett gepflegt. Später erfuhren wir, dass seine Kleidung von einem Flughafenmitarbeiter stammte. Tagsüber sah man ihn am Gate 2 oder 3 den *Tagesspiegel* lesen. Manchmal hatte er Wunden im Gesicht. Man erzählte sich, dass er im Männerwohnheim wohnte und zum Flughafen kam, weil er sich hier sicher fühlte. Im Wohnheim wurde er regelmäßig verprügelt und ihm wurde sein Geld abgenommen.

Am Flughafen machte er sich nützlich. Er schob Gepäckwagen an ihre Sammelstelle und suchte die Telefonzellen und die Getränkeautomaten nach Kleingeld ab. Gegen 18 Uhr kam er runter zum Ankunftsgate E, wo sich sowohl der Supermarkt als auch unsere damalige Basis befand. Gewissenhaft kontrollierte er auch hier die Telefonzellen und die Getränkeautomaten und ging schließlich in den Supermarkt. Hier wurde er bereits erwartet und man servierte ihm eine große Portion der jeweiligen Tagessuppe und eine Tasse Kaffee. Damit er nicht allein essen musste, setzte er sich uns gegenüber und löffelte genüsslich seine Suppe aus. Manchmal begrüßten wir einander, andere Male tat er so, als wären wir uns noch nie begegnet. Ich sah ihn nie Alkohol trinken. Nur selten machte er den Eindruck, als hätte er eine schwere Nacht hinter sich; an diesen Tagen wirkte er zwanzig Jahre älter und sehr müde. Einmal aß er seine Suppe und schlief sofort ein. Er schlief leise, ohne zu schnarchen. Und wachte auch nicht auf, als das Plätschern und die dunkel verfärbte Stelle an seiner Kleidung eindeutig darauf hindeuteten, dass er sich in die Hose gepinkelt hatte. Das hatte zwei Folgen: Erstens, dass wir rasch verschwanden. Zweitens, dass ich mir seitdem jedes Mal, wenn ich nach einem Arbeitstag am Flughafen nach Hause komme, alle Kleider ausziehe und sie sofort wasche.

Bis vor einigen Jahren gab es in Tegel einen Mann aus Polen, der am Flughafen lebte. Er war klein und hager, stets schwarz gekleidet. Er trug eine schwarze Lederjacke, oft eine große Sonnenbrille und dazu dünne weiße Handschuhe. Die brauchte er für seine Mission: Er reinigte die Aschenbecher im Außenbereich des Flughafens. Der Mann hatte die Schlafkrankheit; man sah ihn also entweder im Ring im Außenbereich bei der Arbeit oder schlafend im Terminal. Manchmal dachten wir, er sei gestorben, denn er verharrte regungslos mit nach hinten gekipptem Kopf, die Augen aufgerissen, der Mund stand weit offen. Wir waren alle erleichtert, wenn wir irgendwann sein Schnarchen hörten. »Ein lieber Kerl, ein herzensguter Kerl«, sagt Karl vom Lufthansa-Ticketschalter. »Mit dem habe ich ab und zu gequatscht. Er wartete auf seinen Sohn, der in Berlin im Gefängnis saß. Dann hörte ich von einer Kollegin, dass er verstorben sei, was mich sehr traurig machte. Er kam meistens abends auf die Toilette gegenüber von unserem Schalter und hat sich dort ge-

Abends beginnt der Kampf um die besten Schlafplätze

waschen. Auch seine Schuhe hat er mit Seife und Wasser gesäubert. Als ich hereinkam, stand er auch mal in Unterhose da. Am Anfang ist er aus lauter Scheu in eine Toilette geflüchtet, aber nach einer Weile wusste er genau, vor mir brauchte er sich nicht zu fürchten. Dann hat er sich neben mich gestellt und fing an, sich zu waschen. Ungefähr vier Wochen, nachdem ich von seinem Tod erfahren hatte, ging ich einmal abends auf die Toilette, um mir die Hände zu waschen. Auf einmal ging die Tür auf und er kam rein. Ich habe einen richtigen Schreck gekriegt, weil ich ja dachte, dass er tot wäre. Er hat auch in jener Nacht, wie immer, auf der Toilette geschlafen.«

Auch der Stationsleiter der Lufthansa kannte den Mann gut. »Ich bin Raucher, er ist mir aufgefallen, weil er immer die Aschenbecher gesäubert hat. Er hat mich an einen anderen Polen aus dem Obdachlosenheim erinnert. Wir haben dort mal mit der Lufthansa den Garten und die Räumlichkeiten schick gemacht, und da war ein ähnlicher Typ. Der hier in Tegel hat mir erzählt, dass er Brustschmerzen hatte. Ich habe ihm ab und zu mal ein oder zwei Euro gegeben, was ihm peinlich war. Das musste ich dann so anstellen, dass es keiner mitkriegte, damit er sich nicht zu schämen brauchte. Das musste ich auch erst lernen. Jeden Morgen, wenn ich in das Parkhaus eingefahren bin, stand er bereits oben. Wir haben uns fast täglich unterhalten. Irgendwann war er nicht mehr da. Ich habe die Supervisorin von der GlobeGround Berlin nach ihm gefragt, weil sie ihn auch kannte. Sie erzählte, dass er zusammengebrochen war und wahrscheinlich im Krankenhaus gestorben ist. Das war für mich ein sehr trauriger Moment.«

Zwei weitere Stammgäste gehören fast zum Inventar in Tegel. Der eine ist »Kennst du mich«, der andere »Spucki«. Beide Männer sind geistig nicht ganz auf der Höhe, beide haben sich dem Flughafen verschrieben. »Kennst du mich« kam das erste Mal vor über zwanzig Jahren mit seiner Mutter nach Tegel. Damals war er zwölf und er wollte Flugzeuge sehen. Seitdem kommt er regelmäßig und macht seinen Rundgang. Er kennt die Gesichter der Mitarbeiter, sie sind so etwas wie seine Familie geworden. Er geht von Schalter zu Schalter, winkt und grüßt: »Hallo, kennst du mich? Hallo, kennst du mich?« Er scheint auch lange blonde Haare zu mögen, denn die kommentiert er: »Söööne Haare! Söööne Haare!«

Spucki hat mehrere Namen, viele nennen ihn auch »Chocolate Milk« oder »Kakao«. Alle Namen sind schwer erarbeitet. Ich habe ihn als »Chocolate Milk« kennengelernt. Er kam jeden Abend kurz vor der Schließung in das Café, das sich damals zwischen den Gates 10 und 11 befand. Man kannte ihn; er bekam hier eine Flasche Kakao und etwas zu essen. Es dauerte bis zu fünfundzwanzig Minuten, bis er das Besteck, die Serviette, das Getränk, das Essen und den Stuhl richtig platziert hat. Immer wieder stand er auf und räumte alles um, oft nur einen Zentimeter weiter. Irgendwann war dann doch alles am richtigen Platz und er konnte sein spendiertes Abendessen genießen. Das ging viele Jahre so. Dann kam der Moment, als das Café zu einem Travel Value Shop umgebaut wurde, der nur noch von innen, vom Gate, betreten werden konnte. Und plötzlich war dort, wo sich früher der Eingang des Cafés befunden hatte, eine Glasscheibe. Ich war zufällig da, als Spucki zum ersten Mal das Verschwinden des Cafés wahrgenommen hat. Er schlug in Panik seine Faust gegen seinen Kopf, wimmerte und schaukelte noch stundenlang von einem Bein auf das andere.

Den Namen Spucki hat ihm seine andere Angewohnheit eingebracht: sein Putzfimmel, den er besonders gern an glatten Oberflächen austobt. So kann es jederzeit vorkommen, dass Spucki neben einer langen Schlange von Passagieren nach London bei Gate 5 anfängt, die Fensterscheiben zu putzen. Seine Methode ist erprobt und seit zwanzig Jahren unverändert: Er spuckt auf die Glasscheibe und verteilt das Nass dann methodisch mit seiner schmutzigen Handfläche. Wenn er fertig ist, geht er zum nächsten Gate. Er ist auch in den Morgenstunden aktiv, wenn die meisten Check-in-Schalter noch unbesetzt sind. Spucki steigt dann über den Schalter und widmet sich den Monitoren. Mitarbeiter müssen damit rechnen, dass sie morgens einen von Spucki bearbeiteten Monitor vorfinden. Nicht selten habe ich beobachtet, dass sie ihren Arbeitstag mit dem Einsatz eines desinfizierenden Feuchttuches beginnen und die Monitore säubern.

Im November 2008 kam Jaana, eine attraktive Ärztin aus Helsinki, in Berlin an. Die Vierzigjährige trug einen schwarzen Rollkragenpullover, der ihr blasses, schönes Gesicht betonte, eine eng anliegende schwarze Hose und einen kurzen Persianer. Ihre langen blonden Locken wurden von einem schwarzen Samtband zusammengehalten. Sie hatte einen Koffer und zwei Handtaschen dabei. Jaana war angekommen am Ausgangspunkt für ihr neues Leben. Hier, am Flughafen, wollte sie jemanden treffen, der gut situiert war und sie nach Australien mitnehmen würde. Oder jemanden, der ihre Talente erkennen und ihr eine führende Position in einem

Unternehmen anbieten würde. Ihre Aufgabe bestand seitdem darin, sich stets für dieses Treffen bereit zu halten.

So blieb Jaana am Flughafen. Da sie stets elegant und gepflegt war, fiel sie zuerst nicht auf. Ihr Nachtdomizil richtete sie sich meist in Halle D ein. Ihre Kleider wusch sie in der Behindertentoilette im Untergeschoss oder auf der Toilette, die sich auf der Terrasse zwischen dem Restaurant Red Baron und dem Starbucks befindet. Morgens zwischen fünf und sieben sah man sie hier regelmäßig mit Lockenwicklern. Kurz nach sieben erschien sie dann makellos im Café in der Haupthalle und frühstückte einen Apfelstrudel und eine Tasse Kaffee. Tag für Tag zog sie ihre immer gleiche Bahn durch den Flughafen. Ein wichtiger Bestandteil ihrer Route war der Aufzug hinter der Haupthalle. Bis zu fünfmal hintereinander sah man »die Finnin«, wie sie von Flughafenmitarbeitern genannt wurde, kerzengrade hinter den immer wieder aufgehenden Türen stehen. Das stete Öffnen der Türen gehörte zu ihrer Routine.

Irgendwann hörte ich, dass Jaana an Schizophrenie litt. In der Zeitung las ich, was ein Psychiatrie-Professor über ihren Zustand sagte: »Ihre Weigerung, den Flughafen zu verlassen, ist Teil ihres Wahns. Ebenso wie die Aufzugsspiele. So ein Wahn müsste medikamentös behandelt werden. Doch Kranke mit einem so hohen Intellekt wie die Finnin am Flughafen können länger in einer solchen Situation leben. Der Wahn wird chronisch, er wird Teil ihres Alltags.«

Gegen 14 Uhr kam Jaana an unserem Treffpunkt in Halle E vorbei. Ich saß hier direkt neben einer Telefonzelle mit Internetzugang. Zwischen mir und der Telefonzelle stand ein Barhocker, den ich als Ablage für unsere Unterlagen benutzte. Ich erkannte Jaana an ihrem aufrechten, stolzen Gang schon von Weitem, ihr roter Lippenstift war zu dieser Stunde frisch nachgezogen. Sie kam zu mir und wartete reglos, bis ich den Hocker frei räumte und auf seinen ursprünglichen Platz zurückstellte. Dann setzte sie sich, schlug ihre schlanken Beine elegant übereinander, zahlte für das Internet mit ihrer Kreditkarte und fing an zu surfen. Mal gab sie finnische Suchwörter ein, mal englische. Geredet hat sie nie. Nur einmal, als ein kleines Baby bis zum Hocker kroch und sich daran hochzog, lächelte sie ein wenig. Nach etwa einer halben Stunde stand sie fluchtartig auf, nahm ihre Sachen und eilte davon. Irgendwann hatte sie ihren Koffer nicht mehr dabei. Man erzähle sich, dass er geklaut worden war.

Wie so oft, wenn jemand unnahbar ist, entstehen über eine Person Legenden. Über Jaana erzählte man sich am Flughafen viele Geschichten. Von den Lost & Found-Mitarbeitern hörte man: »Sie wollte nur ihre Ruhe haben. Manchmal stand sie bei uns am Schalter und hat uns nur angestarrt.« Die Apothekerin erzählte: »Ich habe mal Wasser für den Tee geholt und sie hat sich gerade im Waschbecken die Haare gewaschen und die Zähne geputzt.« Eine TUI-Mitarbeiterin berichtete: »Ich fand sie ziemlich raffiniert, weil sie immer Geschäftsleute angesprochen hat, die ihr auch Geld gegeben haben. Sie hat immer Männer in Gespräche verwickelt, die ungefähr gleichaltrig waren.« Eine junge Frau vom Air-Berlin-Schalter ergänzte: »Wir konnten sie ziemlich gut beobachten. Sie holte sich immer den ganz teuren Kaffee bei Gate 5. Vormittags stand sie da mit ihrem Kaffee bei den runden Tischen und hat Kontakt gesucht. Jeden Tag. Und ich habe mich sehr gewundert, dass die Männer ihr immer Geld gegeben haben.« Schließlich war es eine Lufthansa Mitarbeiterin, die etwas unternahm. Ihr Kollege berichtet: »Als die Finnin bereits vier Monate bei uns war, hat sich unsere Kollegin mit dem Pfarrer der finnischen Gemeinde in Verbindung gesetzt. Er hat lange gebraucht, aber schließlich gelang es ihm, Kontakt zu ihr aufzunehmen. Die Frau war wohl psychisch krank, sie war, glaube ich, auch in Behandlung. Ihre Eltern wussten gar nicht, wo sie ist.« Mit seinem Einsatz brachte der finnische Pfarrer den Stein ins Rollen. Nach einer Reihe diplomatischer und juristischer Verwicklungen berichteten im August 2009 die Medien darüber, dass die Finnin in ihre Heimat zurückgekehrt war.

Auch heute lebt wieder eine Frau seit über einem Jahr am Flughafen. »Wir nennen sie ›die zweite Finnin‹, weil sie genauso unnahbar ist«, erzählt Karl von der Lufthansa. »Es haben schon viele Kollegen versucht, Kontakt mit ihr aufzunehmen, doch sie blockt alles ab. Sie wäscht sich in den Toiletten und übernachtet oben auf der Terrasse.« Einer, der sie täglich sieht, ist Tom, der bei Starbucks arbeitet. »Sie ist, wie ich finde, immer ein bisschen giftig. Ich habe kein Problem mit ihr, aber eine Arbeitskollegin ist mal kurz vor Feierabend auf die Toilette gegangen und ihr ist die Tür von der Damentoilette versehentlich zu laut zugeknallt. Die zweite Finnin saß draußen und hat sich aufgeregt, und da gab es eine riesige Diskussion. Da ist sie richtig frech geworden. Ich bin der Meinung, dass die Frau hier ein Buch schreibt.« Auch die Verkäuferin vom Koffergeschäft, die ebenfalls oft diese Toilette benutzt, kennt sie. »Ihr Koffer war so kaputt, die Räder waren ganz abgenutzt. Bei uns sind oftmals Kunden, die einen neuen Koffer kaufen und den alten hier lassen. Meistens schmeißen wir den alten Koffer weg. Ich wollte der Frau einen von diesen benutzten Koffern schenken, der noch gut in Schuss war. Aber sie hat mich angeschrien: ›Sprechen Sie mich nicht an!‹ Sie war ganz komisch. Einige Wochen später habe ich sie zufällig in der Amerika-Gedenkbibliothek getroffen. Es war ein Samstag. Sie saß dort mit einem Stapel Bücher. Sie schaute mich an, ich schaute sie an, aber wir haben nichts gesagt. Sie hat sich einen Stapel Bücher ausgeliehen.«

Ich habe eine Beamtin der Landespolizei gefragt, ob sie die Frau kennt und was sie über sie wüsste. »Es sind nicht nur Obdachlose, die sich am Flughafen aufhalten. Viele haben eine Wohnung. Natürlich ist uns die Frau auch aufgefallen. Sie ist oft mit ihrem Laptop beschäftigt. Wir haben sie angesprochen. Mit mir hat sie dann auch geredet, vielleicht weil ich eine Frau bin. Sie hat was gegen Männer. Sobald mein Kollege ihr zu nahe kam, hat sie gleich gesagt: ›Er soll mich nicht anfassen!‹ Ich habe sie beruhigt: ›Ihnen passiert nichts. Wir möchten nur wissen, wer Sie sind. Haben sie Ihre Dokumente,

Touristen und gestrandete Passagiere schlafen auf den Sitzen

bitte?‹ Dann habe ich sie überprüft. Sie hatte eine Wohnanschrift und es lag nichts gegen sie vor.« Warum die Polizei in so einem Fall nichts tut? »Das legen nicht wir als Polizei fest, sondern die Berliner Flughafengesellschaft. Sie hat hier das Hausrecht. Wenn jemand auffällig wird, kann ich als Polizist nicht gleich handeln, sondern muss zuerst mit der BFG Rücksprache halten. Erst wenn die sagt, okay, es liegt hier eine Straftat vor, derjenige beleidigt die Leute, oder es kam zu einer Körperverletzung und wir möchten ihn hier nicht, dann kann die Polizei etwas machen. Natürlich gibt es Menschen, die hier schlafen, sich hier waschen, aber sie tun keinem etwas. Sie schlafen bei den Autovermietungen oder in den Parkhäusern. Sie gehen in der Masse unter. Aber bei renitenten Leuten, die immer wieder Passagiere ansprechen und betteln, gibt uns die BFG das Okay für den Verweis. Bei der zweiten Finnin ist das nicht der

Fall. Sie hat eine Wohnanschrift. Sie macht sich frisch, macht sich adrett, sieht ganz normal aus. Ich habe mich schon oft gefragt, was so eine Frau dazu bewegt, auf dem Flughafen zu leben? Wer weiß, vielleicht ist sie undercover hier. Vielleicht ist sie Buchautorin. Vielleicht schreibt sie ein Buch über den Flughafen.«

Es ist 4 Uhr morgens, unsere Schicht fängt an. Seit einigen Monaten ist unser Treffpunkt für die Frühschicht neben dem Lufthansa-Schalter bei Gate 10. Das hatte ich spontan entschieden, als mich eines Morgens an unserem üblichen Treffpunkt in Terminal E ein unerträglicher Gestank nach Käsefuß und Urin würgte. Überall schliefen Menschen auf dem Boden, es war wie in einem Flüchtlingslager, doch in diesem Fall ein Durcheinander von Obdachlosen, Touristen und gestrandeten Passagieren. Bis zu diesem Tag war die benachbarte Halle D über Nacht offen gelassen worden und dieses Bild blieb mir erspart. Jetzt wurde die Halle D renoviert und die Flughafengesellschaft hatte diesen Bereich für das Nachtlager geöffnet. Ich sah noch, wie sich die ersten verwunderten Mitarbeiter angewidert in ihren Personalraum oder zu ihrer Stempeluhr durchkämpften. Es war nicht schön, den Arbeitstag so zu beginnen. Ich ergriff die Flucht, nahm den Weg über das Parkhaus und gelangte schließlich ins Hauptgebäude – durch einen vollgepinkelten und mit getrocknetem Erbrochenem drapierten Aufgang, der mir aber nach den Erlebnissen zuvor fast wie ein roter Teppich vorkam.

Unser Arbeitstag fängt oft turbulent an und ich habe in den ersten drei Stunden besonders viel zu tun. Wie viel Zeit schon vergangen ist, merke ich während der Frühschicht meistens daran, dass der Jogger an mir vorbeihuscht. Besser gesagt, vorbeischleicht. Der Jogger ist ein älterer asiatischer Mann mit weißen Handschuhen, der zwischen sechs und sieben Uhr im Terminal A seine Runden dreht. Eine Runde im Innenbereich, eine Runde im Außenbereich. Eine Runde im Innenbereich, eine Runde im Außenbereich. »Das geht bis zu dreißigmal so«, sagt Wiebke vom benachbarten Lufthansa-Schalter. »Wir sind uns hier einig, dass

Ein Paradies für Flaschensammler

er Taxifahrer ist. Er steht nämlich immer bei den Taxifahrern und unterhält sich mit denen. Er ist Vietnamese, oder? Vor ein paar Jahren war ich in Hanoi an einem See und habe beobachtet, wie alle immer um diesen See herumliefen, etwa im gleichen Tempo wie unser Jogger in Tegel. Da habe ich gedacht, vielleicht kommt er auch von dort.« Die letzte Runde dreht er immer mit einem vollen Kaffeebecher in der Hand, den er dann meistens neben unserer Station austrinkt.

Seit Januar 2003 begannen nicht nur Flughafenmitarbeiter ihre Schicht um vier Uhr morgens, sondern auch die Flaschensammler von Tegel. Zu diesem Zeitpunkt nämlich trat das ein Jahr zuvor beschlossene Pfandgesetz in Kraft. Schlagartig hatten leere Einweg-verpackungen, je nach Größe, einen Pfandwert von 25 Cent. Ein neuer Berufszweig war geboren, der rasch am Flughafen Tegel heimisch wurde.

Zuerst kam die ältere Frau im Arbeitskittel, die heute nur noch »die Königin der Flaschensammler« genannt wird. Dann kam Rumpelstilzchen oder, wie wir ihn nannten, »Humpelstilzchen«: ein dünner, stark humpelnder Mann mit blauem Gips und wehender gelockter Langhaarfrisur. Dann kam die türkische Oma, die an den Nachmittagen und an den Wochenenden ihre kleine Enkelin zur Verstärkung dabei hatte. Der Sportlehrer mit seiner großen karierten Tüte. Die Studentin. Und der Kleine aus Spanien mit seiner bunten Baseballkappe. Die große Frau mit den blonden Locken, die sich meistens nur zwischen den Gates 9 und 15 aufhielt. Dann die meist grau gekleidete, elegante Rentnerin, die nur an den Wochenenden sammelte. Später die stets besoffenen polnischen Männer, die ihr Pfandgeld sofort in Hochprozentiges umsetzten. Der aggressive Bulgare, den alle fürchteten.

Eine Flaschensammlerin der ersten Stunde war Seghen, eine kleinwüchsige junge türkische Frau mit langem lockigem Zopf. Sie kam oft zu mir ins Untergeschoss, legte sich auf die Bank gegenüber, platzierte ihre gesammelten Flaschen unter der Bank und bat mich, auf sie und ihre Flaschen aufzupassen, während sie schlief, »damit keine böse Menschen kommen«. Ich versprach es ihr jedes Mal, und es ist mir auch immer gelungen die bösen Menschen fernzuhalten. Mitarbeiter erzählten mir, dass sie eine fixe Idee, eine Wahnvorstellung hatte: Sie war auf der Suche nach ihrer Freundin, die von der Organmafia gekidnappt wurde. Ob es diese Freundin gab und was wirklich passiert ist, weiß keiner. In jedem und überall vermutete Seghen Komplizen der Organmafia. »Ich glaube, sie ist schizophren«, sagte eine Mitarbeiterin. »Sie ist nachts oft in Schönefeld. Wenn Tegel schließt, fahren viele nach Schönefeld, weil der Flughafen dort rund um die Uhr geöffnet hat. Ich habe sie dort am Spielautomaten gesehen. Sie ist spielsüchtig und verzockt dann über Nacht, was sie tags durch Flaschensammeln verdient hat.«

An einem der Tage, als ich ihren Schlaf hütete, wachte Seghen nervös auf. Sie war in Eile, musste arbeiten gehen. Ich fragte sie, wo das sei. Sie erzählte mir, dass sie nachts im KaDeWe den Abwasch mache, in der Küche der Lebensmittelabteilung. »Oh, kannst du dort auch gut essen?«, wollte ich wissen, worauf sie mir empört antwortete: »Die sind so widerlich dort, das glaubst du gar nicht! Sie essen rohen Fisch! Eklig. Ich muss das immer abspülen!« Ich fragte: »Sushi?« »Ja, Schu-schii und Muscheln.« Angewidert verzog sie das Gesicht. »Auch Kakerlaken. Sie sind verrückt. Sie geben Hunderte von Euros aus für diese Kakerlaken!« Erst kürzlich habe ich gehört, dass Seghen im KaDeWe aufgehört hat, weil auch dort alle mit der Organmafia unter einer Decke stecken.

Zu Spitzenzeiten waren es bis zu fünfzig Flaschensammler, die regelmäßig am Flughafen ihre Runden drehen. Da ich meistens in der Nähe eines Mülleimers sitze, habe ich mich eines Tages entschlossen, mit Hilfe einer Stoppuhr zu zählen, wie oft in den Mülleimer hineingegriffen wird: hundertmal die Stunde.

Auch die Cafés und Restaurants am Flughafen waren vor den Flaschensammlern nicht sicher. »Ein paar von ihnen klauen auch unsere Flaschen«, beschwerte sich eine Kellnerin von Leysieffer in der Haupthalle. »Sie nehmen sie einfach vom Tisch und ich muss dann hinterher.« Auch im Restaurant in der ersten Etage war man auf der Hut. »Den einen kennen wir schon. Er geht immer seine Runde und isst uns die Kekse von den Tellern. Wenn er kommt, müssen wir die Kekse verstecken.«

Sensibilisiert waren auch die Mitarbeiter der Tegel-Terrasse. »Unser Chefeinkäufer war mal hier und sah, dass ein Mann in der Ecke saß und schlief. Er verlangte von mir, ihn zu wecken und ihn zu bitten, dass er geht. Am Ende war es sehr peinlich, denn es war ein normaler Gast, der eingeschlafen war. Aber wir sind schon allergisch dagegen, dass unser Restaurant als Schlafplatz genutzt wird.«

Check-in-Mitarbeiter haben einen guten Blick und waren über die Vorgehensweise mancher Flaschensammler verärgert. »Ich sehe ständig, dass Passagiere angesprochen und ihre Flaschen im Voraus reserviert werden. Es ist schlimm geworden. Einmal hatte eine

Dame ihr Wasser nur zur Hälfte ausgetrunken, da war einer schon da und zog es ihr aus der Hand.«

Karl vom Lufthansa-Ticketschalter weiß um die lukrative Seite des Flaschensammelns. »Ich habe die Leute schon des Öfteren darauf angesprochen, ob es ein erfolgreicher Tag war. Eine hat mir gesagt, dass sie in den drei Jahren, in denen sie sammelt, fünftausend Euro zusammenbekommen hat. Damit würde sie ihren Kindern und Enkeln eine Freude bereiten. Und einmal habe ich gehört, dass einer jetzt ein iPhone gekauft hat von seinem Flaschengeld und jetzt für ein iPad sammelt. Die meisten erleben es als ein Erfolgserlebnis, und das finde ich wichtig, denn viel mehr Erfolgserlebnisse werden diese Menschen in ihrem Leben nicht haben. Deshalb freue ich mich für sie. Ich gönne ihnen den Erfolg.«

Beeindruckt erzählt der Lufthansa-Stationsleiter von der Professionalität einiger Sammler. »Ich habe mal ein Gespräch zwischen zwei Flaschensammlerinnen mitgehört. Sie unterhielten sich, ich stand in der Nähe und wartete auf einen ankommenden Passagier, den ich persönlich abholen wollte. Und da sagte die eine: ›Ich gehe noch mal in Terminal D und gucke dort.‹ Antwortete die andere: ›Da brauchst du nicht hinzugehen. Die SK 567 ist durch, da ist jetzt nichts mehr.‹ Sie hatte den Flugplan im Kopf!« Er lacht. »Am Anfang, als ich nach vielen Lufthansa-Stationen weltweit hierher angekommen bin, dachte ich, am Flughafen Tegel funktioniert nichts! Kein Prozess wird hundertprozentig durchgehalten. Heute muss ich das revidieren. Es gibt wenigstens einen Prozess, der einwandfrei funktioniert. Nur ein einziger. Es bleibt niemals eine Pfandflasche länger als sechzig Sekunden in einem Mülleimer. Das funktioniert!«

Es wird Abend. Und bald erhalte ich wieder einmal die Bestätigung, dass ich in Tegel einen der Königsplätze inne habe: Die Bank im Erdgeschoss am Fenster ist einer der besten Schlafplätze in Tegel. Auch die Bank gegenüber ist nicht übel, da sie aber länger ist, hat man leichter nicht gewünschten Fußkontakt zu anderen.

Der Fensterplatz auf dem Boden ist ebenfalls beliebt. Hier können gleich zwei Personen bequem schlafen und die leere Bierflasche für den Urin passt perfekt in die Fensternische. Ab 20 Uhr sehe ich die Bewohner des Flughafens in der Halle herumlungern. Gegen 21 Uhr pirschen sie sich langsam, stuhlweise, an mich heran. Sie warten. Darauf, dass ich und meine Gruppe endlich nach Hause gehen. Sie sind alle da: 90 Grad, die besoffenen Polen, der aggressive Bulgare. Sie wissen, dass wir um 22 Uhr unsere Zelte abbrechen. Sie können es offensichtlich kaum erwarten. Und ich kann es dann ehrlich gesagt auch kaum erwarten.

Übrigens: Ganz unerwartet erhielten die Flaschensammler am Flughafen Tegel Mitte Juni 2014 Hausverbot.

SHOPPEN UND SCHLEMMEN
ZEITVERTREIB IM HOCHBETRIEB

 Schafft man es ohne Komplikationen rechtzeitig zum Flughafen und durch den Check-in, bleibt einem in der Regel immer etwas Zeit, bis der Flieger startet. Die zwei beliebtesten Möglichkeiten des Zeitvertreibs sind Shoppen und Schlemmen.

Am liebsten kaufen die Fluggäste in den Travel Value Shops ein. Dort sitzen sie quasi sicher in den Startlöchern und können entspannt den Freuden des Konsums frönen. Früher hießen diese Geschäfte Duty Free Shops, aber nachdem man seit dem 1. Juli 1999 auf Reisen innerhalb der EU nicht mehr steuerfrei einkaufen kann, erhielten die Shops ihren neuen Namen: Travel Value. Viel hat sich seitdem für die Kunden nicht verändert, nur für die rauchenden Passagiere. Denn obwohl auf innereuropäischen Flügen etwa Parfüms oder Alkohol immer noch zu günstigen Preisen angeboten werden, ist dies bei Tabakwaren inzwischen verboten. Ausnahmen sind lediglich die Kanarischen Inseln, die Kanalinseln und Helgoland.

Eine Freundin von mir arbeitete zu den Zeiten der Umstellung als Verkäuferin in den Travel Value Shops in Tegel, sie hat mir viel darüber erzählt. Die Passagiere wussten, dass Duty free günstig ist. Als es innerhalb der EU kein Duty free mehr gab, stand alles kopf. Die Mitarbeiter mussten wirklich sehr, sehr viel Aufklärungsarbeit leisten. Noch heute glauben etliche Fluggäste, dass man in den Travel Value Shops nicht mehr billiger einkaufen kann als draußen. Dabei haben sich die Preise seit der Umstellung nicht verändert. Mehr noch, heute darf man auch, wenn man innerdeutsch fliegt, bei Travel·Value einkaufen. Man muss bei den Verpackungen auf die

Früher »Duty Free«, heute »Travel Value«

Größen achten. Vielleicht zahlt man bei Spirituosen für eine Flasche den gleichen Preis wie draußen, doch man bekommt statt 0,7 eben 1 Liter. Es gibt Apps, mit denen man Preise vergleichen kann. Man muss nur den Barcode ablesen – und schon rechnet die App einem vor, ob man ein Schnäppchen in der Hand hält.

Zugegeben, auch ich bin Sklavin der Freuden des Travel Value Shops. Ich fliege hin und wieder in meine Heimatstadt Budapest, und die Flüge sind für mich undenkbar, ohne durch die Regale der Shopping-Kultstätte zu flanieren. Ich gestehe ein, ich kaufe dort immer etwas. Meistens sind es Geschenke für die Budapester, und manchmal gönne ich mir auch ein Parfüm.

Fast jedes Mal, wenn ich mich in der Nähe der Kasse befinde, bekomme ich die Diskussion um die Bordkarte mit. Ich bin nur ab und an in den Shops, und doch kann ich es schon nicht mehr hören und stelle mir vor, wie es den Verkäuferinnen dabei gehen mag. Beim Bezahlen muss der Boarding-Pass vorgezeigt werden. Erstaunlicherweise gibt es ständig Leute, die sich darüber empören. »Wieso denn?! Ich bin doch mit der Bordkarte ins Gate gekommen, ohne ginge es ja gar nicht!« Und immer wieder höre ich dann die geduldige Antwort der Verkäuferin an der Kasse: »Sehen Sie, ich bin auch im Gate, aber ich habe keinen Boarding-Pass, so wie Tausende andere Flughafenmitarbeiter. Wir sind verpflichtet, uns zu vergewissern, dass Sie fliegen, und müssen auch wissen, wohin. Das schreiben die Bestimmungen vor.«

Führt die Reise in ein Land außerhalb der EU, tritt die altbekannte Steuerfreiheit ein. Auch deshalb muss man bei einem Kauf in den Travel Value Shops immer die Bordkarte vorzeigen. Mit der Bordkarte wird die Flugnummer und damit das Flugziel registriert. Wenn jemand beispielsweise von Paris nach New York weiterfliegt, muss er nur die zweite Bordkarte vorzeigen, und schon gelten die außereuropäischen Steuergesetze und Preise.

Als ich vor meiner letzten Flugreise im Travel Value stöberte, wurde ich auf eine Familie aufmerksam. Von Weitem eine ganz gewöhnliche Familie: Mutter, Vater und eine Tochter, vielleicht neun Jahre alt. Auf den zweiten Blick entdeckte ich am Hals des Mädchens die Schnur des Stoffschilds, das allein reisende Kinder an der Brust tragen und auf dem ihre wichtigsten Daten wie Name, Alter, Flugnummer stehen. Die Kleine flog also ohne die Eltern, doch die marschierten gerade mit Alkohol und Gesichtscreme in Richtung Kasse.

Wenn Kinder allein fliegen, dürfen die Eltern sie in das Gate begleiten; aber sie fliegen nicht, folglich dürfen sie im Gate auch nichts erwerben. Mit dem Boarding-Pass des Kindes darf nur das Kind einkaufen. Also keinen Alkohol, keine Zigaretten – und die gekauften Produkte müssen mitfliegen. Das erklärte die Verkäuferin freundlich den Erwachsenen, während sie die Ware hinter dem Kassenpult verschwinden ließ. Es gibt also immer wieder Leute, die

Nicht immer klappt es mit dem Shopping

diese Bestimmungen zu umgehen versuchen, dachte ich und widmete mich wieder den Konsumgütern auf den Regalen. Versunken in die hypnotisierende Welt der Düfte in entzückenden Fläschchen, merkte ich nicht gleich, dass mir jemand auf die Schulter klopfte. Florina – genau die Freundin, die lange Zeit in den Travel Value Shops gearbeitet hat. Ich kannte sie noch aus der Uni, am Flughafen trafen wir uns dann bei der Arbeit im Gate wieder. Vor einem Jahr hatte Florina ihren Job am Flughafen aufgegeben und war ins Ausland gegangen – nach Budapest, denn sie hatte einen Ungarn kennengelernt. Wir setzten uns freudig ins Gate und kamen ins Schwärmen über die alten Zeiten.

In den Jahren, bevor sie Tegel verließ, waren Florina und ich uns öfter im Gate des Hainan Airlines Fluges nach Peking begegnet, einem Flug, den wir beide sehr mochten. Im Peking-Gate kommt man sich vor, als wäre man in eine andere Welt gereist. Irgendwie ist es dort besonders lustig. Die Chinesen sind immer am Rumsummen, ein paar Minuten nach Öffnung des Gates fühlt man sich wie in einem Bienenstock. Sie treten stets in Gruppen auf und gehen sehr nah aneinander heran, ohne Distanz, das ergibt eine ganz eigene Choreographie. Florina hat mir erzählt, dass auch das Kaufverhalten amüsant ist: Erwirbt jemand ein Produkt, kann man fast auf Nummer sicher gehen, dass die Nächsten sich für das gleiche entscheiden. Sie gucken das voneinander ab.

In der Zeit, als sie noch in Tegel arbeitete, eignete sich Florina – wie alle ihrer Kolleginnen – die wichtigsten Wörter in allen möglichen Sprachen an. Guten Tag, bitte, danke und eben Bordkarte. Wenn man die Fluggäste in ihrer eigenen Sprache begrüßt und um die Bordkarte bittet, freuen sie sich, erinnert sich Florina. Die größten Sprachschwierigkeiten hatte sie bei den Maschinen nach Peking. Mittlerweile, nach fünf Jahren Berlin-Peking-Verbindung, kann jeder Mitarbeiter der Shops drei Brocken Chinesisch. »Denjipaai« bedeutet Bordkarte. »Nihao« heißt »guten Tag«, und dann sagt man noch »tschsitschsi«, danke, und schon ist alles geregelt. Zwar amüsieren sich die Chinesen oft über die sprachlichen Versuche der Verkäuferinnen und Verkäufer: Sie lachen, dann erklären sie einem, wie es richtig ausgesprochen wird. »Aber es klingt wirklich bei jedem anders«, sagt Florina! Sie wusste, sie und ihre Kollegen würden die Aussprache niemals perfekt drauf haben und bei den Peking-Passagieren ewig für Gelächter sorgen. Hauptsache, man versteht sich! Doch trotz aller zungenbrecherischen Bemühungen kann man sich manchmal einfach nicht verständlich machen. Eines Tages zum Beispiel wiederholte eine Mitarbeiterin ihre drei Brocken Chinesisch unermüdlich, doch die Frau vor ihr starrte sie an, als ob sie Chinesisch sprechen würde … Es stellte sich heraus, dass die Kollegin die Wörter auf Mandarin sprach und diese Chinesin kein Mandarin verstand. Zum Glück konnte die an der Kasse neben ihr stehende Frau übersetzen und erklären, was die Verkäuferin von ihr wollte.

Ich freute mich, Florina wiedergetroffen zu haben. Sie sah blendend aus, sie hatte geheiratet und war glücklich. Auf meine Frage, ob sie Tegel und ihre Arbeit hier nicht vermisse, lächelte sie verschmitzt. »Der Budapester Flughafen ist auch nicht übel!« Allerdings arbeitete sie dort nicht in den Travel Value Shops, sondern im Büro. »Den Urlaubsflieger, dessen Passagiere ausnahmslos mit allen Parfum-Testflaschen herumsprühen und alle Düfte ausprobieren, vermisse ich bestimmt nicht!« Dieses Phänomen war bei bestimmten Maschinen allen Flughafenmitarbeitern wohlbekannt. Vor allem kurz nach dem Mauerfall und als es die ersten Billigflüge gab, war es extrem … Die Passagiere haben sich mit allem eingesprüht, und zwar so, dass es für vierzehn Tage reichte. Tief über den Läden hing eine permanente Duftwolke.

Eines jedoch vermisste Florina: den Kundenkontakt. Sie liebte ihre Arbeit in den Shops. Und ihre Klientel. Gerechterweise stellt sie klar, dass in der Regel mehr gekauft als getestet wird. Und sie bestätigte die üblichen Klischees: Frauen kaufen eher Parfum oder Kosmetikartikel, Männer mehrheitlich Alkohol oder Tabakwaren. Wobei ich zunehmend bemerke, dass Männer mittlerweile auch immer mehr Kosmetik für sich selbst kaufen.

»Das hat sich in den zwanzig Jahren meiner Laufbahn sehr geändert. Damals gab es zwar auch schon Pflege für den Herrn, aber noch nicht in dem Maße wie zum Schluss. Es gehörte nicht zum Männlichkeitsbild, eine Creme zu benutzen«, erinnerte sich Florina. »Heute ist das normal und die Männer kennen sich gut aus. Sie wissen genau, was sie haben möchten. Manchmal kaufen sie etwas für die Augenbrauen oder Wimpern, immer häufiger sogar auch Puder oder Make-up. Öfter taucht jemand mit einem Pickel auf und sucht etwas, um ihn unsichtbar zu zaubern. Auf jeden Fall ist es den Männern nicht mehr peinlich, nach Pflegeartikeln zu fragen.«

Und nun ein Kompliment an die Männer: Während Männer oft Geschenke für ihre Frauen kaufen, beschenken Frauen meistens nur sich selbst. Was ein Mann verschenkt und wie er das Geschenk aus-

»Ein Parfüm für meine Frau und eins für meine Freundin, bitte.«

sucht, ist allerdings unterschiedlich. Es gibt etliche Varianten. Viele wissen überhaupt nicht, was ihre Frauen benutzen. Andere kommen mit einem Smartphone-Foto, mit einem im Bad aufgenommenen Parfüm oder einer Creme. Und es gibt die perfekt organisierten Männer, die die Möglichkeiten der Pre-Order wahrnehmen. Noch zu Hause oder im Büro suchen sie im Internet ihre Bestellung aus und holen sie vor ihrem Flug lediglich ab: anhand der Flugnummer und direkt in ihrem Abfluggate.

Florina hat sich in den vielen Jahren am Flughafen zur Kennerin einkaufender Männer entwickelt. Ich erzählte ihr, was ich beim Herumbummeln so mitbekomme. Einmal beobachtete ich einen Mann, der an die Kasse trat und die Verkäuferin überraschend ehrlich ansprach. »Ich kenne mich nicht besonders gut aus mit Parfums … Ich brauche bitte eins für meine Frau und eins für meine

Freundin. Aber nicht unbedingt das gleiche!« Florina grinste. »Dabei wäre es in diesem Fall doch eigentlich schlauer gewesen, das gleiche Parfum an die Damen zu verschenken«, sagte sie. Welches waren Florinas schönste, lustigste Momente, welche die größten Herausforderungen und wer ihr Rekordhalter beim Einkaufen? »Mein Mitbringsel-König war ein Scheich, der für seine achtzehn Frauen bei mir seine Taler springen ließ. Jede Gemahlin beglückte er mit dem zu ihr passenden Geschenk, er hatte sich tiefgehende Gedanken gemacht. Er stand mit seinen Frauen mitten im Laden, seine Eskorte lief im Shop hin und her und führte seine Anweisungen aus, bis sie alles zusammen hatten. Neben dem Hauptgeschenk bekamen seine Angetrauten alle auch Schokolade. Selbstverständlich strengstens ohne Alkohol.«

Florina und ihre Kollegen liebten die Herausforderungen im Travel-Value-Alltag und engagierten sich oft über das normale Maß hinaus, um Kundenwünsche zu erfüllen. Mal war es jemand, der seiner Frau eine besondere Tasche schenken wollte, die es nicht mehr gab. In solchen Fällen setzten die Mitarbeiter alles in Bewegung, um diese Tasche zu organisieren, zauberten sie von Frankfurt nach Berlin, damit sie dem Kunden eine Woche später, wenn er seinen wöchentlichen Flug antrat, die Tasche überreichen konnten. Oft kam es vor, dass jemand im letzten Moment etwas brauchte, was es in ihrem Gate gerade nicht gab. In solchen Fällen mussten die Mitarbeiter in den anderen Gates mobilisiert werden. Florina weiß, dass ihre ehemaligen Kollegen alles geben. Nicht selten sehe ich sie zwischen den Gates hin- und herrennen, damit sie den gewünschten Artikel noch vor Flugantritt an den Mann bringen können.

Wobei das nicht einfach ist. Bedingt durch die Architektur Tegels, bleiben auch die Mitarbeiter der Travel Value Shops in Bewegung. An fast jedem Flughafen der Welt werden die Passagiere nach der Sicherheitskontrolle mit einem großen Tempel der Konsumgüter belohnt, den sie gemeinsam plündern, bevor es in den Flieger geht. Auch Terminal C in Tegel ist so gebaut worden, doch in Terminal A ist die Lage mal wieder anders. Dort findet man in jedem einzelnen Gate einen Travel Value Shop – wenn auch nicht unbedingt auf den ersten Blick. In manchen Gates gibt es nur eine Wand mit Angeboten, die einige Fluggäste als Schaufenster identifizieren und vehement den Eingang zum wirklichen Geschäft suchen. Sie begreifen nicht, dass diese eine Wand der ganze »Laden« ist; sie sind befremdet, laufen verwundert um die Verkäuferin herum, als ob sie den Shop hinter ihrem Rücken verstecken würde. Wahrscheinlich hat Tegel die winzigsten Travel Value Shops weltweit, deshalb die hartnäckige Ungläubigkeit.

Glück hat, wer von Gate 4 und 5 oder 10 und 11 abfliegt, dort findet man im Terminal A die größten Läden mit dem größten Sortiment. Es gibt auch drei etwas größere Läden am Flughafen, die man beidseitig von zwei nebeneinander liegenden Gates betreten kann, zwischen Gate 0 und 1, Gate 12 und 13 und Gate 14 und 15. Normalerweise sind die Türen wechselseitig geöffnet und es wird bei der Flugplanung darauf geachtet, dass von den Gates zwei zusammenpassende Flüge abfliegen, das heißt, dass beide Ziele ohne oder beide Ziele mit Passkontrolle anzufliegen sind. Fliegt von einem der Gates eine Maschine in ein »Schengen-Land« und vom Partnergate ein passkontrollpflichtiger Flug, muss das Geschäft in die eine Richtung schließen. Doch welchen Passagieren soll man das Einkaufen vorenthalten? Eines der Partnergates geht dann leer aus.

»Dieses Hin und Her war natürlich nervig«, gesteht mir Florina. »Die Travel-Value-Verkäufer sind ständig von Gate zu Gate unterwegs. Früher war das unkompliziert, man konnte sich durch den Gang hinter den Gates bewegen, der nur von Angestellten des Flughafens betreten werden durfte. Seit 2001 muss jeder Mitarbeiter, genau wie alle Passagiere, jedes Mal durch die Sicherheitskontrolle. Das heißt sich an den Passagieren vorbeikämpfen, um den Arbeitsplatz zu erreichen. Dazu kommt die Enge im Gang, in Stoßzeiten kommt man kaum durch. Nicht einmal außerhalb des Terminals A, draußen, geht es schneller. Daher haben sich viele Mitarbeiter angewöhnt, über das unter dem Flughafen liegende Parkhaus von Gate zu Gate zu gelangen. Gibt es dann eine Gate-Verlegung, wird es richtig sportlich: Kaum hat man den Einsatzort erreicht, kann man wieder aufbrechen, und zwar flott – schließlich muss man vor den Passagieren da sein, um den Shop zu eröffnen.« In Tegel bleibt man eben immer schön spontan und flexibel.

Eines Tages hastete Florina wieder einmal von einem Einsatz zum nächsten. Als sie ihr Gate erreichte, war die Stimmung angespannt; irgendetwas lag in der Luft. Sie sah, dass sich vor dem Eingang zwei Gruppen Männer gegenüberstanden. Sie starrten sich an, sagten nichts. An dem Gate sollte ein Flug nach Beirut starten. Üblicherweise kommen bei dieser Maschine viele Menschen zum Flughafen, um den in die Heimat Fliegenden zu begleiten und zu verabschieden, normalerweise die komplette Familie. An diesem Tag wurde der Abschied laut. Sehr laut.

»Da kriegten sich zwei Clans in die Wolle. Erst schwiegen alle, dann brüllten sie sich an, und dann ging es auch schon los. Ein Beamter der Bundespolizei hat mich schnell hinter die Glastür gezogen, danach wurde die Tür sofort zugemacht. Im selben Moment begann die Prügelei«, berichtete Florina. »Männer krachten gegen die Glasscheibe. Ich war selten dermaßen froh darüber, die Polizei so in der Nähe zu haben. Wir waren alle erschrocken, wir wussten nicht, wie sich die Sache entwickeln würde. Die Landespolizei wurde informiert und rückte mit Funkwagen an. Die Beamten versuchten zu schlichten. Dann erst wurden die verfeindeten Sippen aus dem Gebäude geführt, dort brüllten sie sich weiter an. Irgendwann war die Luft raus und alle gingen nach Hause. Etwa vierzig Leute waren in diese spontane Massenprügelei vor Gate 4–5 involviert. Nur vier von ihnen wollten fliegen. Aber das haben die Jungs vermasselt, denn geflogen sind sie zwar – aber aus dem Gebäude, nicht nach Beirut.«

Es gibt am Flughafen oft Augenblicke und Schicksale, die einem sehr nahe gehen. Im Gate bekommt man das Geschehen aus nächster Nähe mit.

Als Florina und ich einmal zufällig im gleichen Gate zu tun hatten, ließ ein Schrei des Grauens alle erstarren. Nach einem Moment bestürzter Stille fing ein Mann – angespornt von der gewonnenen Aufmerksamkeit – an, wie am Spieß zu brüllen. Er sollte abgeschoben werden, über Rom nach Afrika. Er wollte nicht ins Flugzeug steigen, er brüllte – und erreichte sein Ziel. Der Captain nahm ihn nicht mit. Der Mann wurde zurück in die Zelle gebracht. Dieses Ereignis hatte uns erschüttert, die Erinnerung daran stimmt uns nachdenklich. Der Mann damals trug Handschellen. Das ist nicht üblich. Meistens bemerkt man eine Abschiebung überhaupt nicht. Die Polizeibegleitung erscheint in Zivil, man sieht keine Handschellen, alles geschieht unmerklich. Nur die Flughafenmitarbeiter, die viel Zeit im Gate verbringen, kennen die Gesichter der Polizisten und bemerken es – auch bei unauffälligem Verhalten aller Beteiligten –, wenn eine Zwangsreise stattfindet.

Abgesehen von wenigen unangenehmen Erlebnissen hat Florina nur liebevolle Erinnerungen an Tegel. In den zwanzig Jahren, die sie hier verbracht hat, hat sie viele Freunde am Flughafen gefunden und so manche Liebesgeschichte miterlebt. »Meine liebste Kollegin, die immer noch am Fughafen arbeitet, ist mit einem Mann von der Rampe verheiratet«, erzählt Florina. Sie winken sich ab und an zu, aber ihre Bereiche kreuzen sich nicht. Dennoch können sie den Arbeitsalltag des anderen bestens nachempfinden. »Tegel ist tatsächlich wie eine Familie.«

Irgendwann kennt man die fliegende Gemeinde. Man kennt die viel reisenden Promis, kennt die Bundeswehr-Pendler, den Modemacher, der jede Woche nach Warschau fliegt und immer Schokolade für seine Mitarbeiter und ein Parfum für seinen Freund mitnimmt. Kennt die alles aufkaufenden Mongolen, die Alkohol exportierenden Skandinavier, und man kennt den Fluggast, der die Tüte mit der edlen Weinflasche noch im Gate aufreißt und – nachdem er an die diesbezüglichen Bestimmungen erinnert worden ist – lapidar erwidert, dass diese Bestimmungen für den (Verzeihung!)

»Arsch« seien, und sich als Brüsseler Beamte outet, während er genüsslich einen Schluck Tinto trinkt.

Unsere Maschine war zum Einsteigen bereit, langsam sammelte sich vor dem Ausgang eine Schlange. Wir bemerkten einige Passagiere, die das Gate betraten und den Travel Value Shop ansteuerten. Sie kamen aus der Lounge, erschienen wie immer erst beim Einsteigen und wollten jetzt gemütlich durch die Auslage schlendern – obwohl sie schon persönlich aufgerufen wurden. Diese entspannten Passagiere würden vermutlich staunen zu erfahren, dass der Shop im Gate schon eine Stunde vor Abflug öffnet. Für sie ist es selbstverständlich, nach all der Ruhe und Entspannung, die sie in der Lounge genossen haben, weiterhin im eigenem Tempo zu verkehren. Und wenn die Mitflieger ein bisschen warten müssen – das fällt doch bestimmt nicht mal auf … Man kommt eben aus der Lounge!

Die Welt der edlen Lounge ist der begehrteste Ort zum Schlemmen. Der Lufthansa geht es darum, wie der Stationsleiter in Tegel erklärt, dem Gast eine Möglichkeit zu geben, in Ruhe die Wartezeit bis zum Abflug zu überbrücken. Hierfür stehen den Meilen sammelnden Vielfliegern zwei Möglichkeiten zur Verfügung: die Business Lounge für Inhaber der Frequent Traveller Card und die Senator Lounge für Inhaber der Senator-Status-Karte.

In der Lounge gibt es alles von einer Kleinigkeit bis zu einem kompletten Menü und natürlich alle nur erdenklichen Getränke. Nur auf Anfrage und nur in der Senator Lounge wird Champagner ausgeschenkt oder der begehrte Gin der Marke Monkey 47 – ein hochpreisiger Gin, der in braune Apothekerflaschen abgefüllt ist. Es gibt Fernseher, Internetanschluss, Tageszeitungen und Zeitschriften. Elegante Bistrostühle an den Tischen und bequeme Sessel, in denen man versinkt, laden zum Verweilen ein. Gleich rechts hinter dem Empfang gelangt man in die Senator Lounge, nach links geht es in die Frequent Traveller oder Business Lounge. Hier gibt es das Verwöhnprogramm allerdings nur in abgespeckter Form.

Es gibt viele Menschen, die davon träumen, einmal in der Lounge empfangen zu werden, dazuzugehören, zu den Glücklichen zu zählen, die so richtig verhätschelt werden. Umsonst zu schlemmen im Schlaraffenland des Kranichs in feinstem Ambiente. Ihnen sei gesagt: Auch in der Lounge wird nur mit Wasser gekocht! Und zwar genau dem gleichen wie im Erdgeschoss des Flughafens. Denn die Renner im Reich der privilegierten Vielflieger sind nicht etwa Austern oder Hummer, sondern Bouletten oder die gute alte Berliner Currywurst. Dennoch ist der Wunsch, auch einmal eine Sonderstellung in der honorigen Welt der V.I.P.s einzunehmen, bei vielen Menschen brennend. Und so versuchen viele, in diese Welt zu gelangen. Doch an Barbara kommen nur wenige vorbei.

Barbara hat in den mehr als zwanzig Jahren ihrer Tätigkeit in der Lounge alle Tricks kennengelernt. »Es gibt ein Regelwerk, in dem wir uns bewegen, und das ist allgemein bekannt. Im konkreten Fall: Der Inhaber einer Gold Card darf, wenn er am selben Tag mit der Star Alliance fliegt und eine Bordkarte hat, einen Gast mitnehmen, der ebenfalls am selben Tag fliegt und eine Bordkarte besitzt. Der beliebteste Trick ist: Ein Gast kommt mit dem Goldkarten-Besitzer rein. Okay. Doch dann geht der Goldkarten-Inhaber wieder raus und hofft, dass er im Gewusel nicht bemerkt wurde. Wenig später kommt er mit einem neuen Gast herein und sagt: ›Mein Freund.‹ Ich denke: Nee, Leute, den ersten Freund haben wir eben passieren lassen. Und dann geht die Diskussion los. Es geht nicht. Es geht doch. Es geht nicht. Es geht doch. Diese Situation haben wir oft. Viel zu oft. Solche Gäste versuchen mit allen Mitteln, die Regeln zu ihrem Vorteil zu dehnen. Ihre Haltung ist enorm anstrengend, denn sie sind überzeugt, sie dürften alles.« Rasch fügt Barbara hinzu: »Dieses Phänomen ist international. Solche Situationen haben wir mit unseren deutschen Kunden, mit unseren amerikanischen Kunden und – wenn auch nicht in dem Ausmaß – mit unseren asiatischen Kunden.«

Das Mir-steht-das-zu-Gefühl ist weltweit verbreitet. Und es lässt sich steigern – von Diplomaten. Für sie ist es selbstverständlich, in Begleitung und ohne Einschränkung in die Lounge eingelassen zu werden. Botschaftsangestellte berufen sich meistens auf irgendeinen Minister im Gefolge. »Wenn wir dann darum bitten, dass der Botschafter uns das nächste Mal in irgendeiner Form vorab mitteilt, dass er wichtigen Besuch hat, damit wir die Ausnahmen regeln können, werden wir plötzlich zum Politikum«, sagt Barbara. Doch auch sie hat ein weiches Herz. »Wenn ein Senator mit seinen betagten Eltern kommt, fällt es mir schwer zu sagen: »Bitte knobeln Sie nun, wer draußen bleiben muss, die Mutter oder der Vater. Natürlich lasse ich beide Eltern ein. Doch ist es von Vorteil, wenn ich nett gefragt werde. Denn es gibt immer Situationen, wo man sagt: Okay, dem stimme ich zu. Für mich ist es sehr wichtig, mit Augenmaß zu entscheiden. Sonst läuft man Gefahr, dass eine Ausnahme als Regel empfunden und eingefordert wird. Dadurch bekämen die Kollegen Probleme.«

Wenn man sich eine Weile im Lounge-Bereich aufhält, kann man viel über das Verhalten der Spezies Mensch und vor allem das der Spezies Mann erfahren. »Ich würde es nicht glauben, hätte ich es nicht selber gesehen, wie Männer sich hier wie Gockel aufführen«, sagt Barbara. Unverhohlen mustern sie sich gegenseitig, gehen die »Must-have«-Checkliste Punkt für Punkt durch. Jedes Kleidungsstück wird nach Marke und Ausführung bewertet. Doch was wirklich zählt, sind Uhren und Manschettenknöpfe. Nach kürzerer oder längerer gegenseitiger Inspektion wissen die Beteiligten auch ohne Worte, wer an diesem Tag gewonnen hat.

Barbara ist ein fester Bestandteil der Lufthansa Lounge und bei den Vielfliegern bekannt. Sie hat mitverfolgt, wie sich das Publikum verändert hat. »Als ich hier 1995 eingestiegen bin, war Berlin gerade Bauland. Freitagnachmittag saßen bei uns die Bauleiter, die übers Wochenende nach Hause nach München flogen. Sämtliche großen Bauunternehmen waren hier anwesend, mit der Zeit kannten wir sie alle. Jetzt sind unsere Gäste sehr gemischt, wobei ich Berlin immer noch als Wohnzimmer bezeichne. Wir wissen, wer am Montag früh fliegt und wen wir am Dienstag begrüßen werden. Nur die DJs kommen immer wieder überraschend, ohne feste Zeiten.«

Die Discjockeys haben die manchmal doch sehr steife Lounge merklich aufgelockert; sie wirken in diesem Umfeld, als kämen sie aus einer anderen Dimension. Man erkennt sie schon an ihrem Gepäck, an einer ganz bestimmten Koffergröße. Und sie sehen verdammt cool aus. Anstatt dass sie Manschettenknöpfe tragen, ist der eine mehr, der andere weniger tätowiert. Meistens fliegen sie nach London. Von Paul van Dyk bis Paul und Fritz Kalkbrenner sind viele von ihnen in der Lounge Stammgäste geworden. Erst neulich gestand der Tourneemanager eines Discjockeys Barbara, sie sei seine »Lounge-Mutti«. Ein bemerkenswertes Kompliment.

»Der Ablauf in der Lounge ist folgender«, erzählt Barbara weiter. »Die Leute kommen erst zu uns und lassen sich am Empfang registrieren. Fast alle Fluggäste haben sich zu diesem Zeitpunkt bereits online oder am Automaten eingecheckt. Eine Abfertigung benötigen nur noch wenige. Wir sind eher bei Verspätungen oder Ausnahmefällen gefragt, dann läuft die gesamte Kommunikation über uns. Bei normalem Ablauf haben wir, nachdem sich die Gäste bei uns registriert haben, nur wenig mit ihnen zu tun. Sie gehen in ihren Bereich, und damit sind wir dann wieder getrennt.«

Früher war die Lounge noch anders strukturiert und man hat mehr voneinander mitbekommen. Heute ist alles wesentlich anonymer. Und doch hat Barbara sich in den langen Jahren am Flughafen ein enormes Wissen und viel Menschenkenntnis erworben. »Ich weiß genau, wer den Spiegel haben möchte und wer den Focus.« Eines ihrer beliebten Spiele ist Beruferaten, auch da liegt sie meistens richtig. »Wenn ein junger Mann sich sehr distanziert und geschäftig und zum Teil herablassend präsentiert, ist er mit hoher Wahrscheinlichkeit Unternehmensberater. Je jünger, desto herablassender. Das mag daran liegen, dass Unternehmensberater keine fundamentale Verantwortung tragen. Sie kommen, sie analysieren, und sie gehen. Leute aus der Modebranche erkennt man auch immer. Juristen sind speziell. Politiker auch. Man kennt sie natürlich zum Großteil. Ich finde es sehr interessant zu beobachten, wer mit wem kommuniziert. Der Arbeitgeberverband geht Hand in Hand mit dem DGB zum Buffet. Und wenn am Freitagabend der Bundestag nach Hause fliegt, werden parteiübergreifend Scherze gemacht. Man merkt, das sind Kollegen.«

In der Lounge sorgen die guten Seelen der LSG, der Lufthansa Service Holding AG, für ein hervorragendes Catering, Gemütlichkeit und Bequemlichkeit. Die Mehrheit der Gäste verlangt nach Kaffee, stillem Wasser – und Unmengen von Bananen. Dreißig bis vierzig Kilo Bananen werden hier jeden Tag konsumiert. Am Abend wird Bier getrunken, allerdings viel alkoholfreies, besonders alkoholfreies Weizenbier ist sehr beliebt. Im Winter fließt mehr Rotwein, im Sommer mehr Weißwein. Die Lounge ist der einzige Ort am Flughafen Tegel, wo man sich noch indoor mit Alkohol und Zigaretten die Zeit vertreiben kann. Dafür steht ein eingebauter Glaskasten mit Bistrotischen und guter Abluft zur Verfügung. Nicht selten sieht man in diesem Glaskasten ganz eigenwillige Gäste. Zum Beispiel einen ganz in Schwarz gekleideten Mann, der unaufhörlich nervös auf und ab geht. Wenn er die Richtung wechselt, taumelt er kurz. Auf einem Bistrotisch neben ihm steht ein Whiskyglas. Er raucht, zündet sich eine Zigarette nach der anderen an. Mit jedem Schluck aus dem Glas kommt er mehr in Stimmung. Man könnte ihn sich sehr wohl in der Berliner Partyszene vorstellen. Ihn hier mitten in einem nüchternen Raucherkäfig zu sehen, in einer hell erleuchteten Voliere aus Glas, wirkt absurd und unwirklich.

Ansonsten ist es eher ernüchternd, der oben in der Lounge versammelten Gesellschaft länger zuzuschauen. Es gibt kaum einen, der nicht früher oder später anfangen würde, in der Nase zu bohren. Sitzt man in der Nähe der Männertoilette, wird man mit dem seltsamen WC-Fluchtverhalten der Männer konfrontiert: Die Mehrzahl kommt heraus und zieht erst danach den Reißverschluss seiner Hose hoch.

Ich suche Barbara auf und bitte sie, mir Geschichten über besondere Gäste zu erzählen. Eine ihrer schönsten Begegnungen war die mit André Kostolany, dem Börsen- und Finanzguru ungarischer Abstammung, der zu ihr zum Check-in kam. »Ich war enorm beeindruckt von seiner Schönheit. Er war sehr alt, um die Neunzig. Doch seine Ausstrahlung war extrem lebendig und außergewöhnlich. Ich dachte, er müsste in der Kunstakademie Modell sitzen. Er war wahrhaftig pittoresk.« Eine ähnlich beeindruckende Persönlichkeit war Yehudi Menuhin. »Es war an einem Freitagnachmittag, die Lounge war gut gefüllt. Da kam dieser unglaublich kleine Mann herein. Seine Augen hatten eine Strahlkraft, die einen sofort berührte. Um ihn herum tobte das Leben, und er wurde von einem ziemlich korpulenten Politiker geschubst. Er regte sich nicht auf, blieb höflich und liebenswürdig souverän. Ich empfand ihn in dem Moment als eine Insel der Höflichkeit, ein Monolith. Alles um ihn herum verlor an Gewicht und wurde zum Theater. Diese Kraft werde ich nie vergessen.«

Es gibt einen kleinen Raum in der Business Lounge, den sogenannten V.I.P.-Raum. Menschen, die unter besonderer Beobachtung stehen, können dort abgeschottet die vollkommene Ruhe genießen. Königin Silvia von Schweden nutzte zum Beispiel diese Möglichkeit und zog sich mit ihren beiden Hofdamen dorthin zurück, während die Bodyguards dezent an der Tür warteten. Der Raum wird, sofern er gerade leer steht, öfter auch Betenden überlassen. Weil es in Tegel keinen Gebetsraum gibt, werden immer wieder Anfragen von Gläubigen gestellt. »1997 kam eine elfköpfige Gruppe aus Polen in Tegel an, die wegen irgendwelcher Unregelmäßigkeiten nach Berlin umgeleitet worden waren. Es handelte sich um ultraorthodoxe Juden, die einen Platz suchten, wo sie sich ihren Gebetsritualen widmen konnten«, sagt Barbara. »Es war ein Samstagnachmittag. Das ist für gewöhnlich ein sehr ruhiger Tag mit nur wenigen Lounge-Gästen. So haben wir alle Passagiere in die Senator Lounge delegiert und die Business Lounge komplett dieser Gruppe übergeben, die sich dort in aller Ruhe an Gott wenden konnte.«

Außer der Fähigkeit, spontan zu entscheiden, braucht man im Lounge-Bereich vor allem Fingerspitzgefühl, denn die Gäste hier sind den besonderen Umgang und besondere Behandlung gewöhnt und regen sich bereits bei der kleinsten Unregelmäßigkeit schnell auf. Was für Barbara ein guter Tag ist? Wenn an einem chaotischen oder schwierigen Tag – zum Beispiel einem wie dem, als die Enteisungsflüssigkeit aufgrund von Lieferengpässen ausging – niemand herumbrüllt. »Dann bin ich stolz, denn ich weiß, dass ich einen besonders guten Job gemacht habe.«

SEX AND DRUGS AND
ROCK 'N' ROLL
SICHERHEITSKONTROLLEN

 Jeder, der fliegt, wird kontrolliert. Und keiner mag es. Da müssen wir alle durch. Doch wie es scheint, ärgern wir uns heute mehr darüber als vor vierzig Jahren. Dabei hat sich die Personenkontrolle in den letzten vier Jahrzehnten nicht wesentlich verändert. Ilsa, die seit der Eröffnung von Tegel 1974 Sicherheitskontrollen durchführt, erinnert sich gerne an diese Anfangszeit. »Die Aufgaben waren im Großen und Ganzen die gleichen wie heute. Wir hatten bloß noch keine Hilfsmittel. Wir haben also immer alle Taschen ausgepackt und überall reingeguckt. Verpackungen mussten wir aufreißen, die Passagiere wurden mit der Hand abtastet. Damals gab es vorsintflutliche Röntgenapparate. Wir haben die Taschen reingestellt, den Apparat geschlossen und danach wurde uns das Röntgenbild angezeigt. Viele Passagiere dachten, sie müssten selbst reinklettern, so groß waren diese Maschinen. Manchmal haben wir dann aus Spaß zu diesen Passagieren gesagt: ›Sie müssen zum Schalter, sie haben Übergewicht. Sie müssen nachzahlen!‹ Pan Am hat da wunderbar mitgespielt, hat die Passagiere dann beschwichtigt und ihnen zum Beispiel mitgeteilt: ›Heute ist nicht ausgebucht, Sie können auch so mit. Aber Sie müssen abnehmen, wenn Sie immer mitfliegen wollen.‹«

Früher hat man nur mit der Hand kontrolliert. Jeder Fluggast musste vom Scheitel bis zur Sohle abgetastet werden. »Die Handsonde wurde nur für den Genitalbereich benutzt«, erinnert sich Ilsa. Ein Lächeln huscht über ihr Gesicht. »Das war schon sportlich, wenn man so einen Achtstundentag hinter sich hatte, besonders hier auf Gate 8 und 9, wo bereits zu Pan-Am-Zeiten die Maschine nach Frankfurt abflog. Da hatten wir so einige tausend Leute am Tag. Am Abend waren wir ganz schön fertig. Wenn man aus dem Urlaub kam und nicht mehr so fit war, da hat man die ersten Tage richtig Muskelkater gehabt.«

Das Kontrollieren der Passagiere war damals selbstverständlich. Keiner fühlte sich, wie so oft heute, persönlich beleidigt. Alle machten mit, ohne zu klagen. Es gehörte einfach dazu. »Das lag vor allem am Alliiertenstatus. Die Berliner Landespolizei war zu diesem Zeitpunkt für die Kontrollen verantwortlich«, erklärt Ilsa. »Die waren sehr strikt und hatten eine einfache Faustregel: Wer sich der Kontrolle nicht unterzieht, fliegt nicht. Auch die Konkurrenz der Fluggesellschaften war damals nicht so groß wie heute. Die wenigen Airlines, die von Berlin aus flogen, hatten eine Monopolstellung. Sie alle führten damals eine schwarze Liste, und wenn jemand verrückt spielte, wurde er auf diese Liste gesetzt. Das bedeutete: Bei uns fliegt der nicht mehr! Kam der Fluggast noch einmal und wollte einchecken, hatte sich das erledigt. Er war raus.« Wie man es auf die Liste geschafft hat? »Indem man etwas Stressiges gemacht hat. Heute nennt man diese Passagiere ›Unruly Passengers‹«.

Ilsa spricht aus Erfahrung. »Es gibt immer wieder Leute, die entweder beim Sicherheitscheck oder im Flugzeug ausflippen. Ich habe schon die ganze Palette durch: Sie schmeißen ihre Fotoapparate durch die Luft, schlagen um sich oder kippen ihre Tasche auf die Erde aus. Das sind so richtige Wutausbrüche. Früher hat sich keiner getraut auszuflippen, denn es wurde von den Alliierten mehr Druck ausgeübt. Besonders von den Franzosen. Die patrouillierten mit Maschinenpistolen. Auch der Respekt vor Uniformierten war früher größer als jetzt. Ich denke, das ist ein gesellschaftliches Phänomen. Früher hatten die Leute auch den Polizisten gegenüber mehr Respekt, vielleicht weil viel mehr Reisende angezeigt wurden. Bei Scherzen wie ›Die Bombe finden Sie sowieso nicht!‹ war man locker mit tausend Mark dabei. Auch von den Gerichten wurde entsprechend gehandelt. In so einem Fall haben wir gesagt: ›Wissen Sie, diesen Satz lieben wir nicht so. Sparen Sie sich Ihr Geld lieber

Es gibt immer wieder Leute, die ausflippen

für den Urlaub auf, denn dieser Scherz kostet.‹ Das hat geholfen, die Leute wachzurütteln.«

In den ersten Monaten nach dem Mauerfall schien sich in Tegel zuerst nicht viel geändert zu haben. Später, als das bundesdeutsche System beim Sicherheitscheck eingeführt wurde, übernahm die Bundes- von der Landespolizei. Lange waren die Zuständigkeiten unklar. Für die Kontrollkräfte war das eine schwierige Zeit, weil die Kompetenzen ungeklärt waren. Ilsa erklärt: »Jeder behauptete, er sei zuständig und meinte, etwas sagen und das Rad neu erfinden zu müssen. Die Abläufe mussten sich erst mal einspielen. Auch was die Kontrollwilligkeit der Passagiere betrifft, gab es Unterschiede. Nach der Wende hat man sofort bemerkt, wer von der anderen Seite Deutschlands kam. Wenn man in die Kabine zur Körperkontrolle gegangen ist, haben sich die ›Ossis‹ sofort an die Wand gestellt. Wir haben sie dann gleich beruhigt: ›Nee, nee, so schlimm ist es hier bei uns nicht. Bleiben Sie mal ganz entspannt.‹ Das war schon bezeichnend für die damalige Zeit.«

Zuerst war die Euphorie nach der Wende groß. Alle freuten sich darüber, dass die Lufthansa nach Berlin kommen würde. Endlich. Nicht immer nur Pan Am fliegen. »Aber das ließ dann nach und verkehrte sich ins Gegenteil«, berichtet Ilsa. »Denn irgendwann sagte jeder: ›Die Lufthansa ist ja gar nicht so gut. Sie ist schlechter, als man gedacht hat.‹ Da wurden plötzlich alle nostalgisch und jeder wünschte sich ›unsere Pan Am‹ zurück. Aber man merkt erst dann, wenn etwas vorbei ist, was man verloren hat. Zu Pan-Am-Zeiten hörten wir immer wieder: ›Wenn die Lufthansa hier wäre, würde es das nicht geben. Bei einer deutschen Fluggesellschaft gäbe es das nicht!‹ Dann war die Pan Am weg, und plötzlich hieß es: ›Also, zu Pan-Am-Zeiten hätte es das überhaupt nicht gegeben. Was erlaubt sich denn die Lufthansa!‹«

Kurz nach der Eröffnung des Flughafens Tegel hatte es einige unvorhergesehene Schwierigkeiten gegeben. So fand die Personenkontrolle im Gate zunächst kurz vorm Einsteigen statt. Das verzögerte den Einstiegsprozess enorm und die Fluggesellschaften beschwerten sich wegen der Verspätungen. So wurde die Kontrolle nach vorn, direkt in den Gate-Eingang, verlegt, so wie wir sie heute kennen. Eine andere Ursache für häufige Verspätungen im ersten Tegel-Winter war, dass die hochmodernen sogenannten »Finger«, also der Korridor, der direkt vom Gate in das Flugzeug führt, oft vereist waren. Die Passagiere konnten wegen einer dünnen Eisschicht im Finger nicht in das Flugzeug gehen. Mitarbeiter mussten improvisieren und mit einem Fön die Eisschicht auftauen, damit nicht der gesamte Flugverkehr lahmgelegt wurde. Das führte dazu, dass nachträglich eine Heizung in die Finger eingebaut wurde.

»Auch die Einstellung der Passagiere zum Fliegen hat sich seit den Siebzigern geändert«, berichtet Ilsa. »Heute kann sich fast jeder einen Flug leisten. Das war damals anders. Früher war Fliegen eine kostspielige Sache und die Klientel entsprechend. Wenn ein paarmal in der Woche ein Charterflug ging, haben wir gesagt: ›Na, jetzt kommen wieder die drei Wochen für den Preis von zwei.‹ Billigtouristen waren schon immer anders. Und auch das Reiseziel spielt eine große Rolle. Als Mitarbeiter am Flughafen muss man lernen, auf die unterschiedlichen Leute unterschiedlich einzugehen.«

Eine Besonderheit Tegels ist, dass hier bei den Sicherheitskontrollen das Reiseziel bekannt ist, da in jedem Gate einzeln kontrolliert wird. Die Sicherheitsbeamten wissen also, ob sie einen Passagier nach Düsseldorf oder nach Zürich vor sich stehen haben, ob es ein Linien- oder ein Charterflug ist, den sie gerade kontrollieren. Es beruht auf jahrelanger Erfahrung, wenn Mitarbeiter der Sicherheitskontrolle über die verschiedenen Passagiere sprechen.

»Geschäftsleute sind einfacher als Pauschalurlauber. Doch auch hier braucht man bei bestimmten Flügen ein besonders dickes Nervenkostüm«, sagt Hans, ein langjähriger Kollege von Ilsa. »Die Schwaben und die Schweizer sind so ein komisches Völkchen. Sie sind irgendwie leichter pikiert als andere. Die Schwaben wollen immer einen ›Fenschterplatz‹. Das ist ihre Manie. Und ich weiß nicht, warum die Schweizer ständig Angst haben, dass man ihnen die Taschen klaut. Sie sind immer aufgeregt und rufen ›Mi Täsche, mi Täsche!‹, wenn sie die für die Kontrolle auf das Band legen müssen. Sie halten ihre Taschen bis zur letzten Sekunde fest und wollen sie am liebsten gar nicht aus der Hand geben. Und kaum sind sie durch die Kontrolle durch, reißen sie die Taschen wieder an sich. Die Schweizer und die Schwaben sind sich sehr ähnlich, beide lassen sich viel Zeit beim Denken und Handeln. Wenn ich sage: ›Machen Sie bitte den Gürtel ab‹, dann dauert das ewig, denn der Fluggast antwortet mir in der Regel: ›Ja, den muss ich aber erst mal ausschlaufen!‹ Und dann schlauft und schlauft er ganz bedächtig.« Hans lacht. Ilsa ergänzt: »Auch die Geschäftsmaschinen nach Düsseldorf und Köln/Bonn sind nicht einfach, weil die Business-

Leute wenig Zeit haben. Am schlimmsten sind die Pendler, die Politiker. Die denken schon ewig und drei Tage, sie müssten von der Kontrolle befreit sein und hätten eine Sonderbehandlung verdient. Und die Düsseldorfer? Ich denke, für die braucht man besonderes Fingerspitzengefühl, am besten sagt man da nicht viel. Man muss sie einfach machen lassen, denn die sind bei der Kontrolle eigentlich gar nicht anwesend. Das sind Leute, die gedanklich schon in Düsseldorf ihre Geschäfte abwickeln. Sie hören uns kaum und haben keine Zeit. Ihnen gegenüber ist minimale Kommunikation angebracht, wir stören nur. Wenn überhaupt mit ihnen sprechen, dann nur freundlich, höflich und vor allem: knapp.«

»Natürlich spielt auch die Uhrzeit eine ganz wichtige Rolle«, sagt Hans. »Montagfrüh ist die Laune im Keller, die Passagiere sind bissig. Theoretisch müsste dann jeder am Freitagnachmittag gut gelaunt sein. Aber am Freitag haben viele Geschäftsleute wieder schlechte Laune. Das ist aber auch mit den Urlaubsfliegern so. Man sollte denken, wer in den Urlaub fliegt, müsste gut gelaunt sein. Nix da! Das ist ein Phänomen. Viele Urlauber sind schlecht gelaunt. Als hätten sie Angst davor, den ganzen Tag mit ihrem Mann oder ihrer Frau zusammen sein zu müssen. Vielleicht haben sie aber einfach auch nur Angst vorm Fliegen.«

Eine komplizierte Maschine aus Sicht der Sicherheitskontrolle ist der Flug nach Istanbul: Mit diesem Flug starten Menschen in die halbe Welt. Von Istanbul fliegen viele weiter, nach Anatolien oder nach Mittelasien. Die Kontrollen für die Istanbul-Flüge werden nach Möglichkeit mit erfahrenen Mitarbeitern besetzt. »Man muss da dicke Nerven haben, man darf sich nicht provozieren lassen«, weiß Ilsa. »Uns wird da gern mal Ausländerfeindlichkeit unterstellt, da kommt schon mal der Spruch, wir seien Nazis und solche Sachen. Da muss man ganz tief durchatmen. Was hat mal einer gesagt? ›Deutschland schönes Land, nur zu viel Deutsche.‹«

Dann wird Ilsa nostalgisch. »Am allerliebsten habe ich früher die Charterflüge in die Türkei mit türkischen Gastarbeitern abge-

»Die Bombe finden Sie sowieso nicht.«

fertigt. Sie waren unkompliziert. Da hat immer alles geklappt, die Passagiere waren so freundlich. Wir haben mal einen türkischen Mann kontrolliert, der einen Karton dabei hatte; wir konnten nicht erkennen, was in dem Karton war. Er versuchte es uns zu erklären und sagte immer wieder: ›Ist Rheumatismus-Maschine. Ist Rheumatismus-Maschine.‹ Er ist aber nicht böse geworden, er versuchte es uns einfach freundlich zu erklären. Wir haben alle gerätselt. Was ist eine Rheumatismus-Maschine? Schließlich mussten wir den Karton aufmachen. Es war eine Rotlichtlampe.«

Nicht alle Flüge und nicht alle Passagiere sind anstrengend. »Reisegruppen sind relativ pflegeleicht«, behauptet Hans. »Japaner zum Beispiel. Sie sind bei der Sicherheitskontrolle sehr entgegenkommend. Chinesen dagegen sind weniger pflegeleicht, teilweise sogar bisschen rachsüchtig. Bei den Sicherheitskontrollen sehen wir genau, wie viel Bargeld und Schmuck sie bei sich tragen. Sie haben es faustdick hinter den Ohren.«

Eigentlich ist die Sicherheitskontrolle nur ein kurzes Treffen zwischen den Luftsicherheitsassistenten und den Passagieren. In dieser kurzen Zeit erfahren die Mitarbeiter viel über uns Reisende. Sie kennen unseren Tascheninhalt und wissen wenige Sekunden später, welchen Wagen wir fahren, ob wir einen BH mit Bügel oder Push-ups tragen. Sie sehen alles. Deshalb kann ich nicht widerstehen und frage, wer für gewöhnlich das meiste Bargeld bei sich trägt. Die Antwort kommt wie aus der Pistole geschossen: »Die Asiaten. Sie haben mehr Bargeld bei sich als die Russen«, sagen Hans und Ilsa. Hans fährt fort: »Russen tragen oft Diamanten bei sich. Die teuersten Diamanten, gelbe Diamanten, in so einem Sack. Schwupp, aus der Hosentasche rein in die Schale geschmissen. Bei den Russen muss man unterscheiden. Die höhere Klasse hat selten Bargeld bei sich. Das brauchen sie auch nicht, denn sie haben die schwarze AMEX-Kreditkarte, eine Karte ohne Limit. Das haben nur die sehr, sehr, sehr Reichen. Natürlich haben sie auch einige tausend Euro dabei, aber nicht so extrem viel wie viele Asiaten.«

»Dafür sind bei den Russen die Damen mit der edelsten Garderobe, im Wert oft nicht unter vierzig- bis fünfzigtausend Euro«, fügt Ilsa hinzu. »Bei fünfzigtausend fängt das oft erst an. Wenn noch ein Pelz dabei ist, sind wir bei hunderttausend. Die Russinnen schmeißen aber ohne Mucks und völlig leidenschaftslos ihren teuren Pelz in die Schale. Da merkt man, wie viel Geld sie haben, das interessiert sie überhaupt nicht. Sie werfen auch ihr Geld einfach so rein. Manchmal liegt da ein Diamant, ein Päckchen Geld, ein Pelz, da sind wir schnell bei einer halben Million Euro«, sagt Ilsa. »Es ist aber alles legal. Sie haben ihre offiziellen Anmeldepapiere für das Bargeld dabei. Sie wissen genau, was sie zu tun haben. Es gibt keine Probleme mit dem Zoll oder mit der Polizei. Sie lassen sich kontrollieren und wissen, es gehört einfach dazu.«

Hans bringt es schließlich auf den Punkt: »Leider machen uns unsere eigenen Landsleute das Leben bei den Kontrollen mit am schwersten.« Männer oder Frauen? »Das hält sich die Waage«, sagt Hans. »So zickig wie manche Frauen sind, so arrogant und überheblich können die Männer sein.«

Im Übrigen werden alle Mitarbeiter des Flughafens beim Betreten der Sicherheitsbereiche genauso wie Fluggäste kontrolliert. An jedem Flughafen finden häufig Kontrollen der Sicherheitskontrollen statt, die von Testpersonen durchgeführt werden. »Diese Testpersonen tragen entweder eine Waffe am Körper oder sie haben im Koffer etwas versteckt, das man entdecken muss. Wer bei diesen Tests durchfällt, der ist raus«, sagt Ilsa. »Das ist ein großer Stress für uns, wir stehen ständig unter Druck.«

Luftsicherheitsassistenten hassen es also genau so wie wir, kontrolliert zu werden. Und noch eine Vorschrift schafft zusätzliche Probleme: das Flüssigkeitengesetz. Seit 2006 dürfen Passagiere nur noch eine beschränkte Menge an Flüssigkeiten im Handgepäck durch die Sicherheitskontrolle mitnehmen. Die Europäische Union hat diese Vorschriften als Reaktion auf die am 10. August 2006 in London vereitelten Anschläge auf den Luftverkehr mittels flüssiger Sprengstoffe erlassen. Zum Schutz der Fluggäste. Demnach dürfen Flüssigkeiten nur noch in kleinen Mengen in Flüssigkeitsbehältern mit einem Fassungsvermögen von höchstens 100 ml in einem wieder verschließbaren transparenten Plastikbeutel mit einem Volumen von maximal einem Liter mitgeführt werden. Dieser durchsichtige Plastikbeutel ist von dem Fluggast an der Kontrollstelle getrennt vom übrigen Handgepäck vorzulegen. Flüssigkeiten wie Getränke oder Parfum, die nach dem Passieren der Sicherheitskontrolle erworben werden, dürfen in einer verschließbaren Plastiktüte mit an Bord genommen werden.

»Das ist wirklich mit wahnsinnig viel Stress verbunden«, klagt Ilsa. »Viele Passagiere begreifen das nicht. Auch ändern sich die Bestimmungen und oft werden die Fluggäste darüber nicht umfassend aufgeklärt. 2006 war die Anordnung noch anders als heute. Das hängt auch damit zusammen, dass die Technik immer besser wird. Versuchen Sie mal einem Passagier zu erklären, dass für ein Baby Flüssigkeiten mitgenommen werden dürfen, und er darf es nicht. Es ist dem Fluggast auch schwer zu vermitteln, dass er seine Cola-Flasche nicht mitnehmen, aber nach unserer Kontrolle eine im Abflugwarteraum kaufen darf.« Ilsa seufzt. »Eine Zeitlang musste die Mutter den Brei bei Verdacht kosten. Das klappte aber nicht, denn man konnte ja nicht alle zehn Breigläser aufmachen, sonst verdirbt der Inhalt. Es kam aber auch bei Nasentropfen vor, dass wir darum bitten mussten, dass sich der Passagier mit der Pipette etwas auf die Hand tröpfeln sollte. Das hat man gemacht, um festzustellen, dass es sich nicht um Säuren handelte. Heute sind diese Vorschriften unglaubwürdig geworden. Passagiere fragen immer wieder, wann diese Schwachsinnsregelung aufgehoben wird. In den Medien wurde berichtet, dass ein Flüssigkeitsscanner eingeführt werden sollte, daraus wurde aber nichts. Jetzt freuen sich einzig und allein die Flaschensammler über die Bestimmungen.«

Nicht nur die Passagiere, sondern jeder, wirklich jeder Mitarbeiter wird beim Betreten des Sicherheitsbereiches kontrolliert. An den meisten Flughäfen nur einmal, doch in Tegel wird jedes Gate als einzelner, getrennter Sicherheitsbereich behandelt. Wenn ein Mitarbeiter also zuerst in Gate 8 zu tun hat, dann in Gate 10, dann in Gate 20, dann wieder in Gate 8 und schließlich in 11, wird er jedes Mal kontrolliert. »Die Mitarbeiterkontrolle unterscheidet sich in keiner Weise von der Kontrolle der Passagiere. Außer dass man mit den Ausweisen Flüssigkeit mitnehmen kann und die Reinigungskräfte bestimmte Chemikalien, die aber genauestens festgelegt sind«, erklärt Ilsa.

Ob Passagier oder Mitarbeiter des Flughafens, die Personenkontrollen sind immer die gleichen. Wenn die Torsonde einen sogenannten Alarm gibt, werden die Personen mit der Handsonde und der Hand kontrolliert. Dabei kann es vorkommen, dass die

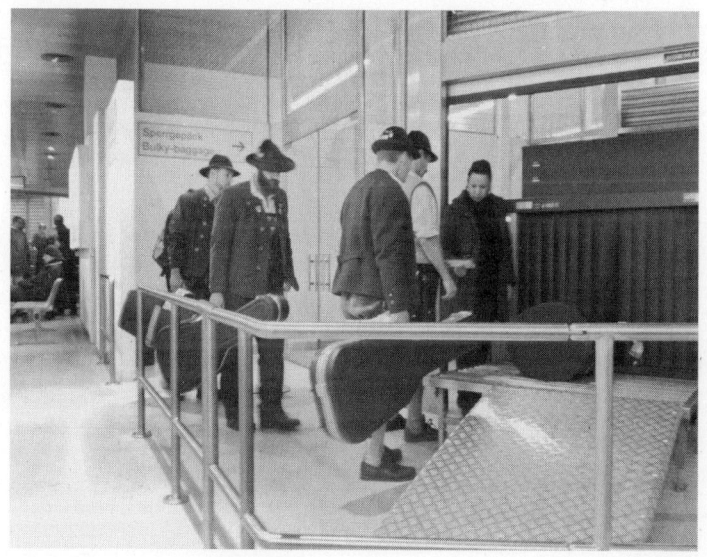

Auch Musiker müssen zur Kontrolle

Kontrollen in der Kabine vorgenommen werden, um den Passagier vor der Öffentlichkeit zu schützen. Wenn also bei einer Frau im Kopftuch eine Haarnadel anschlägt, wird sie in der Kabine kontrolliert, damit die Vorschriften ihrer Religion gewahrt bleiben. In der Kabine kann sie geschützt das Kopftuch abnehmen und eine weibliche Mitarbeiterin die Haare abtasten. »Das kann auch bei Turbanen oder Perücken passieren«, sagt Hans. »Und auch bei Nonnen. Als hier Katholikentag war und reihenweise Nonnen eingeflogen wurden, hatten wir sehr viele Kabinenkontrollen. Denn fast alle piepten wegen der Kruzifixe an den langen Ketten. Gegebenenfalls heben die Nonnen auch mal das Kleidchen hoch, aber natürlich nur in der Kabine.« Ilsa ergänzt: »Das gleiche Spiel gibt es mit Burkas. Bei Qatar Airways fliegen viele mit Burka. Aber solange es keinen Alarm gibt, ist das kein Problem. Und wer sehr viel fliegt, der weiß, dass er lieber kein Metall am Körper tragen sollte.«

Trotzdem erlebt man immer wieder Überraschungen. Es war elf Uhr an einem Mittwochvormittag, als Ilsa einen Passagier aufforderte, die Torsonde zu passieren. Es war eine Frau in mittlerem Alter, sie trug eine Perücke, Ilsas geschulte Augen sahen das schon von Weitem. Sie bat die Frau zu sich und machte den Routinecheck mit der Handsonde. Als sie den Kopfbereich kontrollierte, schlug die Sonde an. Die Frau erklärte wie aus der Pistole geschossen: »Ich habe eine Kugel im Kopf.« Ilsa bat sie in die Kabine und forderte sie dort auf, ihre Perücke abzulegen. »Zuerst dachte ich, sie wollte mich auf den Arm nehmen. Dann habe ich gesehen, dass sie eine Narbe hatte. Die Handsonde schlug immer wieder an. Offensichtlich hatte sie wirklich eine Kugel im Kopf. Sie hatte ihr ärztliches Attest nicht dabei und ich dachte, sie tischt mir eine Geschichte auf. Man hört sowieso nur mit einem halbem Ohr hin, was die Leute so erzählen. Denn wenn man immer zuhört, wird man wahnsinnig. Ich habe dann später irgendwo gelesen, dass eine Frau von einem Mann angeschossen wurde und die Kugel in ihrem Kopf stecken geblieben ist. Diese Frau lebte tatsächlich mit einer Kugel in ihrem Kopf.«

Hans ist als erfahrener Sicherheitsmitarbeiter schwer aus der Fassung zu bringen. Doch auch er musste schlucken, als eines Tages eine vierzigköpfige Gruppe von Rockern vor ihm stand. »Die Hells Angels oder die Bandidos sind keine Vielflieger. Schon gar nicht in Gruppen. Wenn sie aber fliegen, lassen sie sich ohne Probleme kontrollieren. Wenn es da nicht diesen Ehrenkodex mit der Weste gäbe. Besser gesagt, dem Rückenaufnäher hinten auf der Weste, auch Kutte genannt. Diese Kutte erhalten die Mitglieder nach zahlreichen Prüfungen, sie ist ein Zeichen ihrer Aufnahme in die Gemeinschaft, ihrer Zugehörigkeit. Ist diese einmal erworben, nimmt der Rocker seine Weste niemals ab, vor allem nicht in der Öffentlichkeit. Das wäre die größte Demütigung, die einem Mitglied widerfahren könnte«, erklärt Hans. »Ich musste in solchen

Fällen einige Male einschreiten. Es hatte eine Konfrontation gegeben. Ich bin dann vermittelnd aufgetreten und habe den Rockern gesagt, dass wir die Kontrolle per Hand und ganz rücksichtsvoll durchführen würden. So schlimm ist es ja auch nicht, so eine Lederweste zu kontrollieren. Wenn dort keine zusätzlichen besonderen Verdachtsmomente sind, etwa dass in die Weste etwas eingenäht sein könnte, geht das. Auf diese Weise haben wir alle kontrolliert. Ich habe die Kollegen noch nie so ehrfürchtig arbeiten gesehen. Eine vierzigköpfige Hells-Angels-Gruppe ist ganz schön beeindruckend. Keiner von ihnen hatte etwas Gefährliches dabei, sie waren total clean. Sie hatten eine saubere Weste.«

Am liebsten erinnert sich Ilsa an eine Reisegruppe, der sie kurz nach dem Mauerfall in Tegel begegnete. »Es war eine etwa fünfzigköpfige Gruppe von Familien. Die Männer trugen ihren besten Anzug, der bei vielen deutlich verschlissen war. Die Frauen hatten nach hinten gebundene Kopftücher, die Kinder altmodische Kleider«, erzählt Ilsa. Es waren Russlanddeutsche jüdischer Abstammung, die aus der UdSSR nach Israel auswanderten. Für den Flug nach Israel wurde ihnen ein Flugzeug der Lufthansa ab Tegel zur Verfügung gestellt. Um nach Berlin zu gelangen, hatten sie ihre Dörfer auf Pferdekutschen verlassen und ihre Reise dann mit Bussen oder Zügen fortgesetzt. Sie hatten ihre wenigen Habseligkeiten dabei und wirkten sichtlich erschöpft, als sie nach ihrer wochenlange Reise am Flughafen in Tegel ankamen. Diese Menschen waren zum ersten Mal in ihrem Leben an einem Flughafen und beobachteten alles staunend. Als sich die Gruppe der Sicherheitskontrollstelle näherte, wirkten sie wie am Set bei Aufnahmen zu einem Film, der um 1880 spielt. »Obwohl sie sehr gut Deutsch sprachen und uns gut verstanden haben, waren sie völlig eingeschüchtert und hatten teilweise Angst von uns«, sagt Ilsa. Damals hatte die Lufthansa noch Essenskörbe in den Gates, aus denen sich die Passagiere für den Flug bedienen konnten, Gummibärchen, Äpfel, Schokolade, Mandarinen. Die Kinder standen um diese Körbe herum und trauten sich nicht, etwas zu nehmen. Sie wussten nicht einmal, was sie da vor sich sahen. Sie hatten noch nie in ihrem Leben eine Mandarine gesehen. »Wir sind dann hingegangen und haben ihnen erklärt, dass sie sich etwas nehmen dürfen, und haben ihnen gezeigt, wie sie die Mandarinen schälen mussten. Dann waren wirklich in Windeseile alle Hände voll«, erinnert sich Ilsa, die diesen Moment als den berührendsten ihrer Laufbahn bezeichnet. »Dieses Glück in den Kinderaugen vergesse ich nie.«

Manchmal muss man bei den Sicherheitskontrollen auch improvisieren. Wie an diesem Nachmittag. Ein undefinierbares Klackern näherte sich dem Kontrollpunkt für die Maschine nach Frankfurt. Dann erschien eine siebzigköpfige Gruppe von zierlichen kleinen und großen runden Menschen. Das Klackern kam von ihren traditionellen Geta-Holzschuhen, auf denen teilweise ein Gewicht von 140 bis 200 Kilogramm lastete. Es waren Sumo-Ringer, die mit ihren jeweils zwei bis drei Geishas über Frankfurt zurück nach Tokyo reisen wollten. Als Erste kamen die Geishas und überreichten die Reisedokumente der gesamten Gruppe. Ihre porzellanweiß geschminkten Gesichter neigten sich beschämt, während sie die Torsonde passierten. Ihnen folgten die zwanzig Sumo-Ringer, die jedoch vor der Torsonde abrupt stehen blieben. Denn sie passten nicht durch. Die meisten nicht einmal seitwärts. Schnell wurde klar, dass diese Gruppe mit der Handsonde abgefertigt werden musste. Da die Männer nur ihr Gewand und ihre Geta-Schuhe anhatten, verlief die Kontrolle dann problemlos. Kaum nahmen die Ringer ihre Plätze im Wartebereich ein, servierten ihnen die Geishas als Entschädigung für die Strapazen einen grünen Tee aus der Lufthansa-Bar.

Währenddessen ging es für die Sicherheitskontrolle ohne Pause weiter. »Bitte nehmen Sie Ihren Gürtel ab«, sagte Hans zum nächsten Passagier, als er den glänzenden Schlangenledergürtel des Passagiers aus dem Augenwinkel sah. Der Reisende wurde nervös, kratzte sich am Kopf und sagte schließlich: »Es tut mir leid, ich kann

»Die Kontrollen sind hier ein bisschen wie Viehtrieb.«

den Gürtel nicht abnehmen.« Hans schaute schnell auf die Gürtel-schnalle; er wollte prüfen, ob sie aus Metall war. Und er sah – dass sich die Schnalle bewegte. Hans blinzelte. Es war ein anstrengender Tag; er brauchte einen starken Kaffee, damit er sich besser konzen-trieren konnte, dachte er und blickte erneut auf das Schlangenleder. Diesmal war die Schnalle ruhig, dafür bewegte sich der Gürtel. Es war mehr ein leichtes Pulsieren. Hans' Gehirn registrierte das und meldete schließlich: »Eine Schlangeeeee!« Am Kontrollpunkt wur-de es blitzartig still. Der Passagier wurde in die Kabine gebeten, die Polizei informiert. Panik machte sich breit. »Aber sie ist ganz harmlos, die tut nichts« sagte der Passagier, der offensichtlich kein Verständnis für die Unruhe hatte, und ergänzte entschlossen: »Sie ist meine Lieblingsschlange. Ohne sie werde ich nicht fliegen!« Und so kam es dann auch.

Ilsa hat eine gute Spürnase, gepaart mit einem siebten Sinn und vierzig Jahren Erfahrung in ihrem Job. Es gibt kaum etwas, das sie nicht schon gesehen oder erlebt hätte – außer vielleicht die deutlichen Konturen zweier Waffen im Handgepäck auf ihrem Monitor. Vor ihr stand ein eleganter Herr mit einer teuren Reisetasche. Sie bat ihn, sie zu öffnen, und fragte: »Haben Sie Waffen in Ihrer Tasche?« »Ja«, antwortete der Herr wie selbstverständlich. »Aus Brotteig.« Ilsa nahm die Waffen unter die Lupe. Damals lautete das Waffengesetz noch anders, man konnte zum Beispiel eine Spielzeugpistole bei sich tragen. Heute fiele das unter »Anscheinwaffen« und ist verboten. Die Waffen, die Ilsa nun bei ihrer Kontrolle in der Hand hielt, sahen täuschend echt aus, doch sie waren sehr leicht. »Der Mann war ein Waffensammler aus der Schweiz. Er hatte in Berlin zwei Waffen gekauft, die von einem Gefängnisinsassen aus Brotteig hergestellt worden waren, perfekt geschnitzt und perfekt eingefärbt. Man konnte mit bloßem Auge nicht erkennen, dass es keine echte waren. Aber aus Brotteig, das ging damals in Ordnung, er durfte sie mitnehmen.«

Dass es dennoch Möglichkeiten gibt, Waffen im Flugzeug mitzunehmen, habe ich mit eigenen Augen gesehen. Eine Gruppe blonder Männer um die Fünfzig trug flache lange Koffer zu der Sperrgepäckaufgabe im Erdgeschoss. Ich saß direkt an der Aufgabestelle und wurde Zeuge, wie der Luftsicherheitsassistent die Koffer einen nach dem anderen öffnen ließ. Vor mir lagen, präzise in Einzelstücke zerlegt, mehrere Schusswaffen. Der Mitarbeiter überprüfte den Inhalt und verglich ihn mit den Papieren, die ihm die Gruppe aushändigte. Die Mitnahme der Waffen wurde ordnungsgemäß bei der Bundespolizei angemeldet, die Papiere dokumentierten diesen Vorgang. Die Koffer wurden verschlossen und aufgegeben. Die Männer waren Jäger aus Schweden, die die Woche in den Wäldern Brandenburgs auf der Jagd verbracht hatten und jetzt auf der Heimreise waren. Ob Ilsa auch schon einen Drogenfund hatte? »Ja, fünf Tafeln Haschisch in Alufolie«, sagt sie stolz. »Ich hatte so einen siebten Sinn. Auf dem Monitor hat man nichts gesehen, aber ich ließ die Tasche öffnen. Es sah wirklich aus wie Schokolade.« Und was wird am meisten versucht, vor den Luftsicherheitsassistenten verborgen zu halten?« »Geld, immer wieder Geld«, sagt Ilsa. »Ohne Ende Geld. Eingenäht im Schlüpfer. Wir finden überall Geld.« Auf meine Frage, ob die meisten dieser Vorfälle absichtlich oder aus Unwissenheit passieren, fragt Ilsa lachend zurück. »Wissen Sie, was Sie gerade in ihrer Handtasche haben? Nein? Sehen Sie, das geht fast allen Frauen so. Und wenn die Taschen Löcher haben und das Messer vor Monaten nach hinten gerutscht ist, weiß das keiner mehr. Harmloser Zufall. Aber immer wieder passiert irgendwo auf der Welt etwas, das beabsichtigt ist. Unser Job ist es, das zu verhindern.« Plötzlich wirkt Ilsa streng. »Ich sage immer zu den Mitarbeitern: ›Ein schlafendes Baby kann auch ein totes Baby sein.‹ Man soll das Baby wecken oder zu einer Bewegung animieren. Frauen haben ein großes Problem damit. Man nimmt dann immer Rücksicht. Aber wir müssen alles kontrollieren, weil wir in diesem Zeitalter der Selbstmordattentäter mit immer neuen Einfällen herausgefordert werden.«

Auch Hans wird nachdenklich. »Millionen und Abermillionen Leute fliegen weltweit täglich. 99,99999999999 Prozent wollen einfach nur von A nach B. Und dieser ganz, ganz, ganz geringe andere Prozentsatz ist derjenige, wegen dem wir die Kontrollen machen. Leute, denen alles egal ist. Die bereit sind, andere mit sich in den Tod zu reißen. Ein wichtiger Teil unserer Arbeit ist Psychologie. Unsere Mitarbeiter sollen den Menschen auch ins Gesicht schauen. Man kann sehr viel am Gesicht ablesen«, sagt Hans überzeugt.

»Wir haben hier Kollegen, die schon seit zwanzig Jahren in diesem Job sind. »Beim Kontrollieren müssen sie ja ›Hand folgt Sonde‹ kontrollieren«, sagt Ilsa. »Das heißt, zuerst kommt die Sonde und die Hand folgt ihr und tastet. Die Sonde ist also nur ein Hilfsmittel, die Hand muss die Dinge erkennen. Im Laufe der Jahre lernen sie, alles mit der Hand zu ertasten. Ich kann bei der bloßen Berührung mit der Fingerspitze sagen, ob es ein Cent oder zwei sind, oder ob der Tampon in ihrer Tasche mini ist oder normal. Denn die Gegenstände wiederholen sich. Wir spüren das beim Abtasten und müssen die Sachen gar nicht rausholen. Wir haben hier Mitarbeiter, die können beim Ertasten eines Schlüssels genau sagen, zu was für einem Autotyp er gehört.«

»Da Tegel so überfüllt ist, sind die Kontrollen hier ein bisschen wie Viehtrieb. Die Leute werden durchgetrieben, und die Luftsicherheitsassistenten müssen unter Zeitdruck richtige Entscheidungen treffen. Dazu muss man wirklich Profi sein«, erklärt Hans. »Ständig hochkonzentriert. Und wer kann schon acht Stunden hochkonzentriert sein? Dieser Job lässt sich nur mit Erfahrung meistern.«

Erfahrung sammeln die Sicherheitsassistenten auch unter der Gürtellinie, im Intimbereich. »Wenn man in dem Job anfängt, ist man in den ersten Jahren noch in der Phase, in der man die Gegenstände erst erkennen lernen muss. Da gibt es Dinge, von denen ich nicht einmal wusste, dass sie existieren. Noppen und aufblasbare Puppen kennt man ja. Aber ich wusste nicht, dass sich so was von alleine aufblasen kann, wenn ich auf einen Knopf drücke. Dann steht da einer mit so einem Ding vor ihnen«, lacht Ilsa. »Oder die ersten Verhüterlis in Farbe mit Geschmack. Da fragte ich: ›Was ist denn das?‹ ›Wollen Sie einen haben? Ist Vanille, sehr lecker!‹ Das war total peinlich und man hat sich so geschämt. Männer finden das cool, wenn sie einen in Verlegenheit bringen … SM, Fesseln, wir sehen hier alles. Manchen ist es schon peinlich, wenn wir sagen: ›Zeigen Sie das.‹ Und dann hat man schon mal so ein Teil, das sich Frauen anschnallen, um eine andere Frau oder ihren Mann von hinten zu penetrieren, in der Hand.«

»Kannst du mal in die Kabine kommen? Wir haben hier ein Problem.« Wenn Hans diesen Satz hört, bedeutet das nichts Gutes. Zwei seiner Kollegen standen mit einem Passagier in der Kabine, der Fluggast mit heruntergelassener Hose. Die Handsonde tänzelte um seine Boxershorts herum und klingelte fröhlich. Die Kollegen waren ratlos. »Wir können ihn doch nicht die Unterhose runterziehen lassen.« »Doch, könnt ihr! Müsst ihr sogar. Es ist nicht schön, aber lasst blankziehen.« Die Hose fiel und enthüllte präzise Reihen von Piercings am Penis. Hans versteht bis heute nicht, warum der Passagier nichts gesagt hat. »Zuerst dachte ich, er steht drauf, sich auszuziehen, aber es war ihm sichtlich peinlich.«

»Die Ausbildung bei der Flugsicherheit ist auch eine Ausbildung in Sachen Erotik«, stellt Hans fest. »Trotzdem ist man manchmal überrascht. Ich erinnere mich an eine Tasche voll mit Schokoladen-Penissen. Es waren Werbegeschenke, ungefähr sieben Zentimeter lang. Eine türkische Kollegin hatte sie entdeckt und wollte genauer nachsehen. Kurz darauf stand diese muslimische Mitarbeiterin vor dem ausgebreiteten Tascheninhalt und sagte: ›Ach, Schokolade.‹ Der Passagier lächelte und reichte ihr ein Stück. ›Mögen Sie Schokolade? Ich schenke ihnen eins.‹ Sie hat mich angesehen und ich sagte: ›Nimm ruhig.‹ Sie griff zu. Ich fragte: ›Hast du gesehen, was er dir da gerade gegeben hat? Nee? Dann guck es dir doch mal an.‹ Alle Kollegen schauten schon. Ihr Gesicht wurde schamrot.«

Es gibt gute Tage und es gibt schlechte. Dieser war ein besonders anstrengender Tag. Die Flüge waren ausgebucht, es war heiß, die Passagiere waren entsprechend genervt und schlecht gelaunt. Ilsa stand bei der GPA, der Gepäckprüfanlage, für den Flug nach Basel und schaute auf den Monitor. Die Handgepäckstücke rasselten vorbei, ihr scharfer Blick registrierte die Gegenstände: Laptop, Rasierapparat, iPod, Handy, Textil, Holz, Metall. Plötzlich dachte sie, sie sieht eine Fata Morgana. Ihre Augen weiteten sich, sie schaute noch mal genau auf das Bild auf dem Monitor und fing an, schneller zu atmen. Dort zeichnete sich ein Sprengkopf ab. Eine Rakete. Eine Pershing. »Ich dachte, was ist das denn? Ein Atomsprengkopf, oder was? Im Handgepäck!« Sie rief die Polizei dazu. »Der Passagier fing an zu lachen. Er holte seinen Ausweis raus und erklärte, er sei Direktor des Baseler Zoos. Na und? Das half uns nun auch nicht wirklich weiter. Dann erklärte er, dass das, was er in der Tasche hatte, ein Vibrator für Elefantenkühe wäre. Großes Fragezeichen ... Um Elefantenkühe gefügig zu machen, damit sie sich paaren. Noch größeres Fragezeichen. Manchmal lassen Elefantendamen die Elefantenbullen nicht an sich heran. In solchen Fällen werden sie in den Zoos künstlich befruchtet. Dafür braucht man diesen Vibrator. Der Mann war mit dem Elefantenvibrator nach Berlin gereist und hatte geholfen, ein Elefantenbaby zu zeugen.«

Obwohl Hans ein langjähriger Mitarbeiter und in Sachen Erotik mittlerweile ein Vollprofi ist, überraschen ihn Frauen immer wieder. »Man erwartet so vieles nicht in Frauenhandtaschen ... Es ist schon erstaunlich, was Frauen in den Urlaub mitnehmen, obwohl sie verheiratet sind. Und dann noch in der Handtasche! Frauen, die wirklich schüchtern aussehen. Bei denen man so etwas wirklich nicht erwartet.«

Auf die Frage, wie viele Frauen ein Sexspielzeug dabei haben, kommt seine Antwort wie aus der Pistole geschossen: »Fünfzig Prozent. Jede zweite Frau. Und das nur in der Handtasche ...«

AUF HÖHENFLUG
PROMIS IN TEGEL

 Ein Stadttor war ein Durchlass in der Ringmauer einer Stadt, oft gesichert mit einer Zugbrücke, der den Wallgraben überbrückte, und zusätzliche Gitter aus Holz und Eisen. Stadttore waren auch Kontrollpunkte – zum Beispiel für die Zollerhebung. Heute sind viele Stadttore Wahrzeichen einer Stadt und Anziehungspunkt für Touristen. Wer auch immer damals die Stadt verlassen oder betreten wollte, musste eines dieser Tore passieren. Ein Flughafen ist so gesehen nichts anderes als ein modernes Stadttor. Egal ob klein oder groß, arm oder reich, berühmt oder unbekannt, wer mit dem Flugzeug reist, muss durch dieses Nadelöhr der Stadt. Der Flughafen ist also ein Ort, an dem sich alles, was im Leben stattfindet, in komprimierter Form, abbildet.

Die Menschen werden am Flughafen kontrolliert und registriert, egal, ob sie die Stadt verlassen oder ankommen. Und ob es einem gefällt oder nicht, man muss sich den Regeln des Flughafens unterwerfen. Alle fliegen mit demselben Flugzeug, auch wenn vor dem Flug und in der Maschine eine gewisse Separierung stattfindet. Hebel der Separierung ist meistens Geld; eine besondere Behandlung hat eben ihren Preis. Wer es darauf anlegt, zahlt dafür. Bekannte wie unbekannte. V.I.P.s und v.i.p.s.

Wenn man viele Jahre am Flughafen arbeitet, hat man sie alle gesehen. Man schaut hoch, und vor einem steht Mario Barth in der Schlange zur Sicherheitskontrolle. Man sieht sich um, und Boris Becker kommt einem entgegen. Man geht in den Kleidershop und sieht Gayle Tufts aus der Umkleidekabine kommen. Man besucht die Toilette, und wer tritt aus dem Wickelraum? Angela Merkel.

Angela Merkel? Das kann nicht sein, sie erfährt doch als Kanzlerin eine Sonderbehandlung. Oder?

Ich suchte eilig die Toilette in der untersten Etage auf, sie befinden sich rechts und links von der Haupthalle auf halber Ebene. Pachttoiletten, die einzigen am Flughafen, für deren Benutzung man bezahlen muss, weshalb sie auch lange Zeit zu den saubersten gehörten. Ich ging also in Richtung Halle E. Kaum war ich die Treppe hinunter, kam mir eine Frau im grauen Kostüm entgegen. Das war doch Angela Merkel!? Sie sah aus wie die Kanzlerin, aber irgendwie doch nicht, sagte mir mein Bauchgefühl, sie war irgendwie dünner und vielleicht auch kleiner. Doch woher wollte ich das eigentlich wissen, schließlich hatte ich sie bislang nur im Fernsehen und auf Fotos gesehen. Ich fragte die Toilettenfrau: »War das Angela Merkel?« Sie lächelte und sagte: »Das weiß ich auch nicht genau. Ich denke ja, aber eigentlich kann es nicht sein. Sie ist in Jeans und Pulli angekommen und hat mich gefragt, ob ich den Wickelraum für sie aufschließe, damit sie sich ungestört umziehen kann. Sie war gute zwanzig Minuten drin und kam dann im Merkel-Kostüm raus.«

Später am Abend hielt ich in den Nachrichten Ausschau nach der aktuellen Tageskostümfarbe der Kanzlerin. Und wusste: Ich hatte die Doppelgängerin der Kanzlerin, Marianne Schätzle, gesehen.

»Die Toilette ist ein guter Ort, um Promis zu begegnen«, sagt Ernestine, die Toilettenfrau. Wir kennen uns seit Jahren und kommen immer wieder ins Gespräch. Ich hatte sie angesprochen, weil mir aufgefallen war, dass sie immer dicke Bücher las. Wie ich erfahren habe, sind es Bücher, die Passagiere liegen gelassen haben. »Natürlich erkenne ich die Promis manchmal nicht, denn ich sehe sie im Fernsehen nur mit Schlips und hier sind sie oft ohne unterwegs.« Ernestine erzählt mir, sie stelle sich dann immer den Rahmen eines Fernsehapparates um die Person herum vor, so erkenne sie die Prominenz dann meistens wieder. »Ich habe hier schon viele gesehen:

Pierre Littbarski, Claudia Roth, dann den neuen Arzt aus ›Alles was zählt‹ und Gesichter aus vielen anderen Serien. Aber eins sage ich: Schauspieler, das sind die Allergeizigsten!«

Auch die Mitarbeiter im großen Restaurant in der Haupthalle kommen tagtäglich auf ihre Promiquote. Es sind so viele, dass sie für sie zur Normalität geworden sind. »Wir sehen jeden Tag irgendwelche Berühmtheiten aus der ABC-Prominenz und auch die weniger bekannten aus der D-Prominenz«, sagt Susanne, die Geschäftsführerin vom Restaurant in der Haupthalle. »Das sind Klein- oder Nebendarsteller, die sich gerne laut bemerkbar machen. Die großen Stars, die in ihrem Berufsleben etwas geleistet haben, sind eher unauffällig. Sie sind höflich gegenüber Gästen, die nach einem Autogramm fragen. Bei den anderen, die man nicht so gut kennt, ist es immer ein bisschen schwierig.«

Am Flughafen merkt man sofort, wenn in der Stadt etwas Besonderes los ist: Dann sehen wir hier die dazugehörigen Protagonisten. Es waren viele Sportler da, als die Olympischen Spiele in London stattfanden. Und wenn Berlinale ist oder die Goldene Kamera verliehen wird, sieht man auch die Hollywood-Stars. »Es ist interessant, die mal mitzuerleben, denn sie sehen eigentlich ganz anders aus, als man denkt«, weiß Susanne. »Sharon Stone zum Beispiel ist größer, als ich dachte, und sehr attraktiv. Sarah Jessica Parker war zweimal hier. Sie ist klein, ich glaube einen Meter sechzig. Sie war sehr nett, sehr entgegenkommend, gab Autogramme. Niki Lauda war auch öfter da. Einmal saß er eine ganze Zeit mit seiner Familie hier, weil ihre Maschine Verspätung hatte. Er hat sich lange mit anderen Gästen unterhalten, das fand ich sehr schön. Und dann kommt ein Schauspieler von Gute Zeiten, schlechte Zeiten, ist unfreundlich und führt sich auf wie eine Diva«, ärgert sich Susanne, die schon viele Situationen mit Promis beobachtet hat. Auch schöne. »Einen tiefen Eindruck hat Peter Maffay hinterlassen. Er hat sich mit einem Kollegen fast eine halbe Stunde lang über Musik unterhalten. Wir haben einmal auch die Frau Merkel gesehen, die ist mit ganz vielen Bodyguards durch die Haupthalle gehuscht. Und einmal stand Kofi Annan in der Haupthalle. Er wurde mit großer Polizeieskorte zum Flughafen begleitet und hat sich, bevor er abgeflogen ist, mit allen fotografieren lassen.«

Das Café in der ersten Etage ist eine Anlaufstelle für koffeindurstige Berühmtheiten. »Wenn wir Paparazzi sehen, dann wissen wir immer, heute gibt es ein Event«, sagt Tom, der hier arbeitet. »Wie die Echo-Verleihung zum Beispiel. Und am nächsten Tag haben wir sie alle da: Grönemeyer, Sarah Connor, Thomas D. von den Fantastischen Vier. Roberto Blanco habe ich auch mal gesehen, mit seiner Tochter, glaube ich, oder der neuen Frau … Auch Sportmannschaften sieht man viel, die Basketballmannschaft von Alba besonders oft. Und Spieler von Union Berlin. Bastian Schweinsteiger war mal da, der kam ziemlich früh. Ich finde es lustig, den Freunden immer wieder erzählen zu können, wen ich am Tag alles gesehen habe.«

Wenn man das teuerste Restaurant von Tegel in der ersten Etage betritt, sieht man eine große Tafel mit Autogrammen und Fotos von Prominenten, die hier gegessen haben. Huber, der Chefkellner, ist auf vielen dabei. »Ich hab die Fußballnationalmannschaft bedient, bei uns waren so viele Schauspieler und Sänger. Aber auch Politiker. Einmal kam jemand von der türkischen Botschaft mit einigen von der Geheimpolizei und suchten das ganze Restaurant nach Sicherheitsrisiken ab. Dann kam der Mann, den sie schützten, mit einem ganzen Zug von Bodyguards im Schlepptau. Die erkennt man immer sehr gut am Knopf im Ohr. Die haben dann schön zugeguckt, wie ich den Kaffee zubereitet habe, damit ich ja keinen vergifte«, sagt Huber und lacht. »Ich weiß bis heute nicht, wer es war, ich war froh, als sie dann weg waren.«

Viele Geschäftsleute und auch Prominente fliegen in eine Stadt, um sich am Flughafen zu einer Besprechung zu treffen. In Tegel eignete sich dazu am besten das Conference Center im ersten Stock mit dem dazugehörigen Tegel Terrace Restaurant, das mittlerweile

Am Flughafen merkt man sofort, wenn in der Stadt etwas besonderes los ist

geschlossen hat. Horst hat dort mehr als zwanzig Jahre gearbeitet. »Die Besprechungen fanden meistens bei uns statt« erzählt er. »Thomas Gottschalk, Günther Jauch, Barbara Schöneberger, Alfred Biolek trafen sich hier oft zur Produktionsbesprechungen für ihre Sendungen. Oder zu einem Arbeitsessen.« Horsts Erinnerungen reichen lange zurück. »Einmal war Inge Meysel hier. Sie trug, wie immer, einen Hut. Als ich die Bestellung aufnahm, hat sie mich gebeten, ihr Cognac in den Kaffee zu tun. Ich fragte: ›Wollen Sie einen einfachen oder einen doppelten?‹ Sie antwortete lächelnd: ›Na wenn schon, dann einen doppelten.‹ Sie war sehr sympathisch und sehr offen. Später habe ich sie oft im Rollstuhl gesehen.«

Für Menschen, die auf einen Rollstuhl angewiesen sind, ist der Betreuungsservice am Flughafen zuständig, bei dem sich bedürftige Passagiere achtundvierzig Stunden vorher anmelden müssen.

Marcus hat schon viele Prominente betreut. »Es gibt auch Prominente, die unsere Hilfe benötigen. Der in Berlin lebende Bassbariton Thomas Quasthoff zum Beispiel. Wolfgang Schäuble begleiten wir jedes Mal, wenn er abfliegt oder ankommt. Ich habe schon Christopher Lee vom Flugzeug abgeholt. Bud Spencer begleiten wir auch oft. Ich persönlich habe ihn leider immer verpasst; er kommt nur, wenn ich nicht Dienst habe, das ist ganz komisch.« Marcus lacht. »Bianca Jagger haben wir auch aus dem Flieger abgeholt. Kollegen haben Halle Berry begleitet, als sie hier mit Air France ankam und einen gebrochenen Fuß hatte. Man kommt leider nicht dazu, sich mit den Leuten zu unterhalten, weil einfach zu viel Security und V.I.P-Service dabei ist. Und wenn man das Gate verlässt, stehen immer schon die Paparazzi da. Kollegen haben schon mehrmals Mario Barth getroffen, wenn er mit seiner Mutter unterwegs ist. Wir hatten zur Berlinale auch ›Hangover‹-Darsteller Bradley Cooper, der ebenfalls mit seiner Mutter kam. Und auch Clint Eastwood haben wir betreut, als er in Begleitung seiner Mutter reiste.«

Am liebsten erinnert sich Marcus an den Tag, als sich Roger Moore für den Service anmeldete, den auch er für seine Mutter brauchte. »Er kam mit einer normalen Verkehrsmaschine der British Airways in Berlin an. Gerade an diesem Tag war die Fluggastbrücke defekt und konnte nicht ganz ausgefahren werden. Das ist nicht weiter problematisch, man muss ein wenig springen, aber für einen Rollstuhlfahrer wird es zum Problem. Es war der Fluggesellschaft richtig unangenehm und man suchte fieberhaft nach einer Lösung. Unten, wo das Gepäck auf das Band gelegt wird, um nach oben befördert zu werden, gibt es einen Lastenaufzug, mit dem Sperrgepäck hoch in die Gepäckausgabe gebracht wird. Roger Moore musste mit seiner alten Mutter auf diesen Lastenaufzug ausweichen. Aber er blieb höflich und schob die betagte Dame in seinem dunkelblauen Sommeranzug in den Lastenaufzug. Ich habe ihn dann begleitet. Dieser Fahrstuhl sieht aus wie ein Vorkriegsmodell, wirklich unter aller Sau. Wir sind dann hoch und kamen dort raus, wo die Koffer ausgeladen werden. Er hat seine Mutter rausgefahren, vorbei am Zoll zum Ausgang. Und dann hat er etwas gesagt, worüber ich heute noch lachen kann.« Marcus grinst. »›Nice location!‹ Und dann noch: ›Toll, wie ein Problem so schnell beseitigt werden konnte.‹«

Eines Tages begegnete mir eine Crew der KLM. Der Pilot kam mir bekannt vor und ich überlegte immer wieder, woher. Und plötzlich hatte ich die Antwort: Prinz Wilhelm Alexander, der heutige König der Niederlande! Aber warum trug er eine Pilotenuniform? Ich nutzte die erstbeste Gelegenheit, mich am KLM-Schalter zu vergewissern, dass ich nicht verrückt geworden war. Damals arbeitete dort noch das KLM-Personal, und ich wandte mich an Tineke de Jaug, eine gebürtige Holländerin. Sie erklärte mir: »Er ist schon öfter mit der Fokker als Co-Pilot hierher geflogen. Er hat einen Pilotenschein, und damit der nicht verfällt, muss man regelmäßig fliegen. Er hat eine dieser kleineren Maschinen geflogen, mit fünfzig Passagieren.«

Ein anderes Mal saß ich während der Frühschicht am Fenster bei Gate 11. Es war ein sehr heißer Tag, die aufgehende Sonne schien gnadenlos durch die verschmierte Fensterscheibe und verwandelte den gesamten Bereich in ein Terrarium. Plötzlich wurde es dunkel. Zuerst dachte ich, eine gigantische schwarze Regenwolke hätte schlagartig die Sonne verhüllt, und hob den Kopf an. Keine Naturerscheinung – Helmut Kohl lief am Fenster entlang und blieb direkt vor mir stehen. Dankbar genoss ich den Schatten, den er mir spendete. Als er langsam weiterging, wurde es wieder hell.

Ob Promi oder nicht: Wer im Besitz einer Bordkarte ist, ist am Flughafen in erster Linie Passagier und wird von Flughafenmitarbeitern als solcher behandelt. Viele Promis verstehen nicht, dass sie kontrolliert werden. Sie sind persönlich beleidigt und fassungslos, dass die Sicherheitskontrolle in ihnen ein Sicherheitsrisiko sieht. Sie verstehen nicht, dass die Passkontrolle nach ihrem Pass verlangt, obwohl die Mitarbeiter doch genau wissen, wer sie sind. Und noch weniger können sie begreifen, was es die Zollkontrolle angeht, was sie in ihrem Gepäck haben. Und obwohl es deshalb oft zu kleinen Streits zwischen den Berühmtheiten und den jeweiligen Mitarbeitern kommt, gibt es auch schöne Begegnungen.

Anne, die schon in Tempelhof als Sicherheitsassistentin gearbeitet hatte, bevor sie in Tegel anfing, zeigt mir alte Fotos. »Hier bin ich mit Shirley MacLaine zu sehen. Ich habe auch ein Bild von Sammy Davis Jr. und mir. Hier sind Ella Fitzgerald, Telly Savalas, Count Basie. Und Freddy Quinn. Sein Flug hatte damals lange Verspätung, es war die letzte Maschine nach Hamburg, und die flog sehr spät. Freddy Quinn hat sich erst mal hingesetzt, dann ging er noch mal raus und kam plötzlich mit viel Kaffee wieder, nur für uns vom Sicherheitspersonal. Weil wir Überstunden machen mussten. Er war wirklich sehr nett.« Anne schwelgt in Erinnerungen. »Dafür hat die Knef meiner Kollegin Ohrfeigen gegeben, als sie kontrolliert wurde. Ja, Hildegard Knef war eben Hildegard Knef, was hatten wir da an ihrem Gepäck zu suchen? Aber sie war eben auch nur ein Passagier.«

Anne ist in ihren Jahren in Tegel vielen Berühmtheiten begegnet. »Zarah Leander war freundlich. Immer nett war Inge Meysel. Und Brigitte Mira! Renate Laurien, die Senatorin, hat sich ständig verlaufen. Weil sie immer zum gelben Check-in wollte. In Tegel gab es ja zahlreiche davon und alle waren gelb. So lief sie meistens im Kreis, bis jemand von uns sie gefragt hat, wo sie hin wollte. Aber sie blieb trotzdem freundlich.« Nach kurzer Pause fährt Anne fort: »Wen wir alle sehr mögen, ist Rolf Eden. Er ist früher regelmäßig nach Tel Aviv geflogen. Jedes Mal, wenn wir seinen Koffer aufgemacht haben, war es darin schrecklich unordentlich. Er hat alles immer nur reingeschmissen. Irgendwann sagte er zu mir: ›Ich weiß, Sie packen immer alles aus und Sie können das so schön wieder einpacken!‹ Er ist dann immer mit einem gut gepackten Koffer gereist.«

Oft fliegen Promis mit einer kleineren Chartermaschine vom GAT, dem General Aviation Terminal. Doch auch hier müssen sich

Die einen geben Ohrfeigen, die anderen Autogramme

alle einer Sicherheitskontrolle unterziehen. Anne hat besonders gern auf dieser Position gearbeitet, obwohl es nicht immer einfach war mit den Promis. »Besonders anstrengend waren die Fußballmannschaften während der WM 2006 in Deutschland. In Brasilien haben Fußballer einen besonderen Status. Sie sind wie Heilige, wie Rockstars. Und sie sind es natürlich überhaupt nicht gewöhnt, angefasst oder kontrolliert zu werden. Das sind Momente, in denen es zu Stress kommen kann: Denen zu sagen, ihr seid wie alle anderen und müsst kontrolliert werden. Auch die deutsche Fußballnationalmannschaft wird kontrolliert. Das gefällt ihnen auch nicht. Herr Löw war da völlig entspannt, aber nicht alle Spieler. Da sind ein paar Exoten dabei, die denken, ihnen muss jeder den roten Teppich ausrollen.«

Für alle, die sich das Leben ohne einen roten Teppich nicht vorstellen können, gibt es den V.I.P.-Service. Heute sind es gleich mehrere Firmen, die ihn anbieten. Für eine arbeitet Klaus, er hat in Tegel die größte Erfahrung bei der V.I.P.-Betreuung. »Normalerweise kann man hier alles machen. Sie kommen zu mir und sagen: ›Ich möchte einen Hubschrauber, ich möchte eine 747, ich möchte ein Auto. Das können sie alles kriegen, sie müssen es nur bezahlen. Natürlich muss man immer mitdenken. Da in Tegel die Wege sehr kurz sind, entstehen oft logistische Probleme, gerade was das Gepäck betrifft. Wie alle Fluggäste ist auch der V.I.P.-Gast schneller draußen als sein Koffer. Ihn können wir aber nicht warten lassen. Also sage ich zu den Abholern, meistens sind es die jeweiligen Botschaften: ›Kommen Sie mit zwei Autos. Ein Wagen bringt den Gast ins Hotel, der zweite das Gepäck. Beim allgemeinen V.I.P.-Service gibt es keine großen Unterschiede. Der Abflug ist immer sehr angenehm; die Leute kommen in die Lounge, sitzen dort, brauchen sich um nichts zu kümmern und werden dann von uns zum Flieger gebracht.«

Wenn es Extrawünsche gibt, kann die Sache komplizierter werden. Wie zum Beispiel bei Claudia Schiffer. »Aber hallo!«, sagt Klaus. »Sie meint, die Welt dreht sich um sie, und so ist sie auch aufgetreten. Sie war damals mit Tim Jeffries zusammen und hatte die ganze Lounge für sich gemietet. Damit sie ungestört sein kann. Und ungeschminkt. Das war wirklich anstrengend, sie hat sich damals ständig etwas Neues einfallen lassen.«

Eine andere Diva, jedoch von der gütigeren Natur, ist Gina Lollobrigida. »Ich holte sie im Flugzeug ab und sie wollte auf ihr Gepäck warten« erzählt Klaus. »Wir haben uns am Gepäckband unterhalten und ich sagte zu ihr: ›Draußen stehen eine Menge Fans.‹ Ich fragte sie, ob sie direkt durch oder ob sie das Bad in der Menge wollte. ›Beides‹, sagte sie. Ich entschied mich für ein Zwischending und schlug ihr vor, sie solle sich bei mir einhaken, und wenn sie mich kniff, wäre das das Zeichen, dass sie ab diesem Moment schnell durchgehen wollte. Und so haben wir es dann auch gemacht. Ich hatte sie am Arm und wir sind gemeinsam in die Halle getreten.

Draußen stand eine kreischende Meute. Nur einige Schritte später hat sie mich gekniffen. Es tat ganz schön weh übrigens. Dann sind wir schnell durch.«

Es gibt Prominente, für die das Bad in der Menge schon deshalb nicht in Frage kommt, weil es ein flughafenweites Chaos auslösen würde. Zum Beispiel bei Robbie Williams. Die Fans wussten, dass er irgendwann an diesem Tag ab Tegel fliegen würde, sie wussten nur nicht, wann. Also campierten sie am Flughafen und warteten in Scharen auf ihr Idol, gemeinsam mit den Journalisten und den Paparazzi. Auch in solchen prekären Situationen ist auf Klaus Verlass. »Es war klar, dass Robbie Williams von der Öffentlichkeit ferngehalten werden muss. Deshalb haben wir die Presse ein wenig an der Nase herumgeführt. Wir haben durchsickern lassen, dass wir ihn drüben bei der Fracht durchfahren werden. Tatsächlich haben wir ihn vorne mit einem VW-Bus reingeholt. Da hockte er auf dem Boden, oben saßen gut sichtbar zwei Männer. Im Keller, wo das Gepäck ankommt, haben wir ihn dann kontrolliert. Und ihn dann in die Maschine gesetzt. Keiner hat es mitbekommen.« Klaus wirkt zufrieden. »Er war sympathisch und hat alles über sich ergehen lassen. Man musste ihm nur erklären: ›Entweder ein Haufen Leute oder der Keller.‹ Da war er gleich dabei.«

»Es gibt verschiedene Promi-Kategorien«, weiß Barbara, die in der Lufthansa Lounge viele Jahre lang diesbezüglich Erfahrungen gesammelt hat. »Die richtig Erfolgreichen, die richtigen Größen, sind sehr bescheiden. Und diejenigen, die kaum jemand kennt, und wenn ja, dann weiß keiner, woher, also die It-Girls, die Möchtegerns und die Freundin von, die machen fast immer einen Aufriss, das ist unglaublich. Aber auch die Erfolgreichen haben manchmal sonderbare Ideen.« Barbara erinnert sich zum Beispiel an den Tag, als plötzlich Meat Loaf die Lounge besuchte. »Mit der ganzen Band. Ich wusste, dass sie über Frankfurt fliegen wollten, nach London, glaube ich. Es war schon relativ kurz vor dem Einsteigen nach Frankfurt, und einer aus der Band kommt auf mich zu und sagt: ›Wir hätten gern eine Taxe.‹ Ich denke, wieso denn jetzt eine Taxe, der Flieger geht doch gleich. Aber es ist nicht meine Aufgabe, zu fragen. Ich habe also ein Taxi gerufen. Sie sind eingestiegen. Und wohin sind sie gefahren? Zum Frankfurt-Schalter! Von der Haupthalle zu Gate 8. Also den Fußweg von vier Minuten mit der Taxe!«

2013 war das George-Clooney-Jahr. Clooney hat mehrere Monate in Berlin gedreht und ist oft mit der Lufthansa von Tegel aus geflogen. »Er wurde vom Stationsleiter an Bord begleitet. Ich war auch dabei. Er ist sehr höflich und angenehm«, sagt Wiebke vom Lufthansa-Ticketschalter. »Seine Agentur hat uns darum gebeten, dass er sich am Flughafen nicht lange in der Öffentlichkeit aufhalten muss. Wir warteten also vor Gate 8. Sie haben dann angerufen und gesagt, dass sie gleich da wären. George Clooney stieg mit zwei Begleitern aus und sie sind mit uns über die Fast Lane durch die Sicherheitskontrolle und vor der üblichen Einstiegszeit gleich an Bord. Clooney war sehr müde, weil er am Vorabend auch noch auf irgendeiner Gala war. Er hat in der ersten Reihe Platz genommen, setzte die Sonnenbrille auf und machte ein Nickerchen. Als die Passagiere später an Bord kamen, sahen sie einen schlafenden Mann, ans Fenster gelehnt, und gingen achtlos an ihm vorbei.

Auch Prominente shoppen gern. Tegel ist auf diese Bedürfnisse kaum eingerichtet; hinter dem wohlklingenden Namen »Boulevard Tegel« verbergen sich wenige Shops in der Haupthalle, deren Angebot mehr für Touristen gedacht ist und weniger an Beverly Hills erinnert. Aber man kauft, was man kann, und so sieht man im »Bon Voyage« Sarah Jessica Parker Spielzeug für ihre Kinder aussuchen, man erblickt Bryan Adams beim Anprobieren einer Sonnenbrille und beobachtet Oscar-Preisträger Christoph Waltz, der mit seiner Frau im Koffershop eine Damenhandtasche auswählt.

Der Koffershop mit seinen ausgewählten Produkten zieht viel Prominenz an. Verkäuferin Yvonne erinnert sich gerne an die Begegnungen. Nur eine ist ihr unangenehm in Erinnerung geblieben.

George Clooney war ziemlich müde, als er von Tegel abflog

»Voriges Jahr hat Udo Lindenberg einen Koffer bei mir gekauft. Er kam rein, nahm einen goldenen Koffer und sagte: ›Den will ich!‹ Er wirkte völlig neben der Spur. Total. Er wollte bezahlen, suchte nach einer Karte und gab mir schließlich seine Versicherungskarte. ›Wir brauchen eine Geldkarte‹, sagte ich. Gefunden. Nur die Geheimzahl wusste er nicht. Dann hat er irgendjemand angerufen und sagte zu mir, während er telefonierte: ›Schreib mal auf, wie heißen Sie, Yvonne? Schreiben Sie meine Geheimzahl auf!‹ Ich habe das gemacht und den Kauf abgewickelt. Beim Rausgehen zog er mich an sich und küsste mich. Also, was soll ich sagen, ich bin auch Raucher, aber … er war wie ein Aschenbecher! Noch schlimmer fand ich, dass kurz darauf ein Mann reinkam und sagte: ›Ich bin Fotograf, ich habe alles aufgenommen, wenn Sie Bilder haben wollen, hier haben Sie meine Nummer.‹«

Die letzte Einkaufsmöglichkeit sind die Travel Value Shops. Peggy, seit vielen Jahren Verkäuferin dort, kennt die Gemütszustände und auch die Kaufgewohnheiten der Promis. »Günter Jauch muss man morgens in Ruhe lassen, weil er ein Morgenmuffel ist. Boris Becker gibt ein gutes Trinkgeld, wenn man ihn neutral behandelt. Und wenn Nina Hagen kommt, dann reiche ich ihr Opium. Sie kauft seit zwanzig Jahren immer dieses Parfüm.«

Von ihrem jeweiligen Verkaufstand hat Peggy schon vieles beobachtet. »Es kommen viele aus der Musikbranche. Bon Jovi, Metallica, Boney M. Einmal waren die Backstreet Boys in Berlin. Sie saßen schon im Gate, ich wusste nichts davon. Auf meinem Weg zum Gate sind plötzlich Hunderte von schreienden Teenies an mir vorbeigerannt. Ich stand da wie angewurzelt und dachte nur, was ist das? Alle hatten Plüschtiere dabei, die sie den Backstreet Boys schenken wollten, und verbarrikadierten den Eingang zum Gate. Dummerweise wollte ich aber genau dort hinein. Ich musste dann den Weg über ein anderes Gate nehmen. Zuerst wollten sie mir meinen Sicherheitsausweis abkaufen, später wollten sie ihn mir einfach abreißen, weil sie dachten, damit würden sie ins Gate gelangen. Sie haben Rotz und Wasser geheult, weil sie nicht rein konnten zu ihrer Band. Die Bundespolizei musste die Glastüren sichern, weil die Mädchen so dagegen gedrückt haben. So eine Horde wildgewordener Mädels kann echt gefährlich werden. Währenddessen hat sich die Band im Gate über ihre Fans lustig gemacht. Sie haben sie einfach ausgelacht.«

Obwohl Peggy diese Hysterie fremd ist, gibt es Momente, in denen auch sie zum Fan wird, wenn auch nur schweigend. Sie beobachtet gern die Menschen, die bei ihr einkaufen. »Bei Genscher hatte ich Gänsehaut. Auch der Dalai Lama hat mich beeindruckt. Brad Pitt habe ich zuerst gar nicht erkannt. Er flog nach Frankfurt und hatte unter seinem Geburtsnamen zwei Plätze gebucht in der Business Class ganz vorn, weil er nicht wollte, dass jemand neben ihm sitzt. Die Geissens habe ich sofort erkannt, sie haben einiges bei uns gekauft. Auch Jamie Oliver war bei uns shoppen. Den finde ich auch toll. Tim Mälzer, ja, der ist oft im Stress. Aber Jamie Oliver ist irgendwie gelöst. Der lässt sich nicht stressen.«

Auch die Putzfrauen in den Gates lassen sich nicht stressen, wenn sie einen Prominenten sehen, sondern gehen methodisch vor. Sie holen ihre Handys raus und fotografieren sich gegenseitig mit den Celebrities. Eines Tages habe ich gesehen, wie der Laufsteg-Trainer Bruce Darnell eine der Putzfrauen beim Aufwischen des Gates beobachtete. Sie wischte und wischte, er trat zu ihr und fragte: »Hast du einen Freund?« »Nein«, antwortete sie verdutzt. »Kein Wunder«, erwiderte Bruce Darnell. Du bewegst dich nicht richtig.« Er nahm der immer noch verdutzten Frau den Wischmopp aus der Hand und fing an, mit tanzenden, flüssigen Bewegungen den Boden zu wischen. Er wischte mit so viel Eleganz, Grazie, Sexappeal und Leichtigkeit, dass man befürchten musste, er würde samt Wischmopp abheben. Schließlich blieb er stehen, drückte der Frau den Mopp in die Hand und sagte: »Verstehst du es jetzt? So musst du es machen. Dann hast du einen Freund.«

Er hinterließ einen bleibenden Eindruck. Wenn man genau hinschaut, sieht man in Tegel immer wieder die eine oder andere Putzfrau, die im Catwalk-Stil den Boden wischt.

SICHERHEITSZONEN
STAATSGÄSTE UND PROTOKOLL

 Schon wieder Stau! Die Straßen zum Flughafen Tegel werden immer voller. Mittlerweile dauert es tagsüber bis zu dreißig Minuten länger, von der Innenstadt zum Flughafen zu fahren, als noch vor fünf Jahren. Autos, Busse, Taxen pirschen sich im Schneckentempo an. Den Flughafen erreicht man meistens erst nach einer Geduldsprobe im ersten Gang.

Doch an diesem Tag kommt man nicht einmal dazu, den ersten Gang einzulegen. Wo man auch hinsieht, stehen die Verkehrsteilnehmer reglos im Abgasdunst. Ich mache mir Sorgen, dass ich mich verspäte, und drehe am Radioknopf, um herauszufinden, was los ist. Die Antwort gibt mir aber das Geräusch eines Polizeimotorrads. Ich sehe hoch und erblicke die weiße Uniform des Motorradfahrers. Alles klar. Eine weiße Maus. Das kann länger dauern.

Weiße Mäuse, das sind die Polizisten der Motorradeskorte, die in weißer Uniform Staatsgäste begleiten. Ursprünglich gehörten sie der Bonner Schutzpolizei an; als Berlin 1999 Hauptstadt wurde, entstand auch hier eine ähnliche Ehreneskorte. Die Anzahl der Eskorten-Fahrer ist protokollarisch festgelegt: Könige und Präsidenten auf Staatsbesuch werden von fünfzehn Motorradfahrern begleitet, Staatsoberhäupter und Parlamentspräsidenten müssen mit der Hälfte, mit sieben weißen Mäusen, vorlieb nehmen. Bei Arbeitsbesuchen bekommen Regierungschefs fünf Begleiter, ähnlich wie die Außenminister bei offiziellen Besuchen. Sieht man nur drei eskortierende Motorradfahrer, sitzt ein Minister auf Arbeitsbesuch in der Limousine.

Ich zähle die weißen Mäuse, die in Keilform vor dem Fahrzeug des Besuchers fahren. Dreizehn, vierzehn, fünfzehn. Am Kotflügel der Limousine weht eine Fahne, die ich nicht kenne: gelb mit einem breiten weiß-schwarzen Diagonalstreifen, in der Mitte ein rotes Staatswappen. Da ich immer noch stehe, sehe ich im Internet nach. Es ist der Sultan von Brunei, der soeben an uns vorbeigefahren ist. Es wird etwa zehn Minuten dauern, bis er im Schloss Bellevue angekommen ist. Ein Staatsbesuch verläuft seit dem Regierungsumzug nach Berlin nach immer demselben Muster: Ankunft in Tegel, Schloss Bellevue, Kanzleramt, Kranzniederlegung an der Neuen Wache, Staatsbankett beim Bundespräsidenten, Gang durchs Brandenburger Tor, Empfang im Roten Rathaus. Am letzten Tag des Besuchs darf der Gast Wünsche äußern.

Am Flughafen Tegel nimmt der Protokollchef der Bundesregierung den Staatsgast in Empfang, in manchen Fällen sind auch die Bundeskanzlerin oder der Bundespräsident persönlich anwesend. Staatsgäste kommen im Nordteil des Flughafens an. Bereits eine Stunde, bevor die Maschine landet, wird dort das Tor im Zaun von Polizisten der Landespolizei geöffnet und übernommen. Unbefugte haben hier keinen Zutritt. Die Polizei hört über Funk mit, wann die Maschine landet, die Limousine und die Eskorte fahren auf einer vorgeschriebenen Route vor und halten direkt am Flugzeug. Die Türen gehen auf, Bundeswehrsoldaten stehen Spalier, die Gäste steigen aus. Das Auswärtige Amt, die Bundeswehr, die Landespolizei arbeiten Hand in Hand, damit alles reibungslos abläuft.

Und noch jemand sorgt dafür, dass alles funktioniert: der Sicherheits- und Protokolloffizier des Flughafens. Er ist so etwas wie der Superman des Protokolls, nein, eigentlich der Superman der Luftsicherheit. »Ich bin seit Ende 1995 hier. Ich war bei der Bundeswehr und bin drüben bei der Flugbereitschaft für den politisch-parlamentarischen Bereich geflogen. Ich habe das gesamte Protokoll in Tegel zusammen mit dem Auswärtigen Amt aufgebaut. Bis 1995 waren noch die Franzosen zuständig, ab 1996 haben wir übernommen. Vor dieser Zeit bin ich bei der Regierungsstaffel der NVA Hubschrauber geflogen für die Übergangsregierung. Das war die einzige Truppe, die während der Wendezeit grenzübergreifend fliegen durfte. Eigentlich habe ich mein ganzes Leben am Flughafen verbracht. Ich bin MIG-21 geflogen, ich bin Hubschrauber geflogen, ich bin Fallschirm gesprungen, ich habe alles gemacht, was man machen kann. Und auf die deutsch-russische Freundschaft habe ich sogar Enteisungsflüssigkeit getrunken.« Enteisungsflüssigkeit?

»Das war so«, erzählt mir der Protokolloffizier, »Gorbatschow hatte den Alkohol in der Armee abgeschafft. Die Russen haben den ›Tag der Luft‹ gefeiert. Wir sind hingefahren und hatten alle die Prawda, die russische Tageszeitung, unterm Arm und darin eingewickelt eine Flasche Wodka. Da fragten die mich, ob ich mir ihren Hubschrauber anschauen wolle. Kaum hatten wir uns reingesetzt, kamen sie mit einem Fünfliterkanister und haben die Sto-Gram-Gläser, das sind hundert Milliliter, hingestellt. Ich habe gefragt: ›Was ist denn das?‹ ›Enteisung‹, sagten sie. ›Von der MIG-21.‹ Die hatten sie angezapft. Ich sagte: ›Auskippen, ich will die Flamme sehen.‹ Blaue Flamme kannst du trinken, gelbe Flamme, davon sollte man die Hände lassen. Sie haben die Flüssigkeit im Hubschrauber ausgekippt und angezündet. Blaue Flamme ... Muss man auf Ex trinken, man darf nicht drüber nachdenken. Du trinkst und denkst, du löst dich von innen auf. Du merkst genau, wie die Hirnzellen zu Schleim werden. Und du merkst, wo die Sto Gram gerade unterwegs sind. Und dann kriegst du keine Luft. Ich habe zwei geschafft, dann war ich weg. Aber ich konnte noch sprechen. Ich weiß selber nicht, wieso.«

In die Hände dieses Mannes wurde die Organisation der An- und Abflüge von Staatsgästen am Flughafen Berlin Tegel gelegt. Seit 1995 war er als Protokolloffizier für sie verantwortlich. »Protokolle sind international vorgeschrieben. Nur für Berlin war es nach der Wende neu, weil sich bis dahin alles in Bonn abgespielt hatte. 1996 hat man mit wenigen Protokoll-Landungen angefangen, aber es wurden bald immer mehr. Ein Großes Protokoll findet statt, wenn ein Präsident oder ein Staatsoberhaupt neu ist und das erste Mal nach Deutschland kommt. Dabei wird das Flugzeug mit Jets begleitet.« Für Berlin Tegel war es bei der Ankunft von Ezer Weizmann am 16. Januar 1996 das erste Mal. Bei diesem Besuch sprach Weizmann als erster israelischer Präsident vor dem Deutschen Bundestag. Empfangen wurde er in Tegel von Bundespräsident Roman Herzog und seiner Frau Christiane Herzog, wie es der protokollarische Auftakt vorsah. Auch Bundeskanzler Helmut Kohl lernte der Protokolloffizier in Tegel kennen. »Es gibt unterschiedliche V.I.P.s«, sagt er. »Und es gibt Kohl. Pflegeleicht bis zum geht nicht mehr. Er ist ein richtig angenehmer Mann. Ganz toll. Er hat auch einmal bei mir zu Hause angerufen, als er Altbundeskanzler war. Der Anruf kam aus der Tschechei. Meine Frau war am Telefon und rief: ›Da will dich einer auf den Arm nehmen. Er sagt, er sei Helmut Kohl.‹ Er war es aber tatsächlich. Er flog mit einer Kleinmaschine nach Berlin zurück, und in dieser Maschine sind die V.I.P.-Plätze hinten und nicht vorne. Er war verunsichert und fragte bei mir nach, ob das seine Richtigkeit habe. Sein Personenschutz hatte es ihm bereits erklärt, aber ihnen hat er es nicht recht geglaubt. Er wollte es lieber von mir hören.«

Zu dieser Zeit war Roman Herzog Bundespräsident, Herzogs Frau Christiane Schirmherrin des Deutschen Komitees für UNICEF. Sie setzte sich in dieser Funktion für Hilfsprojekte im In- und Ausland ein. 1998 sind die Herzogs nach Afrika geflogen. Bei der Abreise war selbstverständlich auch der Protokolloffizier dabei. »Wir hatten alles vorbereitet, da fiel uns eine größere Kiste auf. Keiner konnte mit der Kiste etwas anfangen. Wo kam die her? Zu wem gehörte sie? Man hat ja bei so einem Abflug viel Security. Die Sicherheitsfirma des Flughafens hatte alles kontrolliert. Auch die Landespolizei, die Bundespolizei und die Personenschützer und BKA waren vor Ort. Und keiner wusste etwas von dieser Kiste. Also durchleuchten. Die Sicherheit sagte: USBV-Verdacht, das bedeutet unkonventionelle Spreng- oder Brandvorrichtung. Mit anderen Worten: Es könnte eine Bombe sein. Die Kiste wurde dann

»Wo fängt man an mit der Sicherheit und wo hört man wieder auf?«

aufgeschossen, mit dem Roboter vom Sprengstoffkommando. Es waren Kinderbücher drin, sprechende Bücher für ein afrikanisches Krankenhaus. Die hatte Frau Herzog noch kurz vor der Abreise besorgt, es aber niemandem gesagt. Die waren natürlich hinüber. Aber wo fängt man an mit der Sicherheit und wo hört man auf? Bei solchen Büchern oder auch diesen singenden Geburtstagsklappkarten, die Happy Birthday singen, da hat man alles an Technik, was man für eine Sprengvorrichtung braucht. Das habe ich Frau Herzog dann auch erklärt.«

Eine große protokollarische Kraftprobe für Berlin und die bislang größte für den Flughafen Tegel waren die Feierlichkeiten zu fünfzig Jahre Kriegsende. Am Montag, dem 8. Mai 1995 begannen die Feierlichkeiten in Paris. Bundeskanzler Helmut Kohl saß bereits um 7 Uhr 35 im Flugzeug in die französische Hauptstadt. Der französische Präsident hatte seine Einladung an Roman Herzog und Helmut Kohl mit dem Wunsch verbunden, noch am selben Tag in Berlin zu sprechen, das hieß, die Feierlichkeiten sollten in Paris beginnen und in Berlin mit einem Staatsbankett beendet werden. Am Abend lud der deutsche Bundespräsident ein. Der Kanzler und seine Frau begrüßten vor dem Berliner Konzerthaus die hohen Gäste: Russlands Premier Viktor Tschernomyrdin, John Major, François Mitterrand und der US-Vizepräsident Al Gore. Insgesamt waren 38 Staatsgäste anwesend.

Die vier Supermächte sollten gleichzeitig in Berlin ankommen. Das war für den Protokolloffizier ein logistisches Problem, denn Mitterrand musste in Paris den letzten Gast verabschieden und gleichzeitig mit den anderen in Berlin eintreffen. Das war nur mit der Concord möglich. Dieses Überschall-Passagierflugzeug wurde von französischen Spitzenpolitikern gern bei ihren Auslandsreisen genutzt; auf dem Flughafen Tegel war die Concorde bis zu diesem Zeitpunkt insgesamt sechsmal gelandet. Doch ausgerechnet jetzt sperrte sich der Senat gegen eine erneute Landung. Der Protokolloffizier begehrte auf.

»Ich hatte vom Auswärtigen Amt die Aufgabe, die Reihenfolge der Ankünfte der Gäste und die Zeiten festzulegen. Mitterrand musste sie dort verabschieden und fast zeitgleich in Berlin eintreffen. Es ging nicht anders. ›Nein, die Concord kann aus Lärmschutzgründen keine Landegenehmigung bekommen.‹ Der Senat blieb stur. Wir haben dann zusammen mit dem Auswärtigen Amt noch mal mit dem Senat gesprochen. Und wieder hieß es: ›Nein.‹ Da sagte ich: ›Ich gehe jetzt an die Presse und sage, dass die Concord kommt und dass das toll ist.‹: Das Auswärtige Amt empfahl, die Bevölkerung von der Einmaligkeit einer Landung der Concord in Tegel zu informieren, was von den Berlinern dann auch begeistert aufgenommen wurde. Die Concord durfte landen und die Besucherterrasse des Flughafens war noch nie so voll gewesen. Der normale Flugverkehr legte eine Pause ein; alle Passagierflugzeuge kreisten wartend über Tegel, während die Concord landete. Wir waren Herrscher des Himmels über Berlin. Und alles hat geklappt! Da war ich richtig stolz. Das war eine Teamleistung. Der ganze Flughafen war mit dabei.«

In seinen Jahren am Flughafen Tegel hat der Protokolloffizier Könige, Präsidenten, Staatsoberhäupter, Sultane getroffen. Das ist sein Job. Doch die Begegnung mit einem ganz besonderen Staatsgast ging ihm so richtig unter die Haut: die mit Nelson Mandela. »Ich habe als kleiner Junge in der DDR für die Freiheit von Nelson Mandela Unterschriften gesammelt. Und dann stehe ich hier und darf Mandela die Hand geben. Das war für mich das Größte! Ich hatte noch tagelang danach Gänsehaut.«

Ärger dagegen brachte ihm die Visite von Papst Johannes Paul II. ein. Wie jeder Besuch hatte auch dieser eine lange Vorlaufphase. Die Protokollverantwortlichen des Vatikans kamen. Die Protokollverantwortlichen von Berlin kamen. Man besprach sich. Irgendwann kamen dann die Papamobile in Berlin an. Sie wurden vom ADAC durch die Welt befördert. Für die Deutschlandreise wurden drei von ihnen bereitgestellt, weitere drei warteten bereits am nächsten Reiseziel. Kein anderer Papst zuvor war so reisewütig wie Johannes Paul II., der mehr Auslandsreisen als alle früheren Päpste zusammen unternahm. Seine Fortbewegungsmittel, die Papamobile, wurden weltbekannt.

»Es wurde vereinbart, dass während der Papst seine letzte Verabredung in Berlin wahrnimmt, die mitreisenden hauptsächlich italienischen Journalisten schon zum Flughafen kommen. Wir haben die Räume so ausgestattet, dass sie die Fernsehübertragung gucken konnten, unter der Bedingung, dass sie nach Aufforderung kurz vor dem Papst in die Maschine einsteigen«, erinnert sich der Protokolloffizier. »Wenn der Papst unterwegs ist, fliegt er meistens mit der jeweils nationalen Airline. Für den Besuch in Deutschland hatte sich die Lufthansa angeboten.« Kurz bevor nun der Papst in Tegel eintraf, um seine Rückreise anzutreten, kam ein Mitarbeiter verzweifelt zum Protokolloffizier und sagte: »Die Journalisten steigen nicht ein.« Der Papst-Konvoi war bereits auf dem Weg zum Flughafen. »Ich bin also rübergegangen und habe den Journalisten erklärt, dass der Papst gleich käme und sie bitte einsteigen mögen. Es war, als hätte ich nichts gesagt. Sie klebten weiter an den Bildschirmen. Ich habe ihnen dann noch zehn Minuten Zeit gegeben. Währenddessen habe ich meine Leute von der Bundeswehr an den Steckdosen postiert. Als mich bei der nächsten Ansage die Journalisten weiterhin ignorierten, haben wir die Stecker gezogen. Es gab eine riesige Aufregung, alle haben gebrüllt. So laut, dass die Polizei anrücken musste. Es war richtig knapp, aber wir haben es trotzdem geschafft.«

Ich stehe wieder im Stau. Diesmal am Flughafen Tegel. Die Straßen sind gesperrt, denn in Kürze beendet der Sultan von Brunei seinen ersten Staatsbesuch in Berlin. Der zweitreichste Monarch der Welt, nach Thailands König Bhumipol Adulyadej, wird in Kürze in seinen Airbus 330 steigen. »Er hat eine ganze Flotte«, erzählt mir später der Protokolloffizier. »Und jedes Flugzeug fliegt er selber. Und das, obwohl er keinen Pilotenschein hat – er fliegt daher immer mit einem Fluglehrer. Eine deutsche Airline stellte für das Sultanat eine Crew zur Verfügung. Vor seiner Abreise war ich im Cockpit. Das Geländer war mit Blattgold versehen. Das Flugzeug besaß sogar ein Bad aus Marmor mit vergoldeten Armaturen. Die Maschine war dadurch so schwer, dass nur fünfundzwanzig Leute mitfliegen konnten. Damit war das Limit erreicht.«

Und was hat der Scheich von Brunei in Berlin sonst noch so gemacht? Der Protokolloffizier weiß es. »Er fragte beim Berliner Protokoll nach, ob er im KaDeWe am Sonntag einkaufen gehen könnte. Ein Telefonat mit dem Geschäftsführer des KaDeWe hatte Erfolg und der Gast wurde von diesem persönlich empfangen. Und so hat der Scheich auch noch den Sonntag für das KaDeWe vergoldet. Ich wurde später vom zufriedenen Geschäftsführer eingeladen …. Aber bitte lasst mich mit Austern in Ruhe!«

Als der Scheich abfliegen wollte, kam der eigentliche Captain von der Lufthansa zum Protokolloffizier und teilte ihm mit, dass das Staatsoberhaupt gern über Berlin fliegen wolle. »Das war natürlich nicht erlaubt. Doch war es einen Versuch wert, ihm auch diesen Wunsch zu erfüllen. Nach einigen Telefonaten mit dem Tower konnte der Airbus mit einer Linkskurve nach dem Start über Berlin direkt Dresden anfliegen und war damit bis zur Rückkehr der Fußballweltmeister aus Rio im Juli 2014 die einzige große Maschine, die von Tegel aus im Tiefflug über Berlin geflogen ist.«

PUTZICK

SCHMUTZ- UND KLOGESCHICHTEN

 Der liebe Gott sieht alles, heißt es. Aber eigentlich müsste es heißen: Die Putzfrauen sehen alles. Und darunter auch vieles, was sie eigentlich gar nicht sehen möchten.

Am Flughafen Tegel ist das Reinigungspersonal für die Sauberkeit einer 90.000 Quadratmeter großen Fläche zuständig. Allein um den Boden sauber zu halten, benötigen sie täglich tausend Wischbezüge. Damit sich die Passagiere immer die Hände abtrocknen können, werden im Jahr dreiundfünfzig Millionen Blatt Papierhandtücher zur Verfügung gestellt. Und für zwanzig Millionen Fluggäste, ihre Begleiter, die Taxifahrer sowie die Flughafenmitarbeiter werden von den Putzkräften jährlich knapp dreihunderttausend Rollen Toilettenpapier griffbereit platziert.

Das Reinigungspersonal ist auf mehrere Reviere aufgeteilt. Ob in den Toiletten, in den Gates, vor den Gates, in den Außenterminals, vor dem Flughafengebäude, in den Büroetagen, den Lounges – ganz egal, wo auf dem Flughafengelände, sind die Putzfrauen und -männer für die Sauberkeit zuständig. Sie räumen all das weg, was wir liegen lassen. Den Dreck, den wir nicht sehen oder anfassen möchten. Sie leeren die Mülleimer, putzen die Toiletten, wischen den Boden. Fegen unsere Zigarettenstummel zusammen, kratzen unsere Kaugummireste vom Bürgersteig, wischen Erbrochenes weg und lassen Hundekot verschwinden. Sie sind überall dort, wo die meisten von uns nicht sein möchten. Wir sehen sie nicht einmal, bemerken sie kaum, und viele verachten sie sogar für das, was sie tun.

Es ist also kein Wunder, dass die Frauen zunächst ein wenig skeptisch sind, als ich ihnen sage, dass ich mich für ihre Tätigkeit interessiere und wissen möchte, wie sie sich bei ihrer Arbeit am Flughafen fühlen. Sie arbeiten in drei Schichten: morgens, nachmittags und in der Nacht. Jede Schicht hat eine Pause. Das Reinigungspersonal nimmt sie nacheinander in zwei Gruppen wahr, weil im Pausenraum nicht genug Platz für alle ist. An diesem Vormittag hat die erste Gruppe zwischen zehn und elf Pause, die nächste zwischen elf und zwölf Uhr. Ihr kleiner Pausenraum befindet sich in den Katakomben unter dem Flughafen. Hierhin flüchten Flughafenmitarbeiter jeglicher Art für einige seltene ruhige Momente. Hier ist es zwar dunkel und unfreundlich, aber still. Zumindest bis zu dem Moment, wenn die dicke Stahltür mit der Aufschrift »Betreten nur für Flughafenmitarbeiter« aufgeht und die erste kichernde Gruppe Reinigungsfrauen erscheint.

»Haben Sie einen speziellen Grund, so gut gelaunt zu sein?«, möchte ich wissen.

»Ja«, antworten sie, »denn bis jetzt war es ein ganz normaler Morgen.«

»Nichts Extremes?«

»Nein, nur etwas Hundescheiße vor dem Gebäude, Hundescheiße im Gebäude. Mal wurde hierhin, mal dahin gekotzt.«

»Und was sind dann Extremfälle?«, frage ich.

»Zum Beispiel der Rohrbruch in Terminal C. Alles stand unter Wasser, nur in den Toiletten gab es keins«, fängt eine der Frauen, Anastasia, an zu erzählen. »Tausende von Menschen ohne Toilette. Das war schrecklich.«

Effi mischt sich ein. »Oder wenn Gepäckstücke liegen gelassen werden. Und die dann von diesen Robotern gesprengt werden. Wir haben schon einen gehabt, da waren Tomaten drin. Bis oben an die Hallendecke war alles verschmiert.«

»Und einmal wurde ein Koffer voller Nutella wegen Übergewicht stehen gelassen und dann gesprengt«, erinnert sich Gülcan. »Das war vielleicht eine Sauerei. Wir mussten alle unsere Pause unterbrechen und ausrücken.«

»Tausende von Menschen ohne Toilette. Das war schrecklich!«

»Wir hatten auch mal einen gesprengten Kosmetikkoffer«, erzählt Damla. »Überall war Nagellack. Da waren wir echt sauer.«

»Und ich hatte einen Koffer voller Weinflaschen«, verkündet Renate. »Da hat jemand die Flaschen nicht zwischen die Klamotten gelegt, sondern nur in Seidenpapier eingewickelt. Zwölf Flaschen Rotwein.«

»Mir ist das mit Olivenöl passiert. Da sind die Leute reihenweise ausgerutscht«, erzählt Leyla.

»Zum Glück kommt so etwas selten vor«, sagt Damla. »Andere Sachen dafür öfter. Dass jemand eine Windel in die Toilette schmeißt und damit alles unter Wasser setzt. Oder wenn wieder einer im Männerklo in das Pipibecken macht. Oder zur Abwechslung ins Waschbecken. Oder wenn bei den Frauen die offenen Thrombosespritzen im Papiereimer landen und man sich daran verletzt und ins Krankenhaus muss. Oder wenn ein benutzter Tampon oben von der Türkante auf einen runterfällt.« Damla verzieht angewidert das Gesicht. »Das ist Alltag.«

Gülcan mischt sich ein. »Meine schlimmste Geschichte ist: Ich habe einmal die Ansage gehört: ›Wir bitten jemanden vom Reinigungspersonal zum Gate 5.‹ Als ich dort angekommen bin, höre ich, es soll dort Kot in der Toilette geben. Ich mache die Tür auf, gehe rein. Gar nichts. Einige Minuten später höre ich wieder die Ansage. Ich denke, das kann nicht sein! Schon wieder verschmierter Kot in der Toilette. Ich mache die Tür auf, schaue rein, nichts. Als ich das dritte Mal ausgerufen wurde, traute ich meinen Ohren nicht. Ich mache die Tür auf, gehe rein, die Tür geht zu. Und siehe da, auf der Rückseite der Tür war es, schön gleichmäßig verschmiert.«

Renate sieht es pragmatisch. »Mir ist so etwas lieber als ein Mann, der nicht abschließt. Oder einer, der sich einfach ans Urinal stellt, obwohl ich daneben putze. Das ist respektlos.«

»Viele von uns sind Muslimas«, sagt Leyla. »Und einige Kolleginnen mussten genau wegen so etwas aufhören, am Flughafen zu putzen. Weil ihre Ehemänner nicht wollen, dass sie Geschlechtsteile sehen.«

»Ach!«, lacht Effi, »mir ist dit ejal. Einer ist doch wie der andere.«

»Und keiner wäscht sich die Hände!« Gülcan rümpft die Nase. »Am schlimmsten sind die Frauen! Tut mir leid, aber wirklich jetzt! Ich war in der Lounge und eine Frau mit kleinen Kindern kommt aus der Toilette raus, da sagt das eine Kind: ›Mama, wollen wir nicht unsere Hände waschen?‹ Und sie sagt nur: ›Nicht jetzt, komm raus!‹«

»Ich habe mal die Toiletten in der Lounge gemacht, habe gerade den Spiegel gewischt, da kommt ein Mann rein und geht ans Pissoir. In der einen Hand sein Glied, in der anderen hat er eine Banane. Und beißt ab, während er pinkelt. Händewaschen? Fehlanzeige. Und wenig später sehe ich ihn vorne am Büffet, wie er zugreift.«

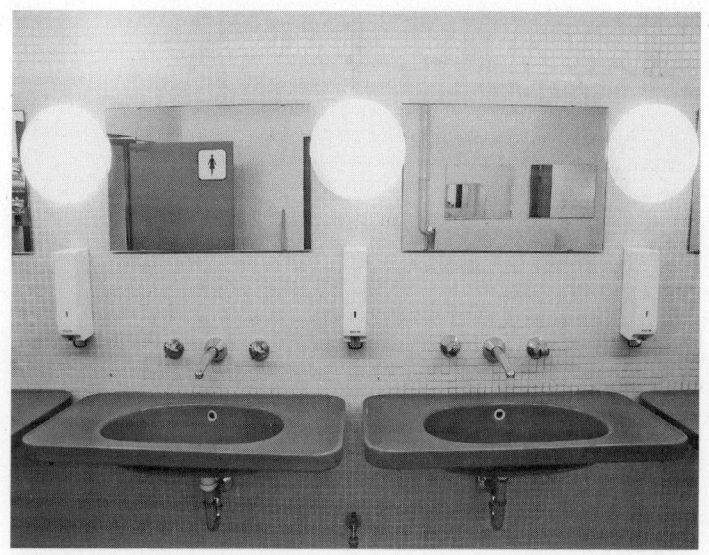

»Am schlimmsten sind die Frauen!«

»Sie waschen sich nicht die Hände, aber zu uns sagen sie: ›Na, warum hast du nichts gelernt? Wenn du was gelernt hättest, wärst du keine Putzfrau.‹ Oder noch schlimmer: ›Hättest du in der Schule aufgepasst, müsstest du jetzt nicht meinen Dreck wegmachen!‹ So was kriegen wir oft an den Kopf geknallt. Dabei ist das ein Lehrberuf. Ich habe eine dreijährige Ausbildung als Gebäudereinigerin dafür gemacht. Das ist nicht bloß mit dem Mopp hier und da was wegwischen. Ein Reiniger muss alle Oberflächen saubermachen können! Und das wissen die Leute nicht, die denken, wir sind alle blöd und machen deswegen sauber.« Effi regt sich sichtlich auf: »Aber ick sage eins, wenn wir nicht wären, dann würden sie im Dreck ersticken. Dit muss ich ehrlich sagen.«

»Ja. Wenn wir nur zwei Tage nicht saubermachen würden, dann wäre am Flughafen alles vorbei.« Alle lachen.

»Wir lieben unsere Arbeit am Flughafen!« sagt Damla. »Es ist amüsant und es wird nie langweilig.«

Nur einmal wurde es den Frauen langweilig. Ein einziges Mal. Das war, als sich der isländische Vulkan Eyjafjallajökull entschieden hatte, den Luftraum mit seiner Aschewolke für mehrere Tage für den Flugverkehr gänzlich unpassierbar zu machen.

»Es waren einfach keine Menschen hier.«

»Am ersten Tag kamen noch welche. Später keiner mehr.«

»Das war wirklich öde. Es war gespenstisch. Aber man konnte gut saubermachen. Endlich hat mal nichts gestört!« Leyla ist müde, denn sie hatte heute besonders viel zu tun. Im Terminal D, das außerordentlich schwer zu reinigen ist.

»Es gab Verspätungen, die Halle war voll. Bislang gab es hier nur zwei Toiletten. Jetzt haben sie endlich noch zwei dazu gebaut. Wenn ich die Toilette kurz versperre, damit ich sie putzen kann, sagen die Leute: ›Aber ich muss!‹ Dann sage ich: ›Wenn Sie müssen, dann gehen Sie rein, aber wie soll ich so putzen?‹ Dann höre ich sie noch sagen: ›Mann, ist das dreckig hier, Sie müssen aber putzen!‹«

Wer ist schwieriger, Männer oder Frauen?

»Beide. Frauen sind nur ordentlich, wenn ihnen gerade jemand zuschaut. Ansonsten lassen sie in den Toiletten die Sau raus. Aber die Männer hinterlassen mehr, viel Graffiti an den Wänden. Das müssen wir auch wegmachen, diese Kritzelei. Sie schreiben alles mögliche, kluge Sachen, Witze oder einfach nur über Sex.«

Kaum fällt das Wort Sex, fangen einige an zu kichern oder zu tuscheln. Ich frage nach.

»Wir finden oft Sexspielzeug in den Toiletten! Dildos und Peitschen, Kondome sowieso. Wir haben hier schon alles erlebt. Wir haben die Leute sogar beim Sex erlebt.«

»Das stimmt. Männer miteinander, Männer mit Frauen, Frauen mit Frauen. Wir hatten hier schon alles!«

»Was willst du hören?«, fragt Anastasia kokett. »Vom Sexleben in Terminal A?«

»Wir haben hier schon alles erlebt.«

»Ja, fang mal damit an«, ermutigen sie die anderen.

»Also, Terminal A. Ich habe jung hier begonnen, hatte keine Erfahrung. Ich habe meine Runde gemacht, die Toiletten geputzt und ging dann zum Wickelraum. Und was sehe ich da? Ein Pärchen … Ich bin rausgerannt. Einen Schock hatte ich. Dann fiel mir ein, dass wir immer diese Anwesenheitszettel unterschreiben müssen. Ich dachte mir, o Gott, ich habe nicht unterschrieben … Ich bin also wieder rein, die Frau lag auf dem Rücken, ihren Rock hochgeschoben. Wir schauten einander an und ich sagte: ›Entschuldigung, machen Sie ruhig weiter, ich muss nur noch unterschreiben.«

»Kennen Sie diese Plastik-Vaginas?«, fragt Gülcan. »Ich habe eine in der Männertoilette gefunden. Neu verpackt. Ich schaute und schaute und wusste nicht, was das ist. Dann las ich auf der Verpackung: Plastik-Vagina. Wirklich, so was gibt es.«

Wie häufig kommt es vor, dass man Leute in der Toilette beim Sex erwischt?

»Oft! Sehr oft. Im Sommer etwas häufiger als im Winter. Im Winter hat man zu viele Klamotten an.« Die Frauen lachen.

»Einmal bin ich in die Männertoilette«, fängt Damla an, »und höre ›Uhh, ahh‹ aus der Kabine. Über der Tür hing eine Anzughose. Da haben sich zwei Männer verabschiedet. Ich habe gedacht, ich bin im falschen Film.«

»Genug von den ekligen Geschichten«, unterbricht Leyla, »ich erzähle mal eine schöne: Ich war im Gate bei einer arabischen Maschine, und dort war eine Frau, die weinte und mich fragte: ›Entschuldigung, wo kann ich hier beten?‹ ›Es tut mir leid, es gibt hier keinen Ruheraum‹, antwortete ich und fing an, die Toilette zu putzen. Als ich damit fertig war, kam die Frau wieder und heulte und heulte. Die ganze Familie war da, es hatte bestimmt einen Todesfall gegeben. Ich machte die Toilettentür auf und sagte zu ihr: ›Okay, dann geh hier rein, hier du kannst beten. Ich warte vor der Tür und lasse keinen rein. Aber bitte nicht lange, denn ich muss arbeiten.‹ Dann kam sie wieder raus, sie war sehr froh und küsste mich. Später, als ich im Gate weitergearbeitet habe, kam sie wieder und gab mir noch ein Kuss.«

»Ja, unsere Arbeit kann auch schön sein«, seufzt Effi. »Wenn ick mal drei Tage nicht arbeite, vermiss ick es. Zu Hause ist man kaputter. Die Familie ist irgendwie anstrengender. Ick arbeite gerne am Flughafen. Am liebsten putz ick hier!«

LETZTER AUFRUF!

EIN NEUER TAG BEGINNT

 Das Klingeln meines Weckers zersplittert die Nacht. Es ist der erste der beiden Wecker, der immer pünktlich um drei Uhr morgens klingelt. Der nächste wird in fünf Minuten folgen. Ich könnte noch liegen bleiben, doch schnell würde der Schlaf zu tief werden und das zweite Erwachen umso mühseliger und schwieriger. Also besser sofort aufstehen, das weiß ich nach zwanzig Jahren Frühaufsteher-Erfahrung mit Sicherheit. Ich habe Glück, ich habe nur dreimal im Monat Frühschicht am Flughafen. Da werden die meisten Tegel-Mitarbeiter neidisch, denn sie arbeiten sehr viel öfter in den frühen Stunden als ich.

Es ist erstaunlich, wie langsam so früh am Morgen die Hirnfunktionen einsetzen. Mal vergesse ich, das Wasser in die Kaffeemaschine zu füllen, mal den Kaffee. Mit der Zeit lernt man sich zu helfen. So wird die Espressomaschine schon am Abend »scharf gestellt«, damit nur noch der Herd angemacht werden muss. Das Brot liegt seit dem Vorabend fertig geschmiert im Kühlschrank. Auch die Kleider warten bereits – »auf rechts gedreht« und in der richtigen Reihenfolge aufgehängt – auf der Stuhllehne darauf, dass ich sie anziehe, ohne groß nachdenken zu müssen. Mit dem Schminken versuche ich es gar nicht erst, mein Gesicht ist und bleibt für die nächsten Stunden gänzlich ästhetikresistent. Ich gehe in die Küche. Langsam bahnt sich der heiße Espresso seinen Weg zu meinem Magen und meine Augen fangen an zu sehen. Ich bin fahrtbereit. Zumindest glaube ich es. Also schnappe ich meinen Koffer mit den Arbeitsutensilien, mein belegtes Brot, Obst, eine Flasche kaltes Mineralwasser, gehe auf Zehenspitzen hinaus und schließe die Wohnungstür hinter mir.

Der Klang meines Rollkoffers kreischt durch die ruhige Nacht. Ich habe mir inzwischen angewöhnt, den schweren Koffer über das Kopfsteinpflaster zu tragen, so laut kommt mir in der Stille dieses Geräusch vor. Es ist wochentagabhängig, ob Menschen auf der Straße sind. Meistens ist der Einzige, den ich sehe, der Zeitungsausträger mit seinem Bollerwagen. An den Wochenenden begegne ich häufiger den mehr oder weniger verstrahlten Partymenschen, die mich und meinem Rollkoffer im Vorbeigehen mitleidig und herablassend mustern. Zu selten, aber am allerliebsten treffe ich Verliebte, die sich in den noch dunklen Morgenstunden bei Vogelgesang innig küssen.

Vogelgesang gehört zu den Geräuschen, die meinen Weg zum Wagen erträglicher machen. Er gehört zu den Geschenken eines frühen Morgens. Im Winter sieht das anders aus. Es ist kalt, eine Eisschicht liegt auf den Windschutzscheiben der Autos. Das morgendliche Eiskratzen verlangt erfahrungsgemäß eine fünfzehn Minuten frühere Weckzeit. Es lohnt sich also, sich vorab über die nächtlichen Witterungsverhältnisse zu informieren.

Manchmal werde ich für all diese Unannehmlichkeiten königlich belohnt. Wenn mir die Dämmerung ihr schönstes Gesicht zeigt: den Morgenhimmel. Wolkig oder klar begrüßt er mich mit einem dramatischen Farbwechsel von dunkelviolett bis hellzyklam – betörend schön. Ein Naturschauspiel, an dem ich mich nie sattsehen kann und für das ich immer wieder gerne Schlaf opfere.

Ich starte den Motor, fahre über kleinere Straßen auf die Bornholmer, eine stark befahrene Hauptstraße. Ab jetzt muss ich mich konzentrieren, denn hier trifft man auch um diese Zeit schon auf Autofahrer, die wesentlich wacher sind als ich. Einige geben Gas und nutzen die leeren Straßen zum Rasen. Zugegeben, leere Straßen verführen einen dazu. Meine Bestzeit zum Flughafen liegt in den Morgenstunden bei nur zwölf Minuten. Tagsüber oder am Abend kalkuliere ich für die gleiche Strecke sechzig Minuten ein. Auf einer der Hauptadern zum Flughafen Tegel, der Seestraße, ist fast immer

Ein ganz normaler Tag beginnt

Stau, man kommt in der Regel nur im Schneckentempo voran. Nur während der Morgendämmerung nicht.

Ich werde vom roten Licht einer Ampel ausgebremst. An der Ecke zur Müllerstraße schaue ich in die neben mir stehenden Wagen. Rechts sitzt jemand in Sicherheitsuniform im Auto, hinter mir einer in hellgrün phosphoreszierender, leuchtender Schutzkleidung, wie man sie auf dem Rollfeld trägt. Wir werden immer mehr. Und pirschen uns gemeinsam an den Flughafen heran.

Nach der Ampel biege ich auf den Saatwinkler Damm ein. Die besonders Eiligen machen es hier wie die Taxifahrer und kürzen über den Aldi-Parkplatz ab. Die Fußheizung macht das Auto langsam lauwarm, ich kann also an der Ampel warten. Es läuft sowieso gerade ein gutes Lied auf Radio Eins. Ich mache es lauter. Viel lauter. Gute Musik ist nämlich ein weiteres Geschenk, das diese

Morgenstunde für mich bereit hält. Es laufen Wiederholungen der Programme *HappySad*, *Lost in Music*, *Radio Affair* oder – wie heute – meine Lieblingssendung *Free Falling* mit Steen Lorenzen. Ironischerweise hat diese Sendung ein fallendes Flugzeug als Symbol. Aber daran verschwende ich keinen Gedanken, denn die Musik hält mich in ihrem Bann. Heute singen Väter und Söhne, die gemeinsam Musik machen. Die Stimmen von Ry und Joachim Cooder begleiten mich den Saatwinkler Damm entlang, vorbei an der Schleuse des Berlin-Spandauer Schifffahrtskanals. Das Wasser dampft und hüllt sich in feuchten Nebel. Ich erblicke den ersten Fahrrad fahrenden Flughafenmitarbeiter, dann den zweiten. Sie müssen um einiges früher aufgebrochen sein als ich. Die silbernen Sicherheitsstreifen ihrer Jacken leuchten gespenstisch im Scheinwerferlicht. Es werden immer mehr. Wir sind auf der Zielgeraden.

Bei der Kreuzung zur Autobahn werde ich bei Tempo 65 von einem Taxifahrer überholt. Ab hier reihen sich auch die zu Fuß zur Arbeit marschierenden Uniformträger in die Völkerwanderung in Richtung Tegel ein. Wie ferngesteuert bewegen wir uns alle auf das beleuchtete Gebäude zu. Und teilen uns auf dem Flughafengelände in Richtung der verschiedenen Terminals auf.

Ich parke unter dem Hauptgebäude unter Gate 15 und gehe hoch ins Terminal. Die Espressobar hat schon geöffnet. Ich winke Karim zu. Freundlich lächelnd winkt er zurück. Zum Sprechen ist es noch zu früh. Zu dieser Uhrzeit ist noch keiner der Ticketschalter besetzt. Auch an den Check-in-Schaltern geht es noch ruhig zu. Auf den Heizkörpern an den Fensterscheiben schlafen Reisende. Auch die Sitze gehören Schlafenden. Nur neben Gate 15 steht eine Schlange – wegen der Stechuhr dort. Die Frühschicht checkt zur Arbeit ein. Und reiht sich dann fast nahtlos in die Schlange am Kaffeewagen ein, wo es Kaffee zum günstigsten Preis für Mitarbeiter gibt.

In der Haupthalle hingegen tobt schon das Leben. Das Restaurant hat Hochbetrieb und wird von hungrigen Passagieren nahezu überrollt. Inga und Susanne legen im Akkord belegte Brötchen nach. Das Phänomen ist unter Frühaufstehern als »nicht zu bändigendes Hungergefühl« bekannt. Der Hunger scheint durch die Müdigkeit zu einem gigantischen Monster erweckt zu werden und unerbittlich nach Nahrung zu verlangen.

Auf meinem Weg zum Lufthansa-Ticketschalter sehe ich Ilsa, die aus der Tasche ihrer Sicherheitsuniform einen Keks herausholt und ihn verschlingt. Wir winken uns zu. Ich laufe an Gülcan und Effi vorbei, die ihre Putzwagen in Trauermarschtempo in den Ring schieben. Kurz darauf hole ich Wiebke und Robin ein. Wiebke hält einen gefüllten Wasserkocher in der Hand, Robin die Ticket-Kasse. Geduldig warte ich, bis am Ticketschalter die Lichter angehen und die Computer gestartet werden. Der Geruch von frisch gebrühtem Kaffee breitet sich über dem gelben Schalter mit dem blauen Kranich aus.

Gerade als ich zu Wiebke an den Schalter trete, ertönt das Signal der Ansage. Kurz darauf haucht uns die Frau, die alle nur »Die sexy Stimme von Tegel« nennen, aus den Megafons zu: »Letzter Aufruf! Wir bitten alle Passagiere des Fluges LH 717 nach Frankfurt zum Gate 9. Ihre Maschine ist startbereit.« Wiebke und ich lächeln uns an. Aha, nicht nur die Mitarbeiter, auch die Passagiere sind noch müde und trödeln. Alles nimmt seinen gewohnten Gang. Bald trudeln auch die notorisch Verspäteten ein und wundern sich, wenn das Boarding bereits abgeschlossen ist. Alles geht seinen Weg, alles läuft in gewohnter Ordnung in Tegel an diesem Morgen.

Ein ganz normaler Tag beginnt. Oder auch nicht …

BILDNACHWEIS

DANK

Grenzenloser Dank gilt unseren wunderbaren Interviewpartnern, die uns Einblicke in ihr »Tegelchen« gewährten: Jane Adler, Necmi (Nick) Ak-Schulz, Imke Angerer, Christiane Arnhold, Beatrix Bakker-Tyedmers, Frank E. Campos, Mike Clark, Doris Crahé, Jennifer Demske, Tobias Downes, Sandra Dusanic, Christian Felten, Doreen Fleischer, Manfred Hiemeyer, Anne-Lice Hoffmann und Team, Hicham Hossni, Günter Krop, Jens Kühne, Corinna Lange, Daniela Marjanovic, Heidi März †, Elena Mette, Gerd Mögel, Norbert Moser, Justus Münster, Anja Pendzinski, Oliver Pritzkow, Gracinha Sahr, Sabine Schäfer, Reinhard Schimmel, Melinda Schoierer, Petra Schulz, Katrin Siegert, Rainer Stachowiak, Amir Taraboulsi, Ute Tate, Susanne Trigo, Elisabeth Wacker, Camilla Wagner, Adrienn Kinga Weigel, u.v.a.

Für die Hingabe, die Unterstützung und den Einsatz, die die Entstehung des Buches ermöglicht haben, geht unser tiefster Dank außerdem an: Thorsten Schulte, Ralf Denker, Gabriele Dietz, Petra Eggers, Daniela Eger, Hans Jörg Hinze, Gabriella Valaczkay, Josef Berta, Alida Szabó, Cornelia Berthold, Judith Stillmann, Michael Krabbe, Janiv Wittner, Carmith Adler, Jakob Kiersch, Sibylle Eimann, Björn Skoczowski, Eszter Both, Dagmar Gryzwski-Lange, Carolyn Ajani, Èva Serfözö, Xanti Alex, Sonja Kirch, Gabriele Höpfner und an den be.bra verlag.

DIE AUTORINNEN

Evelyn Csabai, geboren und aufgewachsen in Budapest, lebt seit 1989 in Berlin und studierte dort Theater und Filmwissenschaften. Nach jahrelanger Tätigkeit als Filmschauspielerin wurde sie 2000 Partnerin einer Schauspielagentur in Hamburg. Seit 2011 ist sie im Auftrag von Produktionsfirmen für Idee- und Drehbuchentwicklung zuständig.

Julia Csabai, geboren in Dresden und aufgewachsen in Budapest, ist Autorin und Regisseurin. Auch sie lebt seit 1989 in Berlin, wo sie Publizistik, Nordamerikastudien und Englische Philologie studierte. Sie arbeitete als Berlin-Korrespondentin für den ungarischen Hörfunk, als freie Kultur-Journalistin und ist seit 1999 als Fernsehjournalistin und Filmemacherin tätig.

Seit über 20 Jahren arbeiten die beiden Schwestern in einem Nebenjob am Flughafen Tegel. Gemeinsam betreiben sie zudem ein Café in Prenzlauer Berg.